葉名琛檔案

清代兩廣總督衙門殘牘

第四册（FO931/0551－0979）

劉志偉　陳玉環　主編

廣東省出版集團
廣東人民出版社
·廣州·

圖書在版編目（CIP）數據

葉名琛檔案：清代兩廣總督衙門殘牘 / 劉志偉，陳玉環主編.
—廣州：廣東人民出版社，2012.12
ISBN 978-7-218-06658-5

Ⅰ.①葉… ②清… Ⅱ.①劉… ②陳… Ⅲ.①檔案資料—中國—清後期 Ⅳ.①K252.06

中國版本圖書館 CIP 數據核字（2010）第 025853 號

YeMingchenDang'an：Qingdai LiangguangZongduYamen Candu
葉名琛檔案：清代兩廣總督衙門殘牘
劉志偉 陳玉環 主編

出 版 人：曾 瑩

選題策劃：戴 和
責任編輯：柏 峰 張賢明 陳其偉
裝幀設計：張力平
責任技編：周 傑 黎碧霞

出版發行：廣東人民出版社
地 址：廣州市大沙頭四馬路 10 號（郵政編碼：510102）
電 話：（020）83798714（總編室）
傳 真：（020）83780199
網 址：http: //www.gdpph.com
印 刷：東莞市本色印刷有限公司
書 號：ISBN 978-7-218-06658-5
開 本：787mm × 1092mm 1/16
印 張：316.25 插頁：9 字數：6450 千
版 次：2012 年 12 月第 1 版 2012 年 12 月第 1 次印刷
定 價：4800.00 元 (全套定價)

如果發現印裝質量問題，影響閱讀，請與出版社(020-83795749)聯繫調換。
售書熱綫：（020）83790604 83791487 83797157

第四冊　目録

F.O. 682/279A/5(70)

1

為恭録咨會移付事竊為照黃藩司連年隨同籌辦夷務任
勞任怨頗著勤勞此次帶往澳門與咪夷多方辯論若
非寔力替勷斷難迅速蕆事可否
賞戴花翎以示鼓勵緣由經本大臣于本年五月二十四日會列同
台
廣東撫部院程銜由驛附片具
奏當備會稿咨送經抄片移付在案兹于六月三十日奉到
硃批何優之有必當鼓勵以奬勤劳另有旨欽此同日奉到道
光二十四年六月十四日内閣奉
上諭廣東布政使黃恩彤辦事認真不辭劳勤着加恩賞戴
花翎並賞加二級准其隨帶欽此相應恭録咨會移付為此合咨
貴部院請煩總督衙門查照轉行欽遵可也湏至咨移付者
一咨　廣東撫院
一移付　總督衙門

又

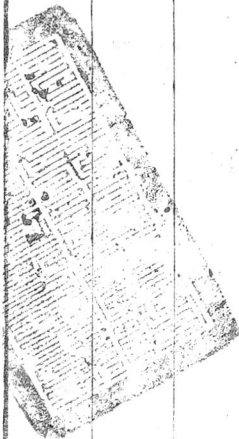

札廣東布政司知悉案照該司連年隨同籌辦夷務
頗著勤劳經本大臣于本年五月二十四日會同
廣東撫部院程　附片奏請
賞戴花翎以示鼓勵緣由今于六月三十日奉到
硃批何優之有必當鼓勵以奬勤劳另有旨欽此同日奉到
道光二十四年六月十四日内閣奉
上諭廣東布政使黃　辦事認真不辭劳勤着加恩賞
戴花翎並賞加二級准其隨帶欽此合行恭録並抄原片
札知札到該司即便欽遵可也此札
計抄原片

一百八號

欽差大臣太子少保兩廣總督部堂兼署廣東巡撫部院耆

ENo 3

道光二十四年七月　日

會奏黃藩司隨辦夷務出力

賞戴花翎　硃批　上諭

閩玉章　李書粟　姚鑫　呈

七月初二日發行　四百里馬遞　封釘

F.O.682/279A/5(67)

為咨明事竊照本大臣奉
命辦理夷務行抵南雄適有前任肇慶府知府候選主事
趙長齡前來謁見稔知該員才具甚好當令折回廣東
勷理一切抵粵後查有在籍即補道潘仕成熟識夷情
現未服闋正可就近差委各緣由當於本年五月初十日
在澳門行館附片
奏明六月十九日奉到
硃批另有旨欽此同日奉到道光二十四年六月初三日內閣
奉
上諭候選主事趙長齡在籍道員潘仕成均著交耆
差遣委用欽此除札東藩司轉行欽遵外相應恭錄並
抄原奏咨送為此合咨

貴部請煩查照施行
計粘抄奏
一咨 吏部

道光二十四年七月 初

隨帶趙長齡等差遣咨明立案

閩玉章 李書渠 姚鑫 呈

一百四號

奏片稿

英酋嘚吭時稱欲前往福州等四口查考所屬管事等是否遵守成約由

再咪唎㗹夷使嚹嗌前請赴厦門等通商各港口查看貿易事宜業經臣飛咨沿海督撫將軍查照並附片陳明在案茲據即選道潘仕成面稟探得嚹嗌因國中有事即欲回帆各口之行或可中止尚難預料正在飭令該道再行確探間接據英酋嘚吭時來文內称伊擬於七月十四日前往福州厦門寧波上海四口查考所屬管事等是否遵守成約計四旬內可以完竣仍回香港等因臣查英咭唎與咪唎㗹咈囒哂等國各不相下往往轉相仿傚以自夸侈是以英夷前曾商定條約而咪夷即遣嚹嗌前來當咪夷甫有

朝覲之請而英夷即称

大皇帝異日另有

新恩施及各國亦准該夷一體均沾堅求載入善後條款即咈囒哂本屬貿易無多而近日亦有巡船一隻前往寧波上海等處謁見官長雖以查看馬頭為詞仍係爭勝英夷之意此次咪夷嚹嗌甫經請往四口而英夷嘚吭時亦以為言其情尤顯而易見臣竊維福州等處既經准予通商勢難阻其前往且各國既視

3

天朝相待之厚薄，以為國體之榮辱，其可以控制羈縻之處，正在於此。自當待以均平，不生觖望之隙，俾得互相觀感，益堅向化之忱。除飛咨閩浙江蘇各督撫將軍，轉飭沿海道府大員，一俟嘆酋嘚吡時船隻進口，務須示以鎮靜，妥為駕馭，並俟即選道潘仕成探明咪夷噸嚧是否回國，及其國現有何事，再為具奏外，至咈囒哂夷使喇吃呢聞已至小呂宋灣泊，不久即當來粵理合附片陳明，謹

奏。

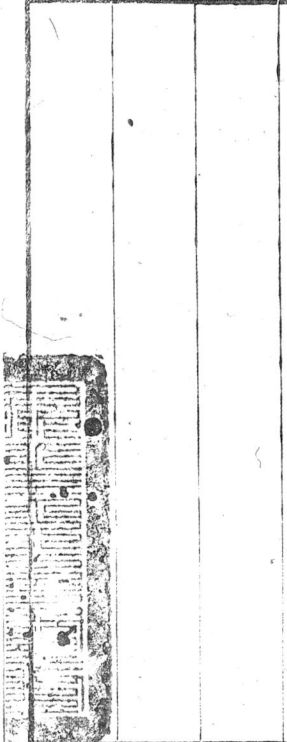

一百十號

4

道光二十四年七月初二日

李閒玉章
書稟呈
姚鑫

七月初二日

FO.682/2797/5(54)

5

為咨會事案據嘆酋噫吪嘶呈称欲往福州厦門寧
波上海四口查考所屬管事等是否遵守成約緣由經
本大臣于本年七月初二日附片具
奏除分咨外相應抄片咨會為此合咨
貴部堂院請煩查照希即轉飭各屬一體知照如遇嘆
夷噫酋船隻駛進通商港口務須示以鎮靜妥為駕
馭仍將何日到口及何時開行之處隨時
見覆施行
計粘抄片
一咨 兩江督院 閩浙 浙江 福建 江蘇 撫院
為咨會事云云為此合咨
貴將軍部堂院監督煩為請煩查照施行

6

計粘抄片
一咨 盛京 福州 將軍 直隸督院 粵海關 廣東撫院
為移付事云云相應抄片移付
總督衙門查照可也
計粘抄片
一移付 總督衙門
札浙江寧紹台道 江蘇蘇松太道 知悉案據云云除分咨外合行抄
片札知札到該道即便知照一俟嘆夷噫酋船隻駛進
港口務須示以鎮靜妥為駕馭仍將該酋何日到口及何
時開行之處隨時稟报毋違
計粘抄片

一百十二號

欽差大臣太子少保兵部尚書兩廣總督部堂

道光二十四年七月初三

知照嘆酋啟往四口查考貿事抄片

行

聞 玉章
李 書栗
姚 鑫 呈

七月初五日發六 四百里掛遞釘封

盛京直隸山東馬遞四百里釘封
本省即發飭掛遞

Victoria, Hongkong,
20th August 1844.

I have the honor to acquaint Your Excellency that several persons, American as well as English, have erected buildings on the Chinese shore opposite to Hongkong, near Tseen-sha-tsuy. I understand that they have paid Money to the Chinese Officers on shore to enable them to live there.

I think it right to give due notice to Your Excellency of this proceeding, and to state that the same has been done without my permission or authority.

I have the honor to be,
Your Excellency's
Most Obedient
Humble Servant,
J F Davis

His Excellency,
Keying, High Imperial Commissioner

9H

F.O.682/137/1(9:DG,H)

G.

廿六號

照會

大英欽奉全權公使大臣總理香港地方軍務兼領五港英商貿易事宜德　為

照會事查在香港對面附近尖沙嘴有花旗英人等給（以前不知有英人在內）

銀與（唐派員密查）

貴國官憲即准居住又建造屋宇等事是他擅自所

行而本公使所不允准也自應照會

貴大臣電察並候

崇祉叠增須至照會者

右　照　會

9G

七月十三日到

七月十二日

F.O.682/137/1(9:DG,H)

G.

廿六號

照會

大英欽奉全權公使大臣總理香港地方軍務兼領五港英商貿易事宜德　為

照會事查在香港對面附近尖沙嘴有花旗英人等給（以前不知有英人在內）

銀與（唐派員密查）

貴國官憲即准居住又建造屋宇等事是他擅自所

行而本公使所不允准也自應照會

貴大臣電察並候

尖沙嘴有花旗英人給銀與貴官即准居住

崇祉叠增須至照會者

右　照　會

9G

七月十三日到

七月十二日

大清欽差大臣太子少保兵部尚書兩廣總督部堂宗室耆

道光二十四年七月初七日

一千八百四十四年八月二十日

大英欽奉全權公使大臣總理香港地方軍務兼領五港英商貿易事宜德 公文賫至

大清欽差大臣太子少保兵部尚書兩廣總督部堂宗室耆 當堂開拆

内一件

道光二十四年七月初七日

此稟前奉傳
諭□□等因候今數日
應作何咨辦之處理
合稟請
訓示祗遵上稟

為照復事、頃接
貴公使照會一件、內言在香港對面附近尖沙嘴、有花旗英人
等給銀與中國官憲即准居住建造屋宇等因、查前據九
龍文武官稟報附近尖沙嘴之官涌地方、有花旗人在此建
造船廠房屋、不知有英人在內、經本大臣一面飭查嚴禁、一面照會
顧聖公使、飭令拆毀在案、旋據　顧聖公使懇請給限、復經
本大臣予限四個月拆毀在案、誠以成約不容違背、而既係
和好、又不得不酌寬限期、以示體卹、此次照會、具見
貴公使辦事秉公、堅守成約、不肯少渝、本大臣實不勝欣
佩之至、仍煩轉飭英人與花旗人一体依限拆還為要、至來文
所云中國官憲受銀擅准一節、已咨行
提督確查究辦、以儆將來、又接到

貴公使照會、內稱前派管事官李太郭調福州、茲
貴國復派亞利國當福州管事官之職、來在旦夕、另調李
管事官前往廈門等因、除咨
閩省各大憲外、相應一併照復、即候
近祉、亨佳、須至照復者、

照復　暎國噫酋、

欽差大臣太子少保兵部尚書兩廣總督部堂耆

道光二十四年七月　廿五

照復轉飭英人與花旗人一体依限拆還尖沙嘴之官涌地方房屋等事

開　玉章
李　書稟　呈
姚　鑫

百十七號

七月　日發

為移付事頃據英酋德公使分案呈稱香港對面附近尖沙嘴
有花旂英人苛給銀與中國官憲即准居住建造屋宇一件又前
派管事官李駐劄福州茲該國復派亞利國當福州管事官
之職另調管事官李前往厦門一件各到本大臣據此除分別
洛查究辦飭知外所有該酋來文二件及本大臣照復底稿
一件相應一併抄録移付
總督衙門分別查照辦理可也
計粘抄照復稿一件德酋來文二件
一移付 總督衙門

欽差大臣太子少保兵部尚書兩廣總督部堂耆

道光二十四年七月　日

移付德酋照會花旂英人苛在尖沙嘴建屋苛案文稿

閩王章
李書粟呈
姚鑫

三九號

七月十七日發

遵奉傳
諭叙稿呈
核至此案係屬關涉地方
自應否咨會
東撫院一体飭查之處
理合稟請
裁奪上稟

為咨會事項據暎酋噫公使呈稱香港對面附近尖
沙嘴有花旂英人等給銀與中國官憲即准居住建
造屋宇等因到本大臣據此查尖沙嘴地方豈容各
國夷人在彼建屋居住所云中國官憲受銀擅准一節
更為詭異如果寔有其事殊乖體制亟應嚴行查究
以肅官箴據申前情除咨
廣東撫院一體飭查 外相應咨會為此合咨
水師提督就近確查
貴提督
部院請煩查照希即就近訪查明確如果屬寔自
轉飭確切查訪
應嚴行叅辦按律究懲仍將查辦緣由隨時
見覆施行
一咨 廣東水師提督
撫部院

此案已由
總督衙門飭委候補府倪澧查看並無英夷在內其味夷亦遵
限拆迁具結完案矣此記再咨稿一件屢次請
示俱云候示追後詢之 印上既由地方查辦此稿可不必請示存之可也

欽差大臣太子少保兵部尚書兩廣總督部堂耆

道光二十四年七月 十五

聞玉章
李書粟
姚鑫 呈

咨查尖沙嘴地方有無夷人給銀建屋

一百十八號

F.O.682/279A/5(53)

為咨會事頃據嘆酋嘚公使呈稱前派管事官李駐劄
福州茲該國復派亞利國當福州管事官之職來在旦夕
另調管事官李前往厦門等因到本大臣據此除照
復外相應咨會為此合咨
貴將軍部堂院請煩查照飭知施行
一咨
福州將軍
閩浙督
福建撫
院
道光二十四年七月十五日
咨福厦二口更調管事
閩 玉章
李 書 栗 呈
姚 鑫

欽差大臣太子少保兵部尚書兩廣總督部堂耆

七月十七日發 馬遞四百

FO.682/68/1(2)

亞美理駕合衆國領事福士　申陳

兩廣總督部堂大人　當堂開拆

F.O. 682/68/1(2)

亞美理駕合衆國領事福士 為申陳事現據本國商人参剌那稟稱
伊於上年英人滋事時曾有朋友帶来廣東售賣鳥鎗共四千枝業
經輸稅貯在棧房尚有黄埔船上未起大砲十八門内十四門每門重
一千六百斤可能用彈子重十四斤四門每門重一千斤可能用彈子
重七斤又有本國所造新樣銅砲一門可能用彈子重四斤各器械係商
朋友帶来廣東營中售賣的共價值銀三萬元迄今數月並無售主
意欲運回本國大費周章而且貯在棧房内商思時届隆冬萬一火
燭不虞被匪人乘機搶去為害非小可否請咨
天朝大憲將此炮械委員查明如果營中合用照價賞給理合稟知等情赴
本領事處查該商所帶来之鎗砲確係營中必須之物故敢代為稟請
大憲合前若係合用請派員到棧查看其未起之大砲另着該商人僱艇
裝来省城查驗如果價值相宜物亦合用請給價銀俾該商人得早
回本國幸甚 為此申陳
大人台前 恩准施行
道光二十四年七月 日

道光二十四年七月二十三日辰時二刻三水縣差役王鳳徐光遞到
兵部於七月初二日發粘單火票三張賫
戶部釘封夾板公文三角一角咨
憲臺一角咨
撫憲一角咨
粵海關憲理合稟報

七月廿三日巳刻

札廣東按察司知悉本年七月二十三日接准
兵部于七月初二日發遞
戶部釘封夾板公文一角火票一張並據南海縣投繳限
單一紙各到本大臣准據此合行札發札到該司即便
查收分别彙繳存銷毋違
計發火票一張限單一紙

道光二十四年七月廿三

發收火票限單

閻玉章
李書粟 呈
姚鑫

欽差大臣太子少保兵部尚書兩廣總督部堂耆

行

第廿四號

廿五日發

雙銜

F.O.682/327/5(17) 1

咨會事照得咈蘭哂請在五口通商經本大臣
等議定條約奏奉
硃批依議欽此業已咨行在案茲於本年七月二十
三日交換約冊事竣據該夷使喇嘒呢聲稱擬
即坐駕商船駛赴通商各口查看貿易情形並
不勞動地方官長等語查夷情難以逆料必須
隨時隨事撫馭得宜如果該夷使到日並無動
靜該地方官自可置之不問倘有通問求見等
事務須相機接待妥慎辦理以免啟釁生端除
飛飭　道遵照外相應咨會為此飛咨
貴部院將軍請煩查照施行
一咨閩浙總督、　福建巡撫

2

一咨福州將軍
一咨浙江巡撫、
一咨兩江總督
一咨江蘇巡撫
飛飭遵照事照得咈蘭哂請在五口通商經本
大臣等議定條約奏奉
硃批依議欽此業已行知在案茲於本年七月二十
三日交換約冊事竣據該夷使喇嘒呢聲稱擬
即坐駕商船駛赴通商各口查看貿易情形並
不勞動地方官等語查夷情難以逆料必須隨
時隨事撫馭得宜如果該夷使到日並無動靜
該地方官自可置之不問倘有通問求見等事

四月廿五日

3 END

務須相機接待妥慎辦理以免啓釁生端合亟
札飭札到該道即便遵照妥慎辦理毋違此札

一札福建興泉永道、
一札浙江寧紹台道、
一札江蘇蘇松太道、

廿六日繕
戌發四百里排遞
行寫

為飛咨事。案據暎酋德公使照會，定于七月十四日赴通商各口查看貿易事宜等由，即經摭情飛咨查照在案。茲據護香山協副將探稱：七月十五日由央沙嘴東去之暎夷唱大巡船內，有夷目嚨吔哶一名，坐駕該船前赴閩浙等情稟報前來。除批示外，相應咨會。為此合咨

貴將軍、部堂、部院，請煩查照施行，轉飭沿海所屬預行瞭探，如有該夷船隻駛抵通商港口，務須妥為駕馭，勿使缺望，仍將何日進口出港之處，隨時見覆施行。

一咨
福州將軍
閩浙督院
浙江撫院
兩江督院
福建撫院
江蘇撫院

札浙江寧紹台、江蘇蘇松太道知悉。案據云云。除批示外，合行札知。札到該道，即便知照，轉飭所屬□□之處，隨時稟報，毋違。特札。

道光二十四年七月廿八日

欽差大臣太子少保兵部尚書兩廣總督部堂耆

知照德酋赴閩浙日期

閻玉章
李書業 呈
姚鑫

七月廿九日五百里排單

為咨送事據咪唎㗗夷使嚬嚧前有呈出國

並續呈譯出漢字之件

書內敢瀆求北上各情經本大臣奏

旨一件

諭旨俟譯出後遇便呈覽等因當將該夷國書發交即選遣

潘仕成覓人詳譯復據該夷使以前繳國書若照本國

文字進呈恐辭不達意是以浼求本處士人譯好謄正呈

送前來查無違悖字句核與原書符合除照録該夷使譯

謹先擬叙咨稿呈
核至所送國書是否
夷字併應否抄夷
及譯漢國書呈送
軍機處備查之處
理合稟請
中堂遵行上稟

漢國書附
查□□有原繳夷字國書一件自應備文咨送為此咨呈
相應將
由布指揮譯出漢字一件
軍機大人謹請察收備查施行須至咨呈者
希即察
計咨送咪夷國書一件
又抄指譯出漢字一件
一咨呈 軍機大人

亞美理駕合衆國水師提督駐中國任辦理合衆國事務伯駕　公文遞至

大清欽差大臣太子少保兵部尚書兩廣總督部堂宗室耆　當堂開拆

道光二十四年八月　初三日由虎門啵囒哟嚩兵船移

内壹件

十七號
FO 682/137/1(9:A,M)

照會

此件不復原存案

仍復

亞美理駕合衆國水師提督駐中國任辦理合衆國事務伯駕 為
照復事現在七月二十七日照會近日公使顧聖大臣
接來翻譯閱明知悉本大人實分歡喜給知軍機大
臣會同各部按照所議各條一一照復准行
大皇帝硃批本年五月十八日望廈所定條約即相應本
大臣此歡喜知會交屬本國商民人等亦無疑各

恪守條約順候

升祺須至照會者

右　照　會

大清欽差大臣太子少保兵部尚書兩廣總督部堂宗室耆

一千八百四十四年　九月十四日即

道光二十四年　八月初三日

F.O. 682/137/1 (9A)

To His Excellency Ke Ying
Governor General of the two Kwang
Imperial High Commissioner

To his Excellency Ke Ying, Governor General of the two Kwang provinces &c &c &c.

U.S. Frigate Brandywine
Boca Tigris. Septr. 14th. 1844.

Sir

I have the honor to inform you that your communication addressed to C. Cushing Esqr. late Minister &c to China, dated the 9th instant, has been received, and a faithful translation submitted to me, which I fully understand.

It gives me great pleasure to learn that the Ministers of the Privy Council at Pekin have sanctioned all the Articles of the Treaty negotiated between the Hon: Mr Cushing and your Excellency, and signed on the 3d of July 1844 at the village of Hwang Shea, and also that the said Treaty has been certified to, and approved by your August Sovereign the Emperor.

I shall take proper measures to make my Countrymen acquainted with this gratifying intelligence, and have no doubt but the Treaty will be conformed to by all with the greatest pleasure.

I have the honor to be
Your Excellency's Mo: Obt: Servant
Foxhall A Parker
Commanding U.S. Naval forces in the China & adjacent Seas, and Representative of the Government of the U. States in China

咪唎堅在未沙灣官涌沙波起造船厰等

共四件 底稿一件

內稟

道光貳拾柒年叁月貳拾貳日稟

內

稟

標下廣東大鵬協副將王鵬

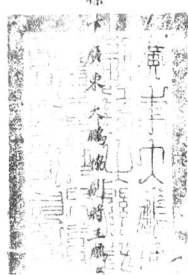

欽差大臣太子少保協辦大學士兵部尚書兼都察院右都御史總督廣東廣西等處地方軍務兼理糧餉宗室耆

為咨覆事本年八月初一日准

貴部院咨開據前任寧紹台鹿道禀称奉委訪查鄞

鎮等處並無夷人擅入衙署及夷婦拜會登岸閑遊之事

現在恪遵例約無須再行諭禁等情咨覈察照彙

奏等因到本大臣准此除彙案核

奏外合先咨覆為此合咨

貴部院請煩查照施行

一咨 浙江撫院

道光二十四年八月 初二 日

咨覆訪無夷人擅入衙署拜會一案

閒玉章

李書稟呈

姚鑫

欽差大臣太子少保兩廣總督部堂耆

初

丁卅號

八月初三發五百里排遞

為據稟飛咨事據浙江寧紹台道陳之驥等稟稱上年十二
月間據定海廳同知通稟訪有匪徒李成峯等盤踞定城
及池家門地方称為紅毛鄉勇設局詐擾當經照會駐定暎
官叔德將該犯等六名解送審訊旋據該丞續獲馮三元傅
阿四陸明即樂陸鳴等解縣會訊本年三月二十七等日據暎
國管事官羅伯聃先後照會以陸明買得暎商洋米有經手
價銀未清懇求暫行保回俟有訊期送審當將陸明交羅酋
保回嗣又據照會以李成峯等立局訛詐等事皆係陸明為首
稟明本國公使業經面會本大臣議定審案日時處所由駐定
總兵官吁哺嚧派委本國三品武官二員帶同通事會審等情
應否委員會同暎官提訊詳辦之處稟請示遵前來本大臣
查民夷交涉詞訟條約載明各歸各辦並無會同審訊之例今

2

李成峯等胆敢在定海地方盤踞設局詐擾經駐定暎官叔德將
犯解送審訊洵屬正辦乃于續獲在逃之陸明即樂陸鳴一犯因
有商欠未清又經羅伯聃照會保回已屬有違成約何得復請
帶同通事會審更屬非是且此案所獲各犯皆係華民本與
暎人無涉羅伯聃所請會審之處碍难准行至于陸明一事
德公使並無與本大臣言及一字所有一切事宜應即查照前定
條約辦理以免紛更除批示並札飭該道等遵辦外相應
咨會為此合咨
貴部堂院請煩查照希即轉飭遵照前定條約辦理可也
一咨 閩浙督 浙江撫院
札浙江寧紹台道知悉據該道會督前任鹿道寧波府李守
稟稱上年云云除批示外合並札飭札到該道立即遵照會督

並咨會閩浙督 浙江撫院

ENQ 3

鹿道荇查辦可也毋違特札、

一札浙江寧紹台道

閩玉章
李書粟
姚鑫 呈

道光二十四年八月　初二

咨會李成峯等詐擾一案無庸會同英官審訊

欽差大臣太子少保兵部尚書兩廣總督部堂耆

第廿九號

八月初二日五百里排單

FO.682/279A/5(46)

為移付事，本年八月初四日准
江蘇撫院孫　咨開上海運到洋硝，擬請官為收買，毋
庸撥充年額，緣由于六月二十六日會同
督部堂恭摺具
奏，抄咨查照等因，到本大臣准此，相應移付
總督衙門查照辦理可也。
計粘抄摺
一移付　總督衙門
道光二十四年八月　初五
付知上海運到洋硝官為收買抄摺

閩玉章
李書粟呈
姚鑫

八月初六日付

為移付事本年八月初四日准
署兩江督院壁　咨開五月二十四日會
奏籌議江浙兩省渡臺茶絲紬緞分別查辦一摺于六月二十九日奏到
硃批依議該部知道欽此抄録咨請查照欽遵等因到本大臣准此相
應移付
總督衙門欽遵分別移行知照可也
計粘抄摺
一移付　總督衙門
道光二十四年八月　　一相呈
移付兩江督咨會奏籌議渡臺茶絲紬緞分別查辦　硃批

F.O.682/279A/5(48)

為移付事本年八月初四日准

江蘇撫院孫　咨開咦國續派羅伯孫苷前赴上海充當副管事

官緣由于六月二十六日會同

督部堂附片具

奏抄片咨明查照苷因到本大臣准此相應移付

總督衙門查照辦理可也

計粘抄片

一移付總督衙門

道光二十四年八月　初五

移付英國續派羅伯孫苷充上海副管事抄片

閩玉章
李書粟呈
姚鑫

另冊三號

八月初六日付

鈔印四套送 英大人閱及再發

為照會事、本大臣前在澳門、議定亞美理駕合衆國貿易
章程三十四條、業經
奏奉
大皇帝交軍機大臣會同各部議覆准行、當即分咨閩浙江
蘇各省 督撫將軍查照、并將洋參黑白鉛減折收稅
白鉛應歸官商採買、及添列出入口違禁貨物于稅冊內、
分晰註明之處、已先後照會咪國顧聖公使遵辦在案、惟查
現定善後條款、間有與上年英國所議約冊、稍有變通
之處、今
大皇帝既有新恩施及咪國、則英人亦應一律均沾、以昭平允、
所有現在奉
部議准咪國貿易章程三十四條、及本大臣前次酌改

洋参黑白鉛稅例、及添註出入口違禁貨物各緣由、相
應一併抄録照會
貴公使諭飭英國商人一體遵照可也順候
行祺須至照會者
計抄送新定咪國貿易章程一本、酌改稅例三條、出
入口違禁貨物九條、

一照會英國德酋

道光二十四年八月初五

照會德酋新定咪國貿易章程并酌改稅例

閏玉章
李書粟
姚鑫 呈

月初五日發

洋参黑白鉛稅例、及添註出入口違禁貨物各緣由、相
應一併抄録照會
貴公使諭飭英國商人一體遵照可也順候
行祺須至照會者
計抄送新定咪國貿易章程一本、酌改稅例三條、出
入口違禁貨物九條、

此件照會大英副總理陸路提督暫攝香港政務大

道光二十四年八月初五

照會德酋新定咪國貿易章程并酌改稅例

閏玉章
李書粟
姚鑫 呈

月初五日發

1

為咨覆事本年八月初四日准
貴部堂院咨開據蘇松太宮道稟稱查嘆國通商善後條約内開
如將來
大皇帝有新恩施及各國亦應准嘆人一體均沾等因在案今亞美理
駕合衆國議定五口通商條約均與上年新章稍有變通又洋
鉛一項亦與前定稅数較為輕減現在嘆商運到洋鉛不少而各
商中亦有納清稅餉因貨物不合欲往別口售賣又因貨未
全銷改往別口轉售情形正與現定條約符合勢必藉口他國得
有新恩籲求照辦應否准其所請以昭平允之處稟請示遵前
來查咪國通商條約各國似應一律辦理以免藉口函咨商核要飭
遵等因並准
貴部堂函 江蘇撫部院咨 兩江督部堂函商前來本大臣查咪國貿易條約業經

2

大部議准業經咨行查照并將洋參黑白鉛減折收稅白鉛應歸
官商採買及添註出入口違禁貨物各緣由一併咨明飭遵畫一
辦理在案今准前因自應一體照辦免致有所藉口除照會
噫酋諭飭嘆商知照外相應咨覆為此合咨
貴部堂院請煩查照轉飭遵照畫一辦理施行
一咨 兩江督 江蘇撫院
為咨會移付事本年八月初四日准
江蘇撫院孫 咨開云云並准
兩江督部堂函商前來本大臣查云云在案茲准前因自應一
體照辦免致有所藉口除咨覆
江蘇撫部院 兩江督部堂轉飭畫一遵辦並照會噫酋諭飭嘆商知照外相應
咨會為此合咨
移付

3 ENC

貴將軍部堂院監督請煩查照希即轉飭畫一辦理施行

總督衙門查照可也

一咨
福州將軍
閩浙督院
浙江撫院
廣東撫院
粵海關部
福建撫院

一移付　總督衙門

道光二十四年八月　廿五

咨覆英商貿易應照現定米國條約畫一辦理

聞玉章
李書粟呈
姚鑫

八月廿五號

八月初八日四更呈核

為照覆事頃接照會一件所有本大臣七月二十七日照會知已
繙譯閱明歡喜令商民恪守條約等由足見
貴提督認真辦事不勝欣慰惟尖沙嘴官涌地方前有
合眾國人起造房屋經本大臣查明共限四個月拆遷照
覆 顧公使飭遵並據大鵬協具稟批定七月十七日起限
在案此事務祈
貴提督查照前案飭令依限拆遷以符成約順候
嘉祉須至照覆者

一照覆 咪酋伯駕

欽差大臣太子少保兵部尚書兩廣總督部堂耆

道光二十四年八月 初九

照覆米夷七月二十七日照會知已繙閱歡喜並令依限拆遷尖沙嘴房屋

聞玉章
李書粟呈
姚鑫

1

為咨送事、窃照咪唎嘡夷使嚙𠴱所呈國書並續呈
譯出漢字之件、又照録此次具奏摺稿一併咨呈、希即
察收備查施行、須至咨呈者、

計咨送咪夷國書一件 又抄摺並譯出漢字一件

一咨呈 軍機大人

月廿九歸

欽差大臣太子少保兵部尚書兩廣總督部堂耆

2 END

道光二十四年七月廿九日

咨送咪夷國書

閏玉章
李書粟
姚鑫 呈

八月十四日發

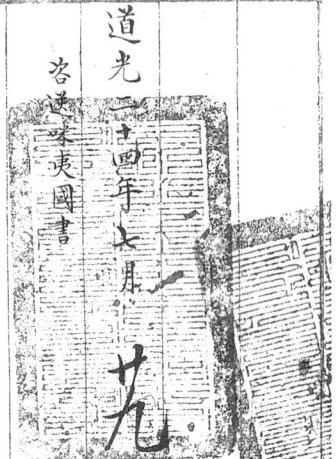

為咨覆事本年八月初六日准

貴部院咨開江陰縣鵞鼻嘴善後事宜業經

署督部堂壁　會摺具

奏在案抄録摺稿咨覆查照等因到本大臣准此除存俟彙案核

辦外相應咨覆為此合咨

貴部院請煩查照施行

一咨覆　江蘇撫院

道光二十四年八月　十七　日

咨覆鵞鼻嘴善後事宜存俟彙案核辦

閻玉章　書吏　李書　呈　姚鑫

欽差大臣太子少保兵部尚書兩廣總督部堂耆

為咨覆事。本年八月初八日准

貴部堂咨開：五月二十四日會

奏嘆夷派令領事李太郭來福州籌議開市，現在分別查

辦緣由一摺，今于七月初二日奉到

硃批、上諭，恭録咨會查照，欽遵。等因到本大臣。准此，查鼓浪嶼

一島，前據嘆酋德公使照會，允于本年年底交足銀項，先

行退還等情，且俟届期兑交銀兩之時，再行辦理，自可無

虞變更。惟記里布尚有遷延之意，自應婉為開導，諭令

早為預備另覓住處，以昭誠信，而免占據。相應咨覆，為此

合咨

貴部堂，請煩查照，希即轉飭妥為辦理施行。

一咨覆 閩浙督院

為移付事。本年八月初八日准

閩浙督院劉 咨開：云云誠信，准此，除咨覆

閩浙督院轉飭妥辦外，相應移付

總督衙門查照辦理可也。

計粘抄

一移付 總督衙門

欽差大臣太子少保兵部尚書兩廣總督部堂耆

道光二十四年八月 十二

咨覆福州籌議開市情形

閩玉章 李書鏉 呈 姚鑫

為咨復事、本年八月初六日准
貴部院咨開據寧紹台道陳之驥等稟稱訪獲匪徒李成
峯等盤踞定城及沈家門地方稱為紅毛鄉勇設局詐擾
經駐定𠸄官叔德將犯解訊旋又續獲陸明即樂陸鳴一犯
因欠有𠸄商未價未清據領事官羅伯聃照會懇求保回并
稟明𠸄國公使面會本大臣議定審案日時處所帶同通事
會審等情請示前來、查此案曾否（該國公使）
貴大臣面會議定咨商
核示飭遵等因到本大臣准此查此案前據陳道等會稟
到轅即經明晰札飭查照前定條約辦理毋庸會訊並飛咨
貴部院暨
閩浙督部堂查照飭遵在案、（所有陳明一事）並前因本大臣並無與德
公使有（並未與本大臣言及）今羅伯聃[illegible]經議定之語、從何而來、恐係該犯

等冀圖脫罪中途賄囑所致亦未可定、又應從嚴究辦、以
儆刁頑而杜將來、（[illegible]）相應咨復、為此合咨
貴部院請煩查照希即轉飭遵照前定條約辦理毋庸
會訊施行、
一咨復　浙江撫院、

欽差大臣太子太保兵部尚書兩廣總督部堂耆

道光二十四年八月十四

咨復李成峯等詐擾之案毋庸會訊

聞玉章
李書栗　呈
姚書鑫

八月十四到

月十五日發　馮進[illegible]四百里[illegible]

Page 1

F.O.682/137/1(47)

為抄片咨會事、窃照本大臣探訪咪唎㗎夷使嚼
嚧㖼已回國臨行時派夷目咱嗎代往通商四口查
看現亦行至中途被風折回緣由于八月二十九日在澳
門行館附片具
奏、除分咨外、相應抄片咨會、為此合咨
貴部院監督將軍、請煩查照施行、

計粘抄片乚

一咨 盛京將軍、福州將軍、直隸兩江督院、閩浙、山東廣東福建江蘇浙江撫院、粵海關、

計粘抄片乚

為移付事、案照云云 相應抄片移付
總督衙門查照可也、

計粘抄片乚

五十三號

P.2

F.O.682/137/1(47)

一移付 總督衙門、
札浙江寧紹台、江蘇蘇松太道知悉、案照云云外、合並抄片札知
札到該道即便知照毋違、

計粘抄片乚

道光二十四年八月 先 日

知照嚼茵㖼已回國咱嗎折回廣州抄片

八月先日發四百里排遞封寄

P.3

F.O.682/137/1 (47)

為恭録咨會事竊照本大臣採訪咪唎㗌夷使顧盛寔已
回國臨行時派夷目啪嚙代往通商四口查看現亦行至中
途被風折回緣由于八月二十九日在澳門行館附片具
奏十月初五日奉到
硃批知道了欽此相應恭録咨會為此合咨
貴將軍／堂／部院／監督請煩查照欽遵施行
一咨 盛京／福州將軍 直隸／兩江／閩浙督院 粵海關 山東／福建／廣東／江蘇／浙江撫院
為移付事為照云云相應恭録移付
總督衙門欽遵可也
一移付 總督衙門
札浙江寧紹台／江蘇蘇松太道知悉照得云云合行恭録札知札到該道

47D

P.4 (end

F.O.682/137/1 (47)

即便欽遵可也此札
道光二十四年十月 日
知照嚙酋寔已回國啪嚙折回廣州一片奉 硃批
閱 玉章
李書粟
姚鑫 呈

欽差大臣太子少保兩廣總督部堂耆

47C
inside 47B

奏片稿

再查咪唎𡁷夷使嚾嚧前次來文称於七月十三日啓程回國當經附片陳奏在案惟該夷使始則称往四口查看貿易事宜繼則又称回國是否另有別情、𥘉前來澳門細加探訪該夷使嚾嚧寔已回國臨行時派夷目咱嗎代往通商四口查看該夷目咱嗎亦因行至中途遇風不能駛往業已折回廣州現住十三行洋棧尚無別故、

理合附片陳明、謹

奏、

十月初五日奉

硃批知道了欽此

道光二十四年八月廿九

兵部尚書兩廣總督部堂耆

八月廿九日在澳门發進

五十四號

廣東廣州府香山縣今於
與領爲具領事本年玖月拾壹日戌時末刻領到
欽差大臣耆　發下馹遞　奏摺夾板壹副限日行肆百里遵即飭差飛遞前途交替理合具領所領是實

道光貳拾肆年玖月　拾壹　日知縣陸孫鼎

為咨明事、竊照本大臣於道光二十四年九月十一日自
澳門拜發
奏摺夾板一副並咨呈
軍機處公文一角、事關緊要由驛四百里飛遞、相應咨
明、為此合咨
貴部、請煩查收、希將
奏摺呈
進、咨文即為轉交施行、須至咨者、
計咨送
奏摺夾板一副 軍機處公文一角
一咨 兵部、

九月十二日戌刻

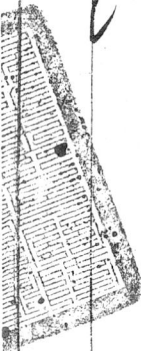

一百六十三號

道光二十四年九月 十一 日
咨送驛遞 奏摺

閻玉章
李書粟
姚鑫 呈

廣東廣州府香山縣令於

與領爲具領事本年玖月初柒日申時貳刻領到

欽差大臣耆　發下馹遞　奏摺夾板壹副限日行肆百里遵即飭差飛遞前途交替理合具領所領是實

道光貳拾肆年玖月　初柒　日知縣陸孫鼎

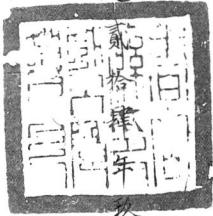

F.O.682/137/1 (57:A.B)

為咨明事，竊照本大臣於道光二十四年九月初七
日自澳門拜發
奏摺夾板一副，由驛四百里飛遞，相應咨明。為此合咨
貴部，請煩查收轉
進施行。須至咨者。
計咨送
奏摺夾板一副
一咨 兵部
道光二十四年九月 初七 日
咨 驛遞
閏 玉章
李書粟呈
桃 鑫

欽差大臣太子少保兵部尚書兩廣總督部堂耆

五十九號

九月初七日由馹四百里拜發

為移付事本月十一日准
護江蘇撫院文 咨開暎國續派羅伯孫等前赴上海充
當副管事官緣由經
孫部院於六月二十六日附片會
奏茲于八月初四日奉到
硃批一切妥慎為之不失國體不開他衅是為至要識之欽此恭
録咨呈查照等因到本大臣准此相應移付
總督衙門欽遵知照可也
一移付 總督衙門

道光二十四年九月 十二
付知上海續派暎國副管事奉 硃批
聞 玉章
李 書粟
姚 鑫
呈

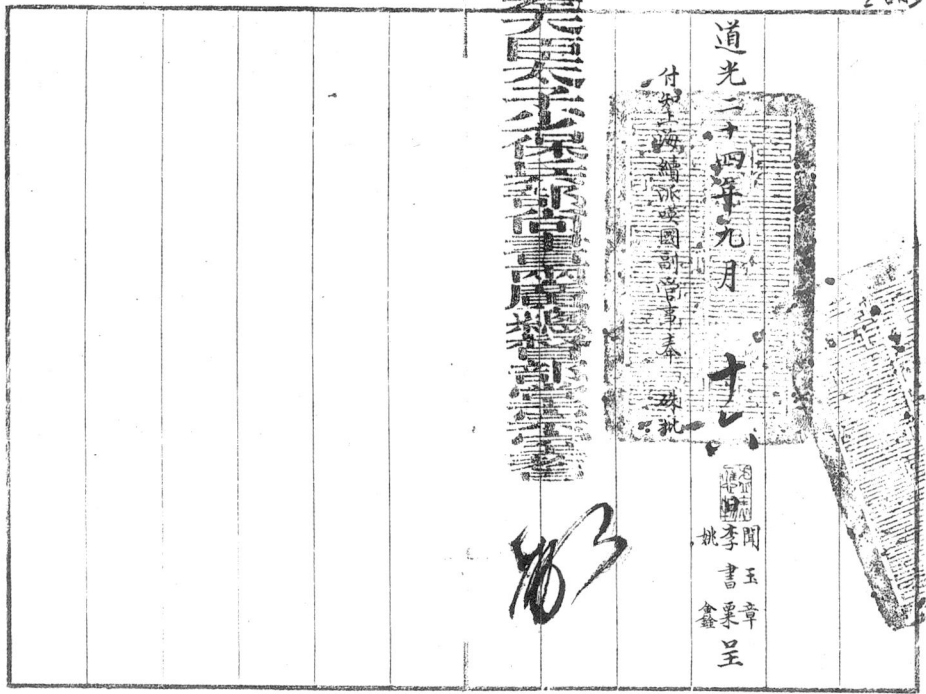

為移付事本月十一日准
署兩江督院壁 咨開德酋抵滬據松太道守接見後旋赴李家
厰查勘前次議定館基據云該處河滷及坎窩之處太多若一
律填平再行建造館舍未免需費太鉅且俟回至香港再行
酌定并款待該酋苛意甚忻感仍坐火輪船駛去苛情除俟
摺便附
奏外咨明查照等因到本大臣准此相應移付
總督衙門查照可也
計粘抄
一移付 總督衙門

百六十六號

欽差大臣太子少保兵部尚書兩廣總督部堂葉

移付德酋在滬建館情形

十一

開王章
姚李書渠呈
鑫

十月支日

為移付事本月十一日准
護江蘇撫院文　咨開上海運到洋硝擬請官為收買
毋庸撥充年額一摺經
孫部院於六月二十六日會
奏茲於八月初四日奉到
硃批該部速議具奏欽此恭録咨呈查照等因到本大臣准此
相應移付
總督衙門欽遵知照可也
一移付　總督部堂衙門

道光二十四年九月十六
付知上海收買洋硝一摺奉　硃批
閒玉章
李書粟
姚鑫　呈
欽差大臣太子少保兵部尚書兩廣總督部堂耆

百六十九號
九月十七日到

百六十八號

F.O. 682/137/1 (52)

為移付事、本月十五日、准

署兩江督院壁　咨開據江海關詳稱、領事巴富爾之弟、帶同醫士及黑夷通事雇坐小船私越新閘一帶打雀、當將船戶人等嚴懲、黑白夷人交巴富爾領回禁止、并分別比例議定治罪章程、批飭詳請咨行通商各口一體照辦、咨會飭遵等因、到本大臣、准此相應移付

總督衙門查照、轉飭遵辦可也、

計粘抄

一移付　總督衙門

道光二十四年九月　十六

付 嚴禁船戶私載夷人閒遊治罪章程

閏玉章

李書粟呈

姚鑫

九月廿七日到

52

為咨覆事本月十一日准
貴部院咨開唊夷船隻往來閩浙洋面駕駛迅速停泊
之處早晚多寡靡常其夷兵則逐日操演兵多則操更勤
本部院前次片
奏定洋停泊夷船十三隻係據當時情形而言此次親赴寧
鎮一帶勘估善後工程確查定洋夷船雖時有多寡而
現在人數較少操演亦不甚勤定海四門向設夷兵各十名茲
又據報各撤去四名情形極為馴順自可循照定章相安
無事並無應行議辦事件咨覆查照等因到本大臣
准此除存俟核
奏外相應咨覆為此合咨
貴部院請煩查照施行

一咨 浙江撫院

道光二十四年九月 十六

咨覆定海夷兵情形相安無事一案存俟核 奏

欽差大臣太子少保兵部尚書兩廣總督部堂耆

聞玉章
李書栗 呈
姚鑫

百六十九號

九月十六日發

FO 682/391/2(96)

為照復事、頃接
貴公使來文得悉
貴公使到福州之時因李管事官所住屋宇甚屬鄙
陋以致
貴公使不便與該處各官晉接往來本大臣甚抱不安
當即咨會閩省
督撫轉飭該處地方官妥為照料如
貴國管事官甘願出價租住合宜館宇該地方居民
亦甘願出租均須公平辦理以全公誼再來文內開現
下福州之事未定李管事官不便赴厦門暫諭亟利國
權且在該港管理等因本大臣亦當即咨會閩省
督撫轉飭該地方官知悉也為此照復即頌
崇祺日增須至照復者、

一照復暎國德爵、

道光二十四年九月 十八

欽差大臣太子少保兵部尚書兩廣總督部堂耆

照復李管事所住屋宇已咨閩省轉飭地方官照料

閏玉章
李書粟 呈
姚鑫

百七十三號

九月十七日發

為咨覆事本月十五日准
貴提督咨開本月十一日酉刻有咪國三桅兵船二隻自
外洋駛來直向虎門海口而入咨呈察照等因到本大臣
准此查現據該將黃慶元稟報即經批飭再行查探
該夷船駛泊何處作何動靜據寔稟報在案茲准前因
相應咨覆為此合咨
貴提督請煩查照希即督飭水師員弁不動聲色
嚴加防範務須示以鎮靜勿稍疎懈仍將該夷船停
泊何處何日開行飭令查探明確隨時稟報施行
一咨 水師提督

54B

百七十號

道光二十四年九月十七

咨覆咪夷兵船駛入虎門飭令查探

閏五章
日李書粟呈
姚書鑫

九月廿日發

54A

為恭録咨會事。案據暎酋噫啢哂呈稱欲往福州廈門寧波上海四口查考所屬管事等是否遵守成約，并探聞咪夷嚬噹欲行回國各緣由，經本大臣于七月初二日附片具
奏。當經抄片咨會在案。茲于九月十一日在澳門行館奉到
硃批：另有旨。欽此。又于正在於此句旁奉
硃批：正難於此。欽此。相應恭録咨會。為此合咨
貴將軍部堂院監督，請煩查照欽遵施行。

一咨 盛京、福州將軍，兩江、直隸、閩浙督院，浙江、江蘇、廣東、福建、山東撫院，粵海關

為恭録移付事。云云。相應恭録移付
總督衙門查照欽遵可也。

一移付 總督衙門

札浙江寧紹台、江蘇蘇松太道知悉。云云。欽此。合行恭録札知。札到該道即便欽遵可也。此札

欽差大臣太子少保兵部尚書兩廣總督部堂耆

道光二十四年九月十七日

知照噫酋往四口查考管事并嚬酋欲回國奉 硃批

閏五 章 李 書 粟 呈 姚 鑫

FO 682/391/2 (98) 1

P.1

為咨會事頃據噫酋照會內稱到福州之時見李管事官所住屋宇甚屬鄙陋并云現下福州之事未定李管事官不便赴廈而廈門領事官記退職故諭亞利國權在該港管理等情呈請咨行閩省地方官查核前來除倫文照復外查該酋到福既因李管事所住屋宇並不合宜應向該地居民另行租賃揔須兩得其平方為妥當若從中稍有抑勒不特彼此難以相安且恐別滋事端據呈前情相應咨會為此合咨

貴部堂
院請煩查照希即轉飭該處地方官妥為照料斟酌辦理如李管事官甘願出價另租合宜館宇仍聽該地居民公平出租務使兩相允合不致稍有齟齬仍將如何酌辦緣由見覆

百七十二號

2 END

P.2

見覆一面即將記里布退職亞利國暫在廈港管理各情分別移行知照施行

計粘抄照會一件、噫酋來文一件、

一咨 閩浙督
福建撫院、

為移付事云云除照復該酋並分咨

閩浙督
福建撫院轉飭地方官妥為斟酌料理外相應移付

總督衙門查照可也、

計粘抄照復一件 噫酋來文一件

一移付總督衙門

道光二十四年九月 十 日

咨福州李管事住屋另租飭為酌辦并記里布退職亞利國在廈管理

聞玉章
李書粟 呈
姚鑫

FO 931/0590

FO.682/279A/5(56)

1542

為咨明事竊照本大臣於道光二十四年九月廿一日自廣

東省城拜發

奏

摺夾板一副事關緊要由驛四百里飛遞相應咨明為此

合咨

貴部請煩查收轉

進施行須至咨者

計咨送

奏

摺夾板一副

一咨　兵部

道光二十四年九月　十九

閏玉章

李書粟

姚鑫　呈

咨送驛遞奏摺

欽差大臣太子少保兵部尚書兩廣總督宗室耆

百七十六號

九月廿日發

F.O.682/391/2(23)

為咨送事。竊照咦咪咈各國一律議定條約，夷務漸次
完竣，所有在事出力各員未便沒其微勞，懇
恩分別甄叙，以示鼓勵。緣由經本大臣於本年九月二十一日
敬列
台銜，附片會
奏，相應録具回會各稿，備文咨送。為此合咨
貴部院，請煩查照，希即分別蓋印書
奏，存案。其回稿一本，仍祈移還施行。
計送回會 奏片稿二本
一咨 廣東撫院

百八十號

2 END

道光二十四年九月　廿二
咨送會 奏夷務出力人員甄叙回會稿
聞玉章
李書秉
姚鑫　呈

九月廿二日發

奏稿

奏為查明定海夷情照常安靜恭摺奏祈
聖鑒事竊臣前准軍機大臣字寄道光二十四年五月初八日奉
上諭據梁　奏嘆夷貨船火輪船兵船現泊定海洋面共有十三隻
人數增多操演稍勤情形尚屬馴順等語着該督將該撫
片內所稱各節隨時探訪如有應議應辦事件據實具奏原

片着鈔給閱看等因欽此遵
旨寄信前來并奉鈔發原片一件查嘆夷就撫已逾二年臣於
其往來動靜隨時留心訪察不敢稍存泄視至浙江撫臣原
奏所稱定海所泊嘆船十三隻內有續到之火輪船及兵船四
隻當因所載夷兵究有若干及因何勤操之處未據浙江營
縣稟報惟聞鼓浪嶼夷人多有患病赴舟山避疫之說

臣恭奉
諭旨後當即咨查浙江撫臣並札委寧紹台道分別確查一面揀
派幹弁密切探訪去後茲准浙江撫臣梁　覆稱上次嘆夷
人數增多係由鼓浪嶼前來換班旋即陸續駛回原奏係
就當時該營縣所稟情形而言至現在番舶夷人不多操演
亦不甚勤即定海四門向設夷兵各十名並各撤去四名情形

極為馴順續接閩浙督臣劉　來文亦稱鼓浪嶼夷目帶
兵往定海換班及因夷兵多染病症前往避疫查無別故各
等因并據寧紹台道陳之驥會同前任道員鹿澤長及寧
波府李汝霖等稟稱本年三四月間定海洋面共泊英夷船
十三隻彼時駐定白夷七百餘名黑夷四百餘名迨後漸駛往
閩省等處其寧波開市以後民夷相安絕無釁隙前次據
演稍勤詢因咈蘭哂船隻將至疑忌預防別無騷擾目下
情形均屬照常等情稟復前來核與奴才派弁密訪情形大
畧相同其閩浙督臣文内所稱夷兵患病避疫亦與奴才所
聞適合伏查通商各口夷船往來原無一定㕵夷雖屬狡黠
第自受撫以來其意專在貿易如能控馭得法似尚不致遽
萌反側浙江撫臣原奏自因該營縣未將換班避疫各情

查明縷稟是以就當時情節繕片附陳今夷兵漸已散
去一切相安尚無應議應辦事件自應持以鎮靜俾令益
臻馴順理合恭摺具
奏伏乞
皇上聖鑒謹
奏

再查定海夷情雖屬馴順惟其地尚駐番兵計須俟乙巳年撫欵交足方能收回屆期彼此接收之際若非熟悉夷情人員辦理得法恐別生枝節奴才再四思維查已革同知舒恭受素為民夷所信服近聞邸抄欽奉

上諭將該革員舒恭受與周維藩等均免死發往新疆酌量差遣等因竊思新疆現開地畝差遣需員定海尚未收回尤資熟手且新疆効力廢員人數尚多而定海止有已革道員鹿澤長一人殊覺不敷差委若將舒恭受暫留定海隨同鹿澤長襄理民夷交涉事件俟定海收回再行請

旨發往新疆似于該革員遣戍罪名無所增減而海疆夷務稍有裨益奴才為人地相需起見理合附片陳明伏祈

聖鑒謹

奏

道光二十四年九月廿八

閻玉章
李書衆
姚鑫 呈

奏

為咨覆事、本年九月二十五日准
貴部堂咨開、探訪鼓浪嶼現存黑夷六百餘人、白夷三十六人、並
非僅存二百餘名、其前往舟山白夷約有五六百名、查係換班
並因在廈多染疫症、兼有調往避暑、密飭確查、均無別故、咨
請核辦等因到本大臣、准此、除俟彙核覆
奏外、相應咨復、為此合咨
貴部堂、請煩查照施行、

一咨 閩浙督院
道光二十四年九月 廿七
咨覆鼓浪嶼黑白夷兵往舟山換班存俟彙奏

閩 玉章
李 書栗 呈
姚 鑫

欽差大臣太子少保兵部尚書兩廣總督耆

百八十二號

九月廿九申时發

為移付事、本年九月十九日准
署兩江督院壁　咨開據松太道會稟暎國德酋到滬接見
情形、于八月十六日附片具
奏、抄咨查照等因到本大臣准此相應移付
總督衙門查照可也、

計粘抄片

一移付　總督衙門、

道光二十四年九月

付知暎德酋到滬接見情形抄片

閆玉章
李書棠　呈
姚鑫

欽差大臣太子少保兵部尚書兩廣總督部堂耆

百八十三號

九月廿九申時發

百八十六號

為移付事本年九月二十二日准
署兩江督院璧　咨開據松太道會禀暎國噫啱起椗
開行赴寧波等口日期于八月二十五日附片具
奏抄片咨會查照等因到本大臣准此相應移付
總督衙門查照可也
計抄原片
一移付　總督衙門

道光二十四年九月
移付蘇撫具奏噫啱到滬出口抄片

聞玉章
李書栗　呈
姚鑫

欽差大臣太子少保兵部尚書兩廣總督部堂耆

九月廿九申時發

為移付事本年九月二十二日准
護江蘇撫院文 咨開𠸄國公使噫吭啁抵滬並出口日期
情形于八月十六日附片具
奏抄片咨會查照等因到本大臣准此相應移付
總督衙門查照可也
計抄原片
一移付 總督衙門

道光二十四年九月 日
移付蘇撫具奏噫吭到滬出口抄片

閔玉章
李書粟
姚鑫 呈

欽差大臣太子少保兵部尚書兩廣總督部堂耆

百八十六號

九月廿六申時發

百八十七號

為移付事本年九月二十二日准

護江蘇撫院文 咨開上海運到洋硝擬請官為收買

毋庸撥充年額一摺奉准 部復如奏收買作正開銷

等因到本大臣准此相應移付

總督衙門查照可也

計粘抄原咨

一移付 總督衙門

道光二十四年九月 廿七 日

閏玉章
李書粟 呈
姚鑫

欽差大臣太子少保兵部尚書兩廣總督部堂耆

移付上海收買洋硝准 部議覆如奏辦理

行

九月廿九申時發

F.O.682/391/2(22)

閱

遵檢司詳一件札稿一件呈

浙江書識閻玉章 姚鑫稟

P.1 F.O.682/391/2(22)

為札行事照得十三行地方近年屢有匪徒滋事前經本大臣
飭令妥議保護章程業經府縣出示在案茲復加查核所
議各條均屬周妥惟第八條娼妓入行非買辦所能禁約
原議並將該行買辦送官嚴辦之處應行節刪除札飭府
縣遵照外合將章程改正鈔發該領事官傳知各商人等
一體遵照可也須至札者

計鈔發新定章程八條

右札英咪國領事官馬福准此

新定章程

一十三行一帶居民稠密易滋火患不可不預為之
防嗣後准外國住行商人各從本樓牆基之上接
築三面圍牆所有添建工料或由行主倫辦抑

由住行之人自備均聽其便

一東自新荳欄口起西自靖遠街口起均南至河邊止所有舊設木柵均應改為堅固牆垣或磚或石均由外國商人捐貲建造俾免内地民人往來窺覷肇衅啓爭

一同文靖遠新荳欄三街之北頭洋行後身亦准外國住行商人于本樓牆基之上接築高牆以防火患或行主自備工料亦無不可三街南北兩頭均添設堅固包鐵木柵

一中外襍處易滋事端嗣後三街六柵應分設兵房差館常川駐守彈壓所有肩挑貿易之人不許在行前左右出賣瓜菓糕餅等物其餘醫卜星相剃頭乞丐

擺設西洋鏡及一切閒襍人等均不許在行前左右往來擁擠招引閒人違者查究遇有打架鬧事或遇火災即將六柵全行関鎖不許閒人窺覷或有人強要入内致與守閘兵差互相爭鬬應即嚴拿究治倘兵差驅逐不力一併究懲

一靖遠街官卡應派明幹武弁一員常川督帶兵差駐守遇有口角細事由該武弁隨時彈壓理處若人衆滋事亦由該武弁禀請各憲多派兵差前往查辦以息爭端

一嗣後各行門前路不通行兩頭木柵由領事管鎖每于日落時及禮拜日即行関鎖非有事不啓

一附近十三行鋪戶如有私自賣酒與外國人飲者一

一八九號

經查出卽將該舖封鎖并提舖戶責處其街道

不許堆積糞土違者送官酌懲

一如有娼妓入行情弊查有証據卽將該妓送官嚴辦

道光二十四年九月 廿九

札發嚴□□□行地方匪徒滋事章程

開王章
李書粟 呈
姚鑫

欽差大臣太子少保兵部尚書兩廣總督部堂耆

F.O. 682/391/2(15)

1

為照復事前接
貴公使來文二件均于九月二十日倫文照復並寄書信二函計早應
遞到矣茲接閱
貴公使照會一件內開前接上海管事官巴稟稱距河口三十里之
鉛山有武夷茶葉積貯在彼地方官阻留不准移往上海務使
下粵發賣一節查此案本年七月間據江蘇蘇松太道稟稱
現據巴領事字稱江西河口馬頭鉛山縣地方有縣署差役不論福
建江西茶葉往北者令走河南往江蘇者截往廣東等語並據
茶棧商人張新賢等具稟聞茶現在河口未來上海籲求飭查
等情轉稟前來本大臣因茶客運貨赴各口貿易應聽其便
該地方官如果有阻截情事大屬不合當即飛咨
江西撫部院飭查辦理去後據于八月二十一日准

2

江西撫部院咨覆已經委員查訊明確從前該茶商等因上海
茶司尚少恐难速銷是以運赴粵省現在探知上海設立茶棧
較多願赴彼處售賣鉛山縣官吏寔無羈留阻截情事並録
取茶商行戶確供及切寔甘結等因旋又據蘇松太道稟稱茶
商已陸續運茶來上海售給英商等語是從前鉛山阻留之
說係屬誤傳而刻下茶商已陸續販運前赴上海自屬可信不致于
貴國貿易或有妨害也又來文內開接寧波管事官羅稟稱該地
方官給票准某商霸佔鉄市一節此事粵省無案可查本大臣以
意揣之該口向例由外運進鉄斤自係有專行包銷現或仍循其舊
未照新章更改亦未可定本大臣當即咨會
浙江撫部院飭查務照新定章程辦理斷不任該商等違例把持或累
貴國商人也再來文內開接粵省管事官馬稟稱有英人謝委全

3

違例包攬桂皮令人要買者必須領自已准照勒索每担桂皮銀一兩一錢三分等因查桂皮産于廣西由西江運來省河前因奸商繞越偷漏有碍稅餉有職員謝衛傳在海關呈請自赴廣西採買以杜走私之弊經海關准其承攬完稅有案事在新章未定以前嗣謝衛傳經辦後桂皮稅餉因之日增是以議定新章後仍由該職員接辦但止准其承攬完稅以杜走私並不准其私抽規銀需索肥己茲如來文所称每担桂皮勒索銀一兩一錢三分之多殊属有干例禁本大臣即行移咨

粵海關部嚴切查辦如果謝衛傳有違例婪索情事定即裁革究懲至來文內又開接粵省管事官馬禀称今在粵省內地北邊等路另立稅關將白洋布之餉愈行加納一節查粵東河汊紛岐走私最易經

4

前督部堂祁　會同

粵海關部奏准于要口設立卡房七處原以稽查偷漏並非另立稅関至各貨稅餉皆有定則新章開載甚明又何得于白洋布之餉愈行加納第來文內所称北邊等路未經指明何處本大臣委員向馬管事官面詢馬管事官亦未能確指容俟本大臣密飭訪查如訪查確寔即行嚴禁我兩國立定和約彼此均應恪守但中國條例較繁每有新章甫經頒行而舊例未能驟改均須隨時查明畫一更正以符成約本大臣有總理五口貿易之專責必不肯任令遠商受累含冤不為伸理也合行照復即頌

繁祉日增須至照會者

照會英國德酋

九十三号

道光二十四年十月初二

照復鉛山武夷茶阻往上海等事已咨查矣

閩王 李書粟 姚鑫 呈

十月廿日發

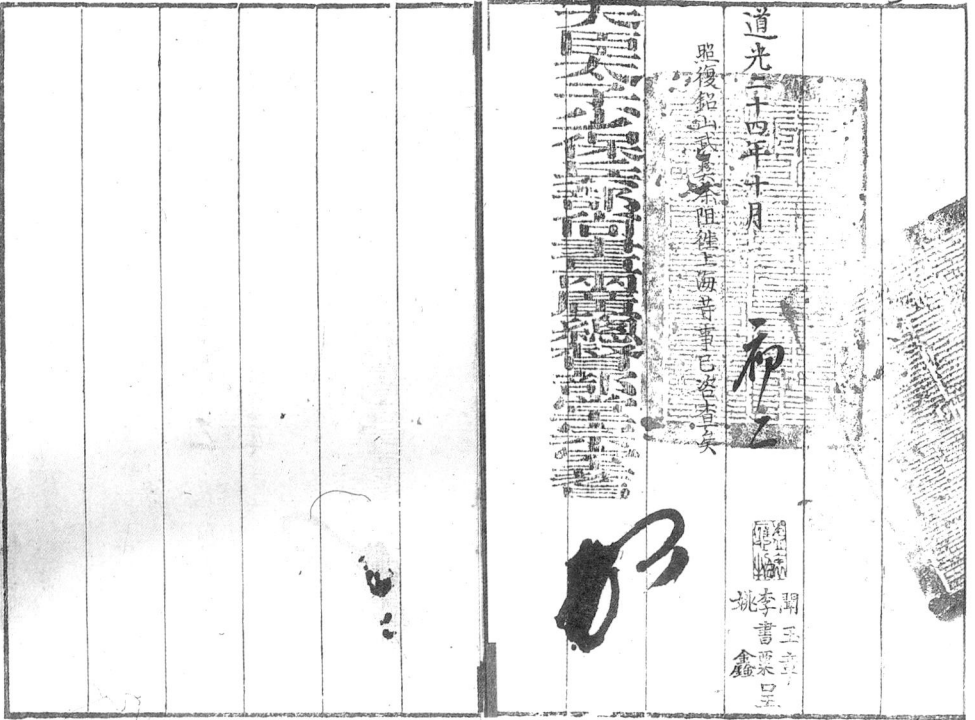

F.O.682/391/2(20)

為咨會（移付）事、竊為照十三行地方近年屢有匪徒滋事、經本大
臣新定禁約章程八條、除抄發暎咪二國領事官傳知
各商遵照外、相應抄録札行底稿及改定章程、咨會為（移付）
此合咨
總督衙門、查照、希即轉飭該管府縣一體遵照可也、
貴部院、請煩查照、希即轉飭該管府縣一體遵照施行、

計粘抄

一咨 廣東撫院、
移付 總督衙門、

道光二十四年九月

咨移十三行匪徒滋事新定禁章八條

先

閏五 章
李 書 粟 呈
姚 鑫

F.O.682/391/2(21) 1

為咨會事、竊照本大臣欽奉
諭旨查明定海夷情照常安靜緣由一摺、又定海尚未收回必須
熟悉人員方能差委查有已革同知舒恭受素為民夷所
信服請暫留定海隨同鹿道襄理民夷交涉事件俟定海
收回再行請發新疆一片于本年九月二十八日恭摺具
奏
除俟奉到
硃批再行恭錄咨會外相應抄錄摺片咨會、為此合咨
貴部堂院請煩查照飭知施行、
計粘抄摺片
一咨 閩浙督院、浙江撫院
為移付事、為照云云除分咨外、相應移付
總督衙門查照可也、

2 END

計粘抄摺片
一移付 總督衙門
道光二十四年九月 廿八
咨定海夷情安靜舒恭受留定差委各摺片
曾 閩玉章
李 書粟
姚 鑫 呈

九十一號

十月初二日發

F.O. 682/391/2(16)

為移付事，本年九月二十八日准

浙江撫院梁　咨開，暎酋德庇時來浙查看貿易事務，并

咪夷領事烏兒吉軒理知到浙緣由，于八月二十六日附片具

奏，抄咨查照等因，到本大臣准此，相應移付

總督衙門知照可也。

計粘抄片

一移付　總督衙門

道光二十四年十月　初三

付知德酋來浙并咪夷烏兒吉軒理知到浙抄片

閩玉章　李書粟　呈
姚鑫

欽差大臣太子少保兵部尚書兩廣總督部堂耆

第九十五号

十月初四日到

1

為移付事、頃據德酋來文一件、內言鉛山有武彝茶積貯在彼地方官阻留不准移往上海一事、又寧波某商署佔鉄市一事、又粵省漢人謝妄全違例包攬桂皮一事、又粵省內地北邊等路另立稅関將白洋布之餉愈行加納一事、均經本大臣逐條查案照復該酋矣、惟寧波官商署佔鉄市一節、粵省查無案據、除咨

浙江撫院飭查務照新章辦理外、其鉛山阻留彝茶及謝妄全包攬桂皮白洋布加納稅餉各層事隸

總督衙門之案、相應抄錄照復底稿及該酋來文移付

查照、即為分別咨行飭禁、務照新章辦理、勿使有所藉口可也、

計抄照復稿一件、來文一件

2

一移付　總督衙門、

為咨會事、頃據嚨酋來文一件、內言接寧波管事官羅禀称該地方官給票准某商署佔鉄市等語、此事粵省無案可查、本大臣以意揣之、該口向例由外運進鉄斤自係有專行包銷、現或仍循其舊未照新章更改、亦未可定、當即照復該酋、已咨浙省飭查務照新章辦理、斷不任該商等違例把持、或累該國商人、但鉄斤一項、攸関軍火、例禁綦嚴、今寧波官商有無借端把持、無從得悉、合據嚨酋照會前來、相應據情咨會、為此合咨

貴部院、請煩查照、希即轉飭該處地方官密為訪查、勿任壟斷、嗣後如有洋鉄進口售賣、務照新定稅則辦理、不得違例把持、致使有所藉口、仍將查辦緣由並祈

見覆施行、

一咨浙江撫院、

道光二十四年十月　日

移咨設立阻茶寧商鉄器桂皮洋布違例加税等事

聞五章
李書栗呈
姚鑫

札廣東按察司知悉本年十月初五日准
兵部于九月十八日酉刻填發
軍機處交遞夾板壹副火票一張並據南海縣投繳限
單一紙各到本大臣准據此合行札發札到該司即便
查收分別彙繳存銷毋違
計發火票一張限單一紙

道光二十四年十月　日
飭發火票限單彙繳存銷

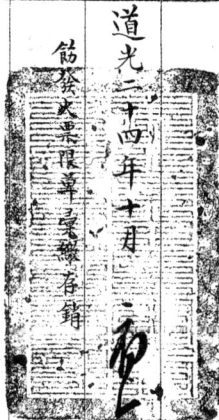

閻玉章
李書粟
姚鑫　呈

欽差大臣太子少保兵部尚書兩廣總督部堂耆

貳百號

十月初九日發

1

為據情再[札]行咨會[飭]事據浙江[該]寧紹台道陳之驤[道]等詳稱新
定咪唎㗼國貿易章程凡已卸之貨運往別口售賣者免
其重納稅餉又貨未全銷改往別口轉售毋庸重征船鈔及
進口並未開艙即欲他往限二日內出口不征稅鈔等欵與嘆
國通商章程稍有變通又洋鉛稅数亦已酌減夷人惟利是
圖錙銖必較現據嘆晉事羅伯聃照會嘆商嗎堅西稟有印
花布十三箱上年進口按例納稅因貨不能銷附載上海售賣
等情即經委員驗明寔係原色原貨並無拆動抽換情弊
吊核貨稅底簿亦屬相符當即填發執照准其附裝出口
一面移明上海道俟該船進口查驗符合即准開艙出售免
其重征稅餉倘有影射夾帶照章懲辦此後該嘆官如
有復援咪夷新例籲請可否一體變通辦理之處一併詳

2

請核示前來查新定咪夷貿易章程與上年所議嘆國
稅則稍有變通前准
江蘇撫
貴部院咨商即經核應各國均沾咨行各省一體照
辦并抄録咪夷新章照會嘆國公使諭知嘆商遵照灌
粵海關
貴監督以嘆商去年帶來呢鉄欲運往別口銷售咨商核覆
等因當查咪夷新議章程內載運貨進口既經納清稅餉
倘有欲將已卸之貨運往別口售賣者海関給予牌照發該
商收執一面行文別口海関免其重納稅餉等語原指議定
新章之後如有稅過貨物載往別口始照此例辦理茲該領
事所稱去年三月初六日帶來洋呢三百二十八丈欲運往上海
請給免稅執照其進口納稅在未定新章之前自未便准其
援照新章給予執照並內地鉄觔出洋向有例禁若洋鉄進

3

口與內地鐵觔出洋迥不相同且

粵海關
貴監督 既前據嘆國領事照會內称番鋼生熟鐵已經

稅過仍欲帶回㗎咪並吕宋銷售因係載往外國經給照

單原船載往則洋鐵運往內地五口更事屬可行惟此次

該領事所称十六日帶來洋鐵一千二百四十二担既無年月

又無船名底簿無從檢查碍難遽與免稅執照致滋弊端

自應由

粵海關
貴監督 照會該領事查復到日再行核辦又經咨復查

照在案今據該道等會詳前情應即查照新章畫一

辦理以昭公允除札飭遵照外合再咨會為此合

分咨查照

就札飭札到該道即便遵照畫一

咨

辦理可也此札

將軍
貴部堂請煩查照轉飭畫一辦理施行
部院

二百〇一號

4 END

計抄粘粵海關原文一件

一咨 福州將軍 閩浙 兩江 督院 浙江 廣東 福建 江蘇 撫院

一札浙江寧紹台道

為 移付 咨會 事云云除札飭遵照並分咨外相應 移付 咨會 為此

總督衙門轉飭畫一遵照辦理可也

合咨

貴監督煩為查照畫一遵辦施行

一移付 總督衙門

一咨 粵海關

道光二十四年十月 初七

咪□貿易新章准各國商人一□□□各行照辦

欽差大臣太子少保兵部尚書兩廣總督部堂耆

聞五章 李書粟 呈
挑鑫

十月十三日馬遞四百里

道光二十四年九月十五日到

抄録粤海関原文存案

粤海関監督文　為咨商事道光二十四年九月十一日據英
國領事照會内称現據英商打拿公司禀称商于去年三月初六
日帶來呢三百二十八丈税銀四十九两二錢又于十六日帶來鉄
一千三百四十二担税銀二百八十四两業已報驗納税今商人欲

將此貨運往上海銷售懇求轉請發給收税牌照俾免重税
并情禀請前來因此貨進口時未有領事衙門而現在該商所
禀乃用英字是以不知漢字船名理合移知貴關部查核辦理
發給收税憑照與該通事舘可也并情到本關部據此案查咪
夷新議章程内載一合衆國民人運貨進口既經納清税餉倘
有欲將已卸之貨運往別口售賣者禀明領事官轉報海關撿
查貨税底簿相符委員驗明實係原包原貨并無拆動抽換情
弊即將其貨若干担已完税若干之處填入牌照發該商收執一

面行文别口海関查照俟該船進口查驗符合即准開艙出售免
其重納税餉若有影射夹帶情事経海関查出罰貨入官等語
自定新章以後如有税過貨物載往别口照此辦理茲據称去年
三月初六日帶来之呢三百二十八丈彼時尚未設定新章且距今已
隔一年半之久並無船名無從撿查底簿又于十六日帶来洋鉄
一千二百四十二担既無年月又無船名更难查考如此辦理难保
無影射情弊本関部未便即行給照嗣後英國領事務須查明
如在已行新例之後進口是何船名于何年月日経税其貨若干

現欵裝下何船運往何處聲明的寔候本関部查對底簿相符委驗果係原包原貨並無拆動抽換情弊准其下載其船于該船請領紅牌出口之時即將経税其貨若干填入紅牌之内發給英商收執俾免重征一面行文别口海関查照可也照覆英國領事外再查鉄原奉禁出口現在新議章程内禁例只有鉄鍋止准帶一口鉄斧止准帶一把多則違例至于鉄是否議禁並無明文前據英國領事照會内称沓鋼生熟鉄已経税過仍欲帶回噶咪並呂宋售銷因係載回外國経給照单原船載往蘇據照會所称洋鉄不知何年月何船進口完税今欲載往上海售銷應否准其運往之處相應咨商為此合咨

欽差大臣貴部堂請煩查照核覆施行須至咨者

右

咨

欽差大臣兩廣總督部堂

道光二十四年九月　十四　日

二百〇二號

為移付事本年十月初八日准
閩浙督院劉　咨開暎酋嚒吪唦于八月三十日坐火輪船
進口至福州馬頭寄泊查看貿易情形即于九月初二日
起椗開駕出口咨會查照等因仝日並准
福建撫院咨同前由各到本大臣准此相應付知
總督衙門查照可也
一移付　總督衙門

道光二十四年十月　初九

付暎酋到福州查看貿易咨會由　期

欽差大臣太子少保兵部尚書兩廣總督部堂耆

聞五章
李書粟　呈
姚鑫

十月十二日付

內咪咭喇叔條

為札知事據該領事申陳因各商恐受洋行之累函請代為申理等因
並附呈各商原稟一件均已閱悉洋行於道光二十一年借領庫欵給與
義律銀共二百八十萬兩抵筭洋銀四百萬圓其如何辦理本大臣
實無從悉其原委但此事早經
奏
明定案並據伍敦元等繳過初限銀一百萬圓折紋銀七十萬兩
其為應繳之欠項彰彰甚明此時因洋行裁撤輒託言無行用可
抽欵將此項認繳之銀延不完繳此乃洋行不達事體之故譬如
有人昔日為官欠繳庫項不能因今日無官即藉口於並無廉俸
可支不繳舊欠之庫項也又如有人昔日開設店舖曾有欠項不
能因今日閉舖歇業即藉口於並無利息可圖不還當日之欠
項也又如有人向人借銀若干業經約定按期歸還並曾經還
過若干不能于數年之後忽然翻為烏有當日借銀另有別故

隨將下欠之數設行抵賴延至伊日洋行不還舊欠於諸情理是
乎否乎且洋行現在欠項約銀六百萬圓其二十一年給與義律
之項現在未完庫欵止有二百二十萬兩抵筭洋銀三百二十四萬
一千餘圓此外如參價備貢各項不在此內何得謂有六百萬
圓之欠項乎况洋行舊日雖有行用而冗費甚多今規費全
行裁革洋行已有利而無累若併舊欠而亦思抗不歸還尤
屬非是凡此詳細情形該商剌士利苷均無由知悉但聽洋行一
面之詞是以為此禀訴若將本大臣札內事理一一為思維應亦
曉然于欠項之不能不追而洋行延不歸繳之非是矣至各欠
項雖有五百萬圓之多但係由洋行各家攤補並非專追一
家且係分年分限陸續清完亦非同時並繳各洋行斷不至
因此虧空貨價累及遠商該領事即傳知各商剌士利苷
安心貿易不可聽洋行慫慂[illegible]是為至要特札
右札合衆國領事福 准此

道光二十四年十月 二十六 日

札知洋行欠項遠商不致受累

閱 王韋
李 曹栗 呈
姚

欽差大臣太子少保兵部尚書兩廣總督部堂耆

二百〇三號

[illegible]日發

F.O.682/391/2(35)

為移付事、案據咪唎㗎領事福士申陳、現在本國各
商因恐受洋行之累、函請代為申理等情、並附呈商
稟一件前來、除明晰札知該領事傳知外、惟此案事隸
總督衙門相應抄錄本大臣札稿及福士來文移付查
照、即為核明原案轉飭勒限嚴追、毋任逞刁抗延、可
也、

計粘抄

一移付 總督衙門、

道光廿九年十月十四

付咪國商人恐受洋行之累札付並稿

閏玉章
李書粟 呈
姚鑫

二百零九號

十月十六日付

FO.682/391/2(36) 1

P.1

為咨明事、竊照本大臣于道光二十四年十月十七日、
自廣東省城拜發
奏摺夾板壹副事關緊要由驛四百里飛遞、相應
咨明、為此合咨
貴部、請煩查收轉
進施行、

計咨送
奏摺夾板壹副、
一咨　兵部、

p2 end

2 END

道光二十四年十月十六

咨送驛遞奏摺

閏玉章
李書粟呈
姚鑫

二百○十號

十月十七日發

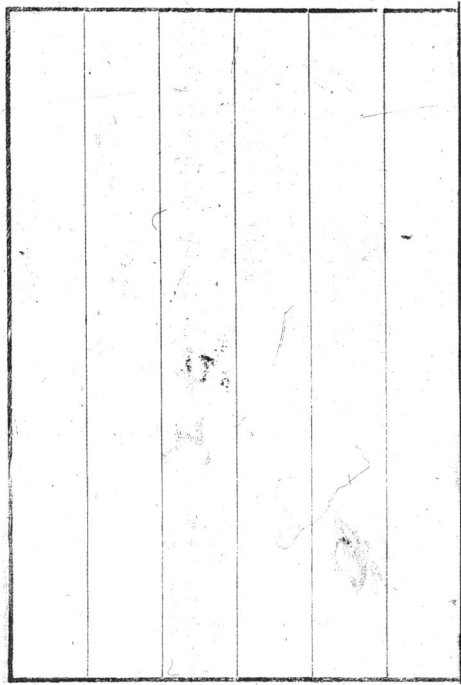

廣州府南海縣今於

與領為公務事依奉頒到道光貳拾肆年拾月拾柒日亥時捌刻拜發緊要

奏摺夾板壹副並

兵部公文壹角在內傳牌時單壹張由驛每日限行肆百里到縣奉此依即飭役梁發鄧明領賫飛遞赴三水縣交替合具印領是實

道光貳拾肆年拾月十七日知縣史璞

道光二十四年十月十三日酉時六刻三水縣差役嚴安嚴明遞到
兵部于九月二十六日發限行四百里粘單火票一張賫
軍機處交出夾板一副咨
憲臺理合稟報

札廣東按察司知悉本年十月十三日接准
兵部于九月十六日申刻填進
軍機處交發夾板壹副火票一張並據南海縣投繳限
單一紙前來各到本大臣准據此合行札發札到該司即
便查收分別彙繳存銷毋違
計發火票一張限單一紙

道光二十四年十月十五
發收火票限單

聞玉章
李書粟呈
姚鑫

欽差大臣太子少保兵部尚書兩廣總督部堂耆

百十三號

FO.682/391/2(38)

札廣東按察司知悉、本年十月十六日、接准
兵部于十月初二日申刻填進
軍機處交發夾板一副、火票一張、並據南海縣投繳限
單一紙、前來、各到本大臣准據此合行札發、札到該司、
即便查收分別彙繳存銷、毋違、
計發火票一張、限單一紙

道光二十四年十月　十七

發收火票限單

閻玉章
李書棻呈
姚鑫

十月十六日

為移付事、本年十月十九日准

署兩江督院壁　咨開英國噶首起椗赴浙日期前經本署

部堂于八月二十五日附片具

奏、茲于九月十九日奉到

硃批知道了欽此恭録查照欽遵等因到本大臣准此相應恭

録移付

總督衙門查照可也

一移付　總督衙門

道光二十四年十月廿一

付知兩江督奏噶首起椗赴浙一片奉硃批

欽差大臣太子少保兵部尚書兩廣總督部堂耆

聞玉章

李書粟呈

姚鑫

三十九号

有萱移付

F.O.682/391/2(40)

為札復事，據該領事申稱，商人爹刺那帶來砲位，為伊售賣等情。查粵省連年製造砲械，為數已多，足可敷用，無須再向該商購買。該領事即傳諭該商知悉可也，須至札者。

右札合衆國領事福准此

道光二十四年十月　廿四

札知來商帶來砲械，粵省無須向買

閆五章
李書粟呈
姚鑫

十月廿五日酉刻發

為移付事、案據咪唎㗎領事福士先後申陳本國商人爹喇那禀称有友人帯來鎗炮器械為伊售賣等情前來查粤省連年製造砲械已足敷用無須購買除札復外所有該領事來文二件暨本大臣札復一件相應抄録移付

總督衙門查照可也、

計粘抄

一移付 總督衙門

道光二十四年十月 廿六

付咪商帯來砲械無須購買札復文稿

欽差大臣太子少保兵部尚書兩廣總督部堂耆

聞玉章 李書栗 姚鑫 呈

三月廿二日歸

十一月初二日申刻發

F.O.682/391/2(42)

札廣東按察司知悉道光二十四年十一月初四日申刻接准
兵部于十月十四日未刻填遞
軍機處交發夾板一副火票一張并據南海縣投繳限
单一紙各到本大臣准據此合行札發札到該司即便
查收分別彙繳存銷毋違
計發火票一張限单一紙

道光二十四年十一月初五

聞玉章
李書粟
姚鑫
呈

發收火票限单

不晤
芝顏心如酷裂無日不神馳几席值此香飄月桂露浥庭
槐正我
兄台堂開百福履納千祥之時也曷勝欣頌哉敬啟者昨接
瑯瑤及蒙賜
尊像觀之宛若神靈在目身臨左右應當貴之如金玉
珠寶弟與 前任璞公使皆可仰望
容儀銘之五內而不忘者矣但恐
尊像留於此處恐有霉壞之虞故送到本國珍藏永存
內宅至小照承
兄台囑咐摹寫理當如照所以尋訪傳神精工畫師塗描
盡善即由馬管事官奉送
兄台希為哂存則不勝厚望之致肅此敬復並候
近安伏祈
荃照不備

J. Davis
弟德惠師拜
八月初九日泐

A1

進城
茶用
租地

三款歷年来往公文大畧

F.O.682/137/1(4)

4

第一款進城

癸卯年六月十二日大臣耆 照會説帖

一進廣州城一款現在兩國和好毫無芥蔕豈有城内城外之分況江寧福州上海等處既可進城何獨廣州不可無如廣東民風非江浙可比目遭兵火之後驚魂未定易啟猜嫌本大臣前於到粵後曾經出示曉諭在案不料又有何有書等八十餘人聯名赴訴雖經面諭開導而民情仍復猜嫌未釋現在本大臣會同督撫轉飭地方官設法開導容俟閭閻貿易後彼此相安如有應行入城相商之件自應會商此中如有一語相欺

上帝鑒之

附 乙巳年十二月初八公使德 照復大臣耆 舟山一島自應如法交還而進城一款亦應行妥辦云云

十一月十七大臣耆 照復公使德 舟山一島銀項交清自應交還進城一事因民人不肯云云

P.2

收

十二月二十一 十一月二十三 連日公使德 照復巡撫黃大臣耆 辯論進城一事

十一月二十九大臣耆 照復公使德 辯論進城一事

收 丙午

十二月二十九 正月初一 公使德 照會大臣耆 辯論入城一事

十二月二十一 黃耆 照會公使德 出示曉諭被民人扯碎廣州府署又被民人焚

燒入城一事實不能辦理云云

收

正月廿二 十二月廿五 公使德 照會大臣耆 請保護英人 耆同日照復如不進城即可設法

保護云云

十二月二十九耆照會公使德十三行地方有匪徒滋擾請諭 貴領事官搬至

船上暫避

收 丙午

正月初四 連日公使德照會大臣耆 貴大臣出示曉諭甚為妥協但本大

臣已禁英民不准進城

正月初七耆照復公使德 英人進城既無關榮辱自當罷議以弭禍乱

丙午正月初十著照復公使德　貴公使既禁止英人進城粵民自然悅服
二月初四著照會公使德　本大臣具奏英人進粵城一事已奉　上諭云英人
進城既非條約所有且民情不順不宜別生事端
三月初二公使德照會　大臣著　據馬領事稟稱　貴大臣出示入城之事業已中止但本大臣並無中止之說
三月初五日著復公使德本大臣示內中止之語並非永遠止息並與　貴公使來約第一條
大意相同。

3

九月初五日大臣著劄復馬領事官英人私行入進省城致被毆打一節
以上丙午
丁未二月初四日（二月十九）公使德照會面晤時斟酌七款開列如左　一進城日期或按本
大臣入城回拜　一距粵省一日路程准英人散步　一上年擊傷英人
之匪應如何治罪　一河南地方租給建造屋宇　一省城地方租給建
造禮拜堂黃埔地方租造墳墓　一兩花園造天橋並廚房　一十三
行河面不准船艇灣泊

二月二十日着照會進城一款容奏明以四五年為期

二十一日又復文茲議定自今日為始過兩年即為英官民進粵城之時

陽戊六月初七 陰申五月初七 公使文照會大臣徐 請派員來港會議入城等件

廿日徐照復進城租地等件

徐奏英人欲入城租地各款云云 摺稿一件 五十三號

陽己二月二十一 陰酉正月二十九 公使文 照復大臣徐入城一事 內言本大臣定期本月二十五日會晤先畧言惟於三月十五日進城此為最要

二月初五大臣徐 照復公使文進城一款如有諭旨即行咨照

二月十九公使文 照復大臣徐粵省棉花行歇業交易欲捎阻英人進城

二月二十徐咨虎門提督洪應防英人入城各炮台加兵防守

二月十二日徐奏英人入城閤城團練摺稿一件

二月十四巡撫葉具摺專奏英人堅請入城租地與徐奏摺同

二月初一軍機大臣穆遵旨會議英人入城一事

三月初九大臣徐 照復公使文現奉 上諭不准英人進城

四月初三 三月十一日公使文照會大臣徐不准英人進城係違和約應明 大英國家

四月初九三月十七公使文照會大臣徐昨接回文二件進城一事斷不可行又不得與
本公使城裡會晤又云所議之欵今如前未定必須存候也現時本國
公使與貴大臣更不得辯論此事矣
七月初十大臣徐照復公使文本年三月十九日接來文有云以後再不得
辯論進城之事中國外國人皆同聞共見前大臣緩期以相約事涉
相欺本大臣推誠以相與言道其實貴公使審時度勢罷進城
之議可謂深明大畧
八月廿一七月初四公使文照復大臣徐不准英人進城實違和約請奏明貴國皇上
將本國領到上諭祈為代奏
七月初十上諭英人罷議進城徐賞子爵葉賞男爵
九月初十七月二十四公使文照復大臣徐貴大臣仍不肯將前文入城之事代奏
請即賜復以便本公使具奏國家
七月十八大臣徐照復公使文進城罷議係保護英人
七月二十七大臣徐照復公使文 貴公使要將此事入奏本大臣即於月底
摺差之便代行轉奏俟有批回即行照復

4

第二款茶棧加抽用銀

咸辛酉十一月初三（收已十一月十七）公使文 照會大臣者 昨據報聞九月二十四日曾有前洋行商人吳姓等呈禀請准設立茶棧抽收稅銀以資歸納 國課清還旧欠 蒙批示其事無所不可俟兩縣核議妥办云云 勢必致外國商人被勒高價受累請駁飭不准

十一月初九日大臣徐 照復公使文 伍怡和盧廣利等十家公禀云洋行既裁新棧林立行用不敷經費今擬于舊用五錢撥出二錢爲歸還官欠内地商既不加增外國商無所干涉斷無高抬茶價貽累外商

咸辛酉十二月卅（收已正月十二）公使文 照會大臣徐 准伍姓等設立茶棧抽用與包攬無異希撤裁

正月二十一（十二月初九）公使文 照會大臣徐 不撤茶棧抽用實違和約又據粵領事禀伍姓並非職官何得擅到本衙遞交文件

十二月初九大臣徐 照復公使文茶棧抽用原於五錢舊用提出二錢歸補公

P4

欠非于五錢之外新有加增並無損害外商若保結一節有碍難之處即
令裁撤可也
十二月十三 大臣徐 照復公使文 茶棧抽用已經明晰照復至伍道台係奉委襄
辦外國事務
十二月十九大臣徐 照復公使文 茶用係照舊章請勿聽奸商之言
附庚戌七月二十、六月十三公使文 照會大臣徐 現聞南番二縣出示設立官棧茶葉每百斤
抽銀二錢填還公帑云云 前此照會已經抄錄送由本國秉政大臣閱
看
六月十七大臣徐照復公使文 茶葉抽用現經兩縣出示正派華商無不樂
從惟不肖馬赶乃奸商小販造言生事阻撓稅務本大臣定嚴密訪
查究辦
十二月十五大臣徐奏摺 臣查道光二十一年洋商借到庫銀三百萬元現未歸
欽 臣諭令洋商伍紹榮等著抽收茶葉用五錢抵填而外國官屢移

文固請裁華臣據理駁復查本年共抽銀七十萬兩。該欠計至年底
可以清款惟現值軍務浩繁庫項短絀此商欠清款之後仍應抽收
以資軍用而彌縫庫缺云云
閏 壬子五月十五 辛亥六月十四日 公使文 照會大臣徐 以奉到 英國上諭請裁廢抽收棧用

5

並祈將原由具奏 京師
五月二十三 大臣徐 照復公使文 以抽收棧用係正派商人情願歸還欠帑
且足以查察走漏不能再行具奏
七 六月初二 公使文 照會大臣徐 本國上諭屢催 貴大臣將此情節具奏若
貴大臣不允代奏乖違和約所有關係惟 貴大臣國家是問
六月十二 大臣徐 照復公使文 抽用一節早經奏聞茲接來文仍以轉奏為
詞豈以前言為虛碍難陳奏乎應俟奏事之便再為陳明以釋貴
公使之疑可也

第三欵省城河南黃埔租地

英甲辰六月二十/華甲辰五月初五公使德照會大臣者　粵省洋行被燒後地址現有建造舖戶遂令外國商行地愈窄狹請　貴大臣設法以給廣大地方建造行棧

五月十三日大臣者　照復公使德　舊館地址狹應給廣大地方建造樓館棧房但查旧洋行即公司旧基因舊商伍怡和等索租價太高經藩司黃及李羅二管事官向其公平議定租息由英商自行建造寫立合約在案今請別給廣大地方未知曾否与伍怡和將前約　俟行廣州府查明照覆至黃埔地方上年　璞公使議欲在該處設立墟市前部堂祁　議准因民情不願是以中止茲亦無庸再議矣

英八月十七/華七月初四公使德　照會大臣者　粵省旧洋行地址茲英商等正議建造忽有匪徒及工匠等多人聚閙危言恐嚇令英商未有居地不能貿易即使建造或有意外之虞

P.6

七月初六大臣者　照復公使德　前以黃埔地方未便設墟市照覆　貴公使文內

叙明租建洋行一節必須就地方民情擇地建造彼此相安等由廣州府
飭兩縣傳集紳耆諭議僉稱公司舊址頗廣英商屯聚已歷多年且附
近地方人烟稠密無空曠之地若舍旧圖新人情駭怪不若仍照舊于舊
址建造樓館居住　貴國商民既有香港居棲無虞擠擁于此地也
七月十三大臣耆　照復公使德　匪徒等危言恐嚇本大臣自當派兵彈壓

戊注申閏十五　六月初七　德公使文　照會大臣徐　貴大臣公務殷煩本公使亦未即赴粵面商
各件茲有多件必須斟酌計議者　一進城　一在河南地方租地建
造房棧云云　並請委派前巡撫黃運司趙來香港會商

五月十七大臣徐　照復公使文　租地一款查英商貨物向來有房貯屯即河
南棧房有合式可租者亦許英人租賃上年春間　德公使議于河南
租地經各紳民不願投遞書函　德公使以英人並無強占情事
既民情不願應各聽其便已照知　前欽差大臣存案本大臣事無
巨細悉出親裁向不假他人自後有事相商即可以照會相達不
必委員來港也

六月二十一
五月二十一 公使文 照會大臣徐 前公使德因河南及石圍塘地方民情不願無庸再議租賃今查有長洲地方居民罕少距省較遠該處亦有停泊拋描搬貯貨物之所

8

二十七 大臣徐 照復公使文 一租地一款長洲地方英船既便拋泊又便于搬貨入棧如有相當地址業主情願出租者英人自可向其租賃本大臣並不阻撓但英人與民人相商妥議地方官亦不能勒令出租也

十二月初四 大臣徐 照復公使文 一租地一款長洲地方如有相當地址業主情願出租地方官並不禁止若業主不願亦難勒令出租此事宜聽英人與該處民人商辦

（四）
改己酉二月初九
己酉正月十七 公使文 照會大臣徐 本月二十五日定期會先將會議各款送閱酌訂 一在河南地方給英商租地建造居民隨便措阻 貴官憲不能禁止則應另行採擇合用之地以代之若縱令匪徒危言恐嚇拖累地主身家有地者自然不肯出租 貴官倘不嚴禁匪徒揮嘴雖曰官不能禁租地實不能成就英人租地一款也惟望力禁

匪徒並指明界址地段
二月初一日 軍機大臣穆奏會議英人進城租地一事
巡撫葉奏英人堅請入城租地紳民團練
八月初九日（六月廿一）公使文照會大臣徐 長洲人集衆阻擋白頭人在猪腰岡殯葬山
地經兩國大臣於丁未年八月初十准租與白頭人殯葬在案
二十五日大臣徐 照復公使文 猪腰崗訛索阻葬係該處貧民惡習已飭
縣派差嚴行驅逐
九月二十二日大臣徐照會公使文 厦門湖裡社地方領事官欲租建樓房衆
民不願
十一月初九（九月二十五）公使文 照會大臣徐 湖裡社租建樓一事已由領事官申報在
案俟覆查前後情節再行登復
十一月十三日（九月廿九）公使文照會大臣徐 粵省十三行西邉有名德興街内有歷年
外國人住房今聞欲改修華民房舖夫十三行外國人居住（址）已極狹隘
豈容更改其規更減其地請爲禁止

十一月十七
十月初三日公使文 照會大臣徐 黃埔副領事官呃欲於長洲地方租地建造
衙署監房請飭委員官勘辦定租

十月初五日大臣徐 照復公使文 查德興街之屋係業主德記因許久無外

9END

國人租是以改造華民房舖今已造成無庸置議

十月初九日大臣徐 照復公使文 長洲地方既有地段必有地主必有地鄰一如文
易貨物但須商議可行即行倘官為辦理必多窒碍

十二月十一
十月廿七日公使文 照復大臣徐 長洲地段已飭領事官色委員前往查勘而土人不
肯吐實且貼長紅詞多鼓惑此等惡習必請 貴大臣設法妥辦籌策
立行見復

十一月初五大臣徐 照復公使文 委員確切訪查長洲地方係該鄉民合族公業今
貴國欲建立監房恐有貽累皆不願租請另行酌辦

[redacted]

内地貨無論何人販賣未出口先收子口一半之稅出口時再收一正稅如運進別口進口時仍收一正稅入内地過卡時均再收一子口稅

通商章程英國第四十五法國第二十四美國第二十一款内載發免稅单之例係專指洋貨而言其内地貨及洋葯不得照洋貨發給免稅单

為札復事據該領事申陳近來英商交稅每與銀號爭論平碼驗貨爭執秤尺請照海關款式飭令製造大秤一把中秤一把丈一具尺一持法碼全副發來俾按輕重長短計貨納稅其價多寡即照數呈交等情前來查秤碼丈尺原為驗貨納稅而設前于通商章程案內曾經載明須按粵海關向用之式製造一副交領事官收執在案現在既無此物存貯自應即為製造以備應用除咨明粵海關部飭令工匠即照關署向用式樣如數造齊鐫刻圖印再行發交該領事查收備用以杜爭執所需工價亦數無多兩國和好勿庸呈繳以昭公誼合先札復該領事官知照可也須至札復者

一札英國領事官馬

年　廿二日

F.O. 682/327/5(24)

咨復事案准

貴關部咨開　云　云　照錄　無憑行文查詢咨請查

照辦理等因准此本大臣查該船經過虎門直

至黄埔並不報驗實屬有違定章查佛蘭西領

事係名吡咕除已經札行該領事查明申復外相應

咨復爲此合咨

貴關部煩爲查照俟覆到另行咨復核辦施行

須至咨者

咨粤海關恩

P.1

為咨復事、本年十一月二十五日、准
貴部堂咨開、九月二十四日、有夷船一隻入港、內有夷官
亞利國一名來廈查係接記里布之職、旋據照會、即
于是日任事查廈門管事係李太郭調補、茲派亞利
國來廈管理、核與前此德酋照會互異、咨請查詢復知
等因、到本大臣、准此、查亞利國權在該港管理之處、
前據德酋照會、于九月十九日即經抄咨
貴部堂查照在案、茲准前因、毋庸再行照會、相應
咨復、為此合咨
貴部堂、請煩查照施行、
一咨復 閩浙督院、

P.2 end　2 END

欽差大臣太子少保兵部尚書兩廣總督部堂耆

道光二十四年十一月 廿六

咨復亞利國權在廈港管理毋庸照會

聞 玉章 呈
姚 鑫

F.O.682/391/2(44)

道光二十四年十一月二十六日子時六刻三水縣差役王鳳徐光遞到
兵部於十一月初六日發粘单大票一張賫
本部公文一角咨
憲臺理合稟報
舒恭受留浙

道光二十四年十一月廿六日到

F.O.682/391/2(44)

為欽奉事、道光二十四年十一月二十六日、接准
兵部火票遞到咨開車駕司案呈、云云 全録 可也等
因到本大臣准此除分咨外相應恭録 飛咨 付知 為此合咨
貴部堂 院 請煩欽遵轉飭知照施行、
總督衙門欽遵查照可也、
一咨 閩浙督 浙江撫院、
移付 總督衙門、

道光二十四年十一月 廿六
閏 玉章 呈
姚 鑫

兵部咨奉
上諭舒恭受免遣在浙効力贖罪

FO.682/391/2(46)

為移付事、頃據德酋來文内稱派總理軍糧道谷分
駕火輪船于十二月初一往粤省收銀、另有大船載運、
同日另調師船到黄埔以便轉繳等情前來相應付知
總督衙門查照希即轉飭藩司委員解交公同彈
兑可也、
計抄來文一件
一移付 總督衙門
道光二十四年十二月廿六
付知英派軍粮道谷分往省收銀
閩 玉章 呈
姚 鑫

欽差大臣太子少保兵部尚書兩廣總督部堂耆

十二月廿六日付

十二月廿九

為移付事據合衆國領事福士申稱蝦嗱米船被刦一
案現在該船已有水手三名由三板逃回餘均致斃請
勒催拏辦追賍給領等情到本大臣據此查此案事
係
總督衙門飭行之件相應抄録來文付知查照原
案分別嚴催緝拏可也

計粘抄

一移付 總督衙門

道光二十四年十一月 廿六

付知嚴催緝拏咪國蝦嗱米船被刦一案

聞玉章
姚鑫 呈

欽差大臣太子少保兵部尚書兩廣總督部堂耆

FO 931/0625

F.O.682/391/2(48)

為照會札知事本大臣前在澳門議定佛蘭西國貿易章程三十五條業經

奏

大皇帝交軍機大臣會同各部議覆准行當即分咨閩浙江蘇各省

督撫將軍轉飭遵照在現議章程核與英合衆國所定條約情事相

同惟其中征收稅則內有丁香洋酒二種稍有增損當經于稅冊

內分晰註明在案今

大皇帝既有新恩施及佛蘭西商人則英吉利合衆國商人應亦一律均沾以

昭平允所有本大臣前次增改丁香洋酒稅例六條相應照會札知

貴公使諭飭該領事官傳諭本國商人一體遵照可也順候

崇祺須至照會者須至札行者

計抄送佛蘭西國貿易章程一本

計開增改稅例六條

上等丁香 即子丁香 每百斤 一兩五錢

中等丁香 每百斤 一兩

下等丁香 即母丁香 每百斤 二錢五分

洋酒 裝玻璃瓶大的 每百瓶 二錢

洋酒 裝玻璃瓶小的 每百瓶 一錢

洋酒 裝桶的 每百斤 一錢

一照會 咲國噫酋

一札行 咪國領事福士

2 END

道光二十四年十一月 廿二

知照咲咪二國新定貿易章程增改丁香洋酒稅例

閩 王章 姚 鑫 呈

百五十四号

十月廿六日發

奉
諭前因
稅冊□
欽頒礦八種違禁貨物附列
冊後一面咨行通商各口暨英
國吏商知照在案所有現在
札行大西洋文內應否一併抄錄粘
單知照之處伏候
鈞示祗遵上稟

遵經叙稿呈
核至現改稅則既奉
札行知照則前改之洋參黑
白鉛及出入口違禁貨物自
應一併札知以免遺漏是
否之處合並稟請
裁示遵行上稟

F.O.682/391/2(49)

為札知事照得本大臣前在粵東先後議定米利堅合衆國
佛蘭西國貿易條款章程均經
奏奏
大皇帝交軍機大臣會同各部議覆准行當即分咨閩浙
江蘇各省
督撫將軍查照惟征收稅則其中多有更改增減之
處已于稅冊內分晰註明照會各國遵辦在案今
大皇帝既有新恩施及別國商人則大西洋商人應亦一律均
沾以昭平允所有本大臣前次增改洋參黑白鉛丁香
洋酒數種稅則及添註出入口違禁貨物各緣由相應
一併抄錄札知該理事官傳諭本國商人一體遵照可
也須至札者

奉
諭前因伏查前發咪酋
稅冊案內曾將出口之□
欽頒礦八種違禁貨物附列
冊後一面咨行通商各口暨英
國吏商知照在案所有現在
札行大西洋文內應否一併抄錄粘
單知照之處伏候
鈞示祗遵上稟

為札知事照得本大臣前在粵東先後議定米利堅合衆國
佛蘭西國貿易條款章程均經
奏
大皇帝交軍機大臣會同各部議覆准行當即分咨閩浙
江蘇各省
督撫將軍查照惟征收稅則其中多有更改增減之
處已于稅冊內分晰註明照會各國遵辦在案今
大皇帝既有新恩施及別國商人則大西洋商人應亦一律均
沾以昭平允所有本大臣前次增改洋參黑白鉛丁香
洋酒數種稅則及添註出入口違禁貨物各緣由相應
一併抄錄札知該理事官傳諭本國商人一體遵照可
也須至札者

三百二十五号

計粘抄

札 大西洋理事官嘍嚓哆准此

道光二十四年十月廿二

聞玉章
姚鑫 呈

札知咪唎二國通商案內更改稅則

欽差大臣太子少保兵部尚書兩廣總督部堂耆

十月廿八日發

道光二十四年十一月十七日午時六刻三水縣差役畢信梁昌遞到
兵部於十月三十日發限行四百里粘單火票一張賫
軍機處交出
本部加封夾板公文一角各
憲臺理合稟報
咈酋條約

道光二十四年十一月十七日到

札廣東按察司知悉本年十一月十七日午刻接准
兵部于十月三十日申刻填遞
軍機處交出加封夾板一副火票一張並據南海縣
投繳限单一紙前來各到本大臣准據此合行札
發札到該司即便查收分別彚繳存銷毋違
計發火票一張限单一紙

道光二十四年十一月　日

發繳火票限单

閆玉章
姚鑫
呈

F.O.682/391/2(45)

道光二十四年十一月十九日午時六刻三水縣差役葉青葉高遞到
兵部于十一月初五日發限行五百里粘单火票一張賫
軍機處交出夾板一副咨
憲臺理合稟報
察謟　硃批

十一月十九日到

F.O.682/391/2(45)

札廣東按察司知悉、本年十一月十九日午刻、接准
兵部、于十一月初五日酉刻、塡遞
軍機處交發夾板一副、火票一張、並擄南海縣投繳限单
一紙、各到本大臣、准擄此、合行札發、札到該司、即便查收
分别彙繳存銷、毋違
計發火票一張限单一紙

道光二十四年十一月　廿二

發投火票限单

閻玉章　呈
姚鑫

二十四年十八日

十一月廿八日發

道光二十四年十一月二十一日戌時六刻三水縣差役梁信梁昌遞到
兵部於十一月初七日發限行五百里粘单火票一張賫
軍機處交出
本部加封公文一角外附
敕書皮包一個咨
憲臺理合稟報
咪唊 勅書

十一月二十一日戌時到

札廣東按察司知悉本年十一月二十一日戌刻接准
兵部于十一月初七日酉刻填遞
軍機處交發加封公文壹角火票一張又于二十六日子刻接准
兵部于十一月初六日發遞公文一角火票一張並據南海縣先
後投繳限單二紙各到本大臣准據此合行札發札到該
司即便查收分別彙繳存銷毋違
計發火票二張限單二紙
發收火票限單
道光二十四年十一月廿九
聞玉章
姚鑫 呈
行

欽差大臣太子少保兵部尚書兩廣總督部堂耆

字五十六号
十一月廿九日

F.O. 682/391/2(52)

為恭録咨會事，竊照本大臣于本年九月二十八日具

奏遵

旨查明定海夷情照常安靜緣由一摺，今于十二月十四日奉到

硃批：是，欽此。又附奏已革同知舒恭受留浙差委，俟定海收回

再行請發新疆一片，亦于十二月十四日奉到

P.1

硃批：另有旨，欽此。查此案先准

兵部恭奉

上諭一道，由驛咨行遵照等因，即經恭録飛咨欽遵在案。茲

奉前因，相應恭録咨會，為此合咨

貴部堂/院 請煩欽遵查照，飭知施行。

一咨 閩浙督院、浙江撫院

為恭録移付事，為照云云……節經恭録付知在案，欽奉前

三五九

P.2 end

因相應移付

總督衙門欽遵查照可也。

一移付 總督衙門

道光二十四年十二月 十五 日

知照定海夷情安靜、舒恭受留浙差委各摺片奉 硃批

欽差大臣太子少保兵部尚書兩廣總督部堂耆

閩 玉章 呈

姚 鑫

十二月十六日

為咨會事據西洋理事官嘆嚟哆稟称前奉諭飭嗣後
各國採買貨物悉照新例完税一切規費全行革除並因
在案無如胥役人等每于客商報関請驗給牌多方留難
不遵新例仍要照舊加規方准放行似此措勒躭擱商販
大干新例稟請諭飭関口胥役人等遇有西洋客商在省
採買貨物一經報驗請牌立將貨色斤重件數驗明收税給
牌直至澳門不許沿途関口需索規費致滋苦累等情據
此除札知該理事傳知商人照章完税不得違例帯私外相
應咨會為此合咨
貴監督煩為查照希即諭飭各関口胥役人等遵照嗣後各
國商民採買貨物俱照新定條例收税驗明牌照相符立
即放行不得再有需索規費如敢陽奉陰違定即按律嚴

辦勿稍姑寬施行

一咨 粵海関

道光二十四年十二月 十六

咨會飭各関胥役人等各國商民採買貨物俱照新例收税驗放

聞玉章
姚鑫 呈

欽差大臣太子少保兵部尚書兩廣總督部堂

十二月十六日發

FO.682/391/2(95)

P.1

札香山縣丞知悉照得各國夷船來去情形雖據隨
時稟報察查惟該夷等船名不一蹤跡靡定近聞咈
囒哂國有阿勒免巡船一隻由閩浙駛回停泊澳門未據
稟報無憑察查檢核各營縣所稟夷情所並有咈國
咻啞吔嗶唥巡船一隻時見遊弈本月初八日又有新來
咖吱中巡船一隻由校椅洲駛泊尖沙亦無阿勒免之
船是否該營縣等稟報遺漏抑係新到之咖吱巡船
即是阿勒免之船彿或又咻啞吔嗶唥巡船之別名均
難遙行懸擬必須查明便於稽考合特札飭札到該
員立即遵照速飭引水據寔確查有無阿勒免之
船于何日由何處駛至澳門在何洋面停泊限四日內
星飛稟报以憑察核毋稍舛錯飾延速速

P.2 end

2 END

道光二十四年十二月 十六 日

飭查咈國有無阿勒免巡船到澳

聞玉章
姚鑫 呈

十二月十六日 奇差千里馬投遞 守政田文

欽差大臣衙門 四稿

F.O.682/378B/2(15)

為咨復事、案准

貴 閩浙督 部堂咨開浙江定標左營守備葉長青派目兵張

得祥等五名在沈家門等處洋汛巡查、被夷官拏去、請

照會德酋飭令駐定夷官解交寧台道等收審、並准

浙江撫 貴部 院咨仝前由各到本大臣准此、當查此事未據德酋

照會、即經派員往詢、尚未稟復、茲准

浙江撫 貴部 院咨稱、現據駐定夷目懇酋已將該兵丁送交道

府查辦、自可毋庸再行照會、以省案牘、准咨前因、除咨

浙江撫 閩浙督 院外、相應咨復、為此合咨

貴部 堂 院、請煩查照施行、

一咨 閩浙督 浙江撫 院

四百里

三月廿三日

道光二十五年三月 廿四 日

咨復定標兵丁已被夷目送交道府查辦一案

閔玉章 姚鑫 呈

三月廿五日咨 四百里

F.O.682/378B/2(16)

P.1

為咨送事頃據德酋來文内称斯凌英官各犯未獲三
名早為查拿并望番禺縣另繕合宜告示一案現經本
大臣會列
台衙照復該酋外相應抄録來文并備回會各稿咨送
為此合咨
貴部院請煩查照分別
書行存案回稿一件仍希移還歸檔施行
計粘抄并咨送回會稿二件
一咨 東撫院
為移付事云云會同
廣東撫院黄 照復該酋外相應抄[録來]文移付知
總督衙門查辦可

三月廿二日

P.2

計粘抄
一移付照會稿
道光廿五年三月廿七日 閻玉章 姚鑫 呈
咨送照覆德酋斯凌英官未獲三犯現為拿辦會稿

欽差大臣太子少保兩廣總督部堂

三月廿八日發

欽差大臣衙門 回稿

欽差大臣兩廣閩督部堂宗室耆
欽命兵部侍郎廣東巡撫部院黃　為

照復事頃接
貴公使來文以本閣部堂部院前准
閩浙督部堂來咨所商廈門福州李阿兩領事暫緩互
調一節經
貴公使據情照復係属遵奉辦理未便擅專阿領事熟
悉公務辦事合宜其廈門建造房屋已飭令李領事
循照阿領事所議章程不得毫有違背並諭李領事遵
照前約先交兩年房屋租銀請本閣部堂部院咨會
閩浙督部堂毋庸掛慮更变苷語足見
貴公使辦事確寔阿李兩領事自必遵照奉行不致錯
失本閣部堂部院寔深敬信[illegible]

閩浙督部堂查照辦理矣至[illegible]又不
但與稅餉有碍且混入正經船中獨獲厚利寔有背公平
之理現據委員禀称該船已聞風駛竄無凴查辦惟往
來靡定稽查宜周當嚴定巡防章程一經查出即行拏
辦決不令該船苷乘機漏稅違禁行私有負
閱照厚誼也為此照復順候
起居佳勝須至照會者

右照會　英國德酋

道光　年　月　日

欽命兵部侍郎廣東巡撫部院黃 衙

欽差大臣太子太保兩廣總督部堂署

咸豐四年三月

四月初八日 信發

1

P.1

欽差大臣兩廣閩督部堂宗室耆
欽命兵部侍郎廣東巡撫部院黄　為

咨會事照得本閣部堂 部院 前准

貴督部堂咨開厦門福州兩領事暫緩互調一節當經據情

照會德公使並咨覆

貴督部堂查照在案頃接德公使來文內称兩領事官各赴

本職係遵奉國主勅命理宜凛遵查新任福州領事阿勲悉

公務辦事一定合宜至厦門房屋已飭李領事凛循阿領事

所議章程行為不得毫有違背並諭李領事先納兩年房

屋租銀請咨會

貴督部堂毋庸掛慮更変夺語查該領事官各赴本任

德公使係属遵奉辦理其厦門建造房屋既飭李領事

循照阿領事所議章[illegible]照前

p.2

2

約先交兩年租銀[illegible]别生枝

節相應咨會

貴督部堂請煩查照施行須至咨者

計粘抄

一咨　閩浙督院

道光二十五年四月[illegible]　日

欽命兵部侍郎廣東巡撫部院黃

欽差大臣太子太保兩廣閣督部堂宗室耆

三月四十の號

閏月初一日從番禺遞

為咨送事頃據德酋來文覆稱以福厦兩口領事係
遵奉該國之命不得擅行已飭該領事等循照所議
章程辦理請咨閩省毋庸掛慮更變又另摭照復一件內
稱黃埔瑞典二國船隻諭飭出口并番禺縣所擬告示更
正均皆感佩即諭馬領事辦行各等情前來現經分別
會列
台銜飛咨
閩浙督部堂查辦并照復該酋知照外相應抄錄來文
并具回會照咨各稿備文咨送為此合咨
貴部院請煩查照分別
書行存案回稿二件仍希移還歸檔施行
計咨送粘抄并回會稿四件

一咨　東撫院
為移付事頃據德酋[illegible]瑞典二國船隻
諭飭出口并番禺縣所擬告示更正均已感佩即諭馬領
事辦行等情前來除會同
東撫部院黃　照復外相應抄錄文稿付知
總督衙門備查可也

計粘抄

一[illegible]
道光[illegible]
[illegible]瑞典二國船隻出口各回會稿
日　閩　玉章　呈
姚　鎣

欽差大臣兩廣閣督部堂[illegible]

二百四十五號

四月十五日已發

欽差大臣衙門　[illegible]稿

1　F.O. 682/378B/2(20)

P.1

欽差大臣兩廣閣督部堂宗室耆
欽命兵部侍郎廣東巡撫部院黃　為
札復事昨據該領事申称本年二月間在洋楼近地墻上
有兩粤鉄商潘裕源張恒泰等粘貼花紅单顯見所有一切
鉄斤應該全歸伊等討取利便查江南和約第五條凡有暎
商赴各該通商港口者勿論與何商交易均聽其便如若按
单所称是勒令暎商将所帯来進口鉄項不准賣與别人寔
與和約章程不符申請本閣部堂部院按照和約辦理並将粘貼之
单抄呈等因查洋鉄一項向係洋船載運進口自黄埔起駁
到省請驗由各該商人完稅之後任其自行銷售並不准内地
商人包攬把持又查道光二十四年七月鉄商潘裕源張恒泰
等赴轅呈請查緝私鉄經本閣部堂批飭運司移行各属文武
一体查拏並出示曉諭凡[illegible]在内地民人私設爐座私炒私煎

2

P.2

私販及執持軍工舊照漏稅冒[illegible]私等弊與外來洋鉄並無關涉
今閱該商等在洋楼附近粘貼单内有非經商等請旗上稅
運佛炒熟發賣者即係私鉄等語是否專指内地私鉄抑係
借端影射連洋鉄一併計算在内亟應飭傳查詢以杜朦混而
禁把持除札飭廣州府立傳該商等赴案詢究外合就札復
札到該領事立即傳諭該國販鉄商人仍按照條約請驗完
稅之後任其自行銷售倘有内地奸商從中阻撓把持即由該
領事據寔申陳本閣部堂部院定即按例懲辦斷不令該奸商等
壟断營私有累遠商也須至札復者

右札英國領事馬准此

為札飭事昨據暎國馬領事申称云云而禁把持余札復該領
事傳諭該國商人照舊任[illegible]外合就札飭札到該府即

3

便遵照差傳鈇商潘裕[illegible]到案究明有無借端影射壟断把持情弊刻日據寔禀覆以憑核辦速速毋違

此札

計粘抄花紅单一紙

右札廣州府准此

道光[illegible]年四月十四日

欽命兵部侍郎兼署廣東巡撫部院葉 行

書 稟 行 請

欽差大臣太子太保兩廣閣督部堂書

三月十九日

四月十四日

F.O. 682/378B/2(21) 1

P.1

為咨送事據嘆國馬領事申稱鉄商潘裕源等在洋
樓近地墻上粘貼花紅单歸伊等取利請照和約辦理
一案又據申称嘆國船隻由省起回黄埔在路每被搶刦
亟應設法杜絕請飭師船晝夜巡防一案各等情據此
除會列
台銜札復該領事知照並分案咨行查緝傳詢外相
應抄録該酋來文備具回會各稿咨送為此合咨
貴部院請煩查照分別
書行存案回稿二件仍希移還施行
計粘抄并咨送回會稿四件
一咨 東撫院
為移付事 云 云除會

P.2

黄部院札復該領……詢外
相應抄録文稿付知
總督衙門查照一體移行遵辦可也
計粘抄
一移 總督衙門

欽差大臣太子少保兩廣總督部堂葉

道光二十五年四月十四日

咨送札復馬領事申稱潘裕源粘貼花紅嘆船被刦各案會稿

聞玉章呈
姚鑫

四月十五日發

F.O.682/378B/2(22)

為咨送事案照前據合衆國領事福士申請欲租中
和行後尾餘地一段為建造醫館禮拜堂一案當經
札府督縣往勘去後茲據南海縣禀復前來是此處
餘地先經行主租與英商建造洋樓住居未便勒租
除會列
台銜札飭該領事知照外相應備録會回各稿咨送
為此合咨
貴部院請煩查照分別
書行存案回稿一件仍希移還施行
計咨送回會稿二件
一咨 東撫院
為移付事 云云 除會

廣東撫部院黃
事知照外相應抄稿付知
總督衙門查照可也
計粘抄
一移付 總督衙門

道光二十五年四月 日
咨 札 合衆國領事所請中和行餘地已租商一案回會稿
閔 玉章 呈
姚 鑫

四月廿五日

1

P.1

欽差大臣兩廣閣督部堂宗室耆
欽命兵部侍郎廣東巡撫部院黃　為

札復事昨據該領事申稱現有同順行及和記號與別棉花經紀等將該貨一項勒取商人相規每百觔抽銀一兩一二錢而不按照向例抽銀八錢以圖設立新規加銀三四錢顯係想積聚公所行用等類之銀等因查稅則內開英商販運棉花進口每百觔輸稅銀四錢今據該領事申稱向例每百觔經紀等抽銀八錢茲復加銀三四錢則顯係任意抽取貪得無厭亟應嚴行禁革以杜把持候即札飭廣州府差傳該經紀等切實查訊如果有通同把持情事即嚴行究處以示懲儆斷不令任意婪索有累遠商也須至札復者

一札英國馬領事

為札飭事昨據暎國馬領事申稱云云以杜把持各款札飭

2

P.2

札到該府即便遵照差傳同順行和記號及該經紀等切實查訊如果有通同把持情事即嚴行究處以示懲儆毋令任意婪索有累遠商切速毋違此札

一札廣州府

道光二十五年四月廿五日

欽命兵部侍郎廣東巡撫部院黃

[redacted]

欽差大臣太子太保兩廣總督部堂宗室耆

二十五年五月

四月廿日發

P.1

為咨送事據英國馬領事申陳現有同順行及和記號與經紀等將棉花一項勒取知規以圖設立新規一案請將該經紀等傳案約束不致違例等情前來除會列

台銜札飭廣州府差傳查訊並札復該領事知照外相應備録回會各稿抄粘咨送為此合咨

貴部院請煩查照分別

書行存案回稿一件仍希移還施行

計粘抄并咨送回會稿二件

一咨 東撫院

為移付事云云除會同

廣東撫部院黃 札飭廣州府差傳查訊並札復該

P.2

領事知照外相應備録[illegible]

總督衙門查照[illegible]

計粘抄

一移 總督衙門

道光[illegible]年四月[illegible]日

咨[illegible]案回會稿

[illegible] 閘玉章 姚[illegible] 呈

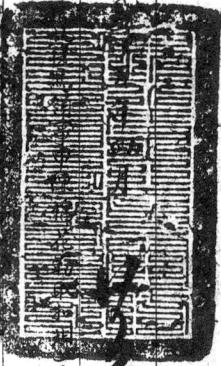

雙銜　　為

札知事前據該領事申稱本年二月間有鉄商潘裕源
張恒泰等在洋楼附近墻上粘貼花紅单內有非經商
等請旂上稅運佛炒熟發賣者即係私鉄等語顯見
所有一切鉄觔全歸伊等計取利便申請本閣部堂/部院按照和
約辦理等語當經札飭廣州府差傳查詢並札復該領
事靜候查辦在案茲據廣州府易守稟稱差傳該商
及司事等到案切實訊究據該商等供稱因恐內地民人
有私炒私販情弊故出具花紅单粘貼查緝實係專指
內地私鉄而言並非借端把持連洋鐵一併影射在內已
取具切實甘結附卷等因合就札知該[illegible]傳諭本國商
人仍遵照前訂條約[illegible]

道光[illegible]二[illegible]日

[illegible]事

欽命兵部侍郎廣東巡撫部院黃

欽差大臣太子少保兩廣總督部堂宗室耆

二十二年九月

三月初四日發

札知事前據該領事申稱本年二月間有鐵商潘裕源張恒春等在洋樓附近墻上粘貼花紅单内有非經商等請旂上稅運佛炒熟發賣者即係私鐵等語顯見所有一切鐵觔全歸伊等計取利便申請本閣部堂部院按照和約辦理等語當經札飭廣州府差傳查詢並札復該領事静候查辦在案玆據廣州府易守稟稱差傳該商及司事等到案切實訊究據該商等供稱因恐内地民人有私炒私販情弊故出具花紅单粘貼查緝實係專指内地私鐵而言並非借端把持連洋鐵一併影射在内已取具切實甘結附卷等因合就札知該領事傳諭本國商人仍遵

照前訂條約任便交易可也須至札者

一札暎國馬領事

五月初八日發

FO.682/378B/2(26)

為咨送事案據暎國馬領事申稱鉄商潘裕源等粘
貼花紅借端射利一案當經札飭廣州府傳訊去後茲據
稟復訊無把持影射情弊取結附卷等情前來除會
列
台銜札飭該領事知照外相應備錄回會各稿咨送
為此合咨
貴部院請煩查照分別
書行存案回稿一件仍希移還施行
計咨送回會稿二件
一咨 東撫院
為移付事 云云 除會同
廣東撫院黃 札飭該領事知照外相應抄稿付知

總督衙門查照
計粘抄
一移 總督衙門

道光二十五年五月 日

咨送札飭潘裕源等訊無把持洋鉄案回會稿

閏五章
姚鑫 呈

欽差大臣衙門 田稿

欽差大臣兩廣閩督部堂宗室耆
欽命兵部侍郎廣東巡撫部院黃　為

咨復事昨准

貴督部堂咨開據福建省會報鎖總局司道呈詳云云全敘遵辦施行等因查善後條約第七條内載廣州福州厦門寧波上海五港口均准英人租屋居住或基地係准英人租賃其租價必照五港口之現在所值高低為準華民不許勒索英商不許強租英國管事官每年以英人建屋若干間或租屋若干所通報地方官轉報立案等語又查英國與他國在粵各商歷來俱係租屋居住從未有私向民人買地據為己業之事其租屋或暫住數日或數月不等其租地建屋必議定期滿年限或十年或二十年不等悉由民人與夷商自行[illegible]並不經官間或遇有

膠轕之處始報明地方官妥為理處自來未定條約之先即係如此辦理至今相安無異茲據興泉永道詳議英人租房居住及租地建屋均不由該管事官通報地方官轉報立案專責成内地民人隨租隨報如私租不報即比照私與外國人交通例治罪房屋地基入官核與原定條約不符且與粵東辦法亦不畫一惟地勢民情閩粵或有不同本閣部堂/部院难于遥度所有會議章程仍候

貴督部堂體察各情酌量飭遵辦理為此咨復

貴督部堂請煩查照復核施行須至咨者

一咨　閩浙督院

稟請　書行

3 END

道光二十□年五月□日

欽命兵部侍郎廣東巡撫部院黃

[illegible]

欽差大臣太子少保兩廣總督部堂耆

五月廿四日發 四百里排遞

三六十一號

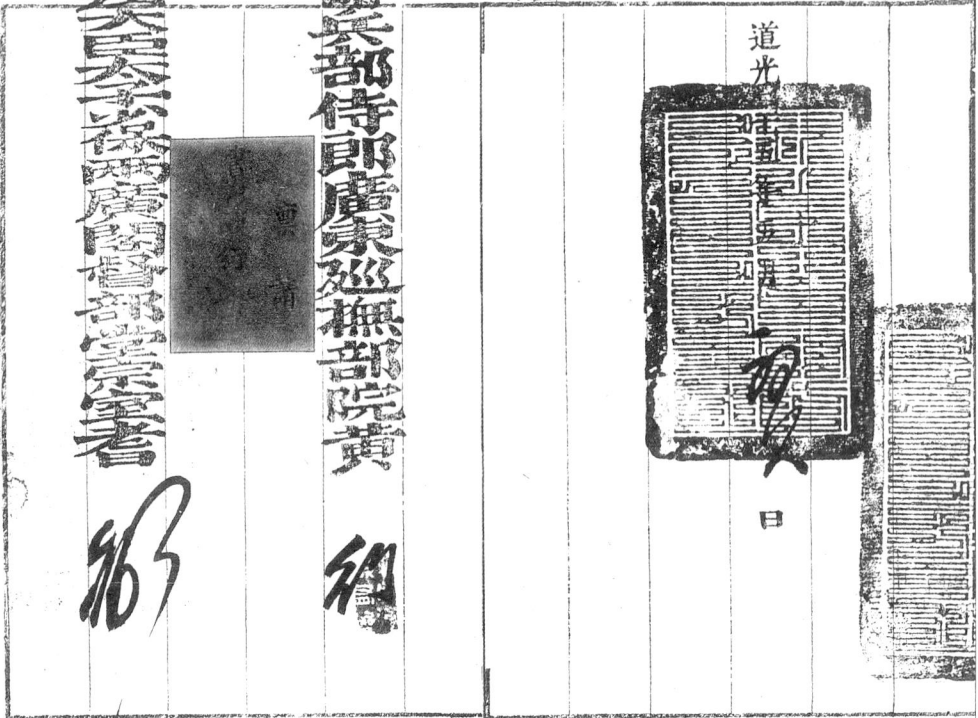

F.O.682/378B/2(28)

為咨送事本年五月初二日准
閩浙督部堂劉　咨開據興泉永道詳議英人租房居
住及租地建屋該管事均不通报地方官轉報立案責成
內地民人隨租隨报如私租不報比例治罪房屋地基入官
等情咨商核覆前來本大臣查核所議與條約不符且
與粵省辦法亦不盡一難以遥度除經會列
台銜咨覆酌量飭遵辦理外相應倫録回會各稿咨送
為此合咨
貴部院請煩查照分別
書行存案回稿一件仍希移還施行
計咨送回會稿二件
一咨　東撫院

欽差大臣兩廣總督部堂

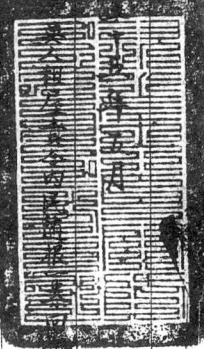

道光二十五年五月　日
咨　英人租房[illegible]回會稿
閩玉章　呈
姚鑫

FO682/378B/2(29)

欽差大臣兩廣總督部堂宗室耆
欽命兵部侍郎廣東巡撫部院黃

為

札行事前據該領事申陳以同順行及和記號與別棉花經紀等設立新規每百觔加銀三四錢不按照向例抽銀八錢章程辦理等因當經札飭廣州府並傳同順行和記號及該經紀等切實查訊並札復該領事聽候辦理在案茲據廣州府易守稟稱據同順行和記號及棉花經紀等稟稱棉花一項向有九七四扣及加通一錢章程嗣于道光十六七年間改照現章買賣行之數年鄉市小販不便貨物滯銷本年春間屢向經紀等投稱情願復回舊章俾得通流無碍是以照依舊章買賣與外國商人原無干涉今既奉諭禁章商人等不敢固違現已仍遵現在章程復行照常交易等[illegible]即該

領事申陳內所稱每百觔抽銀八錢之向例今既據該行等稟稱業已遵奉辦理復行照常交易自可彼此相安無事過于疑慮該領事即傳諭該棉花商人等知悉可也須至札行者

右札英國馬領事准此

道光廿五年五月　日

行

三月十一日

欽命兵部侍郎廣東巡撫部院黃 行

欽差大臣太子太保兩廣閣督部堂耆 封

五月廿日 澤發

札英國馬領事

札行事前據該領事申陳以同順行及和記號
與别棉花經紀等設立新規每百觔加銀三四
錢不按照向例抽銀八錢章程辦理等因當經
札飭廣州府差傳同順行和記號及該經紀等
切實查訊並札復該領事聽候辦理在案茲據
廣州府易守稟復據同順行和記號及棉花經

滙昌

紀等稟稱棉花一項向有九七四扣及加通一
錢章程嗣於道光十六七年間改照現章買賣
行之數年鄉市小販不便貨物滯銷本年春間
屢向經紀等投稱情願復回舊章俾得通流無
碍是以照依舊章買賣與外國商人原無干涉
今既奉諭禁革商人等不敢固違現已仍遵現

在章程復行照常交易等語查該行等所稟現
在章程即該領事申陳内所稱每百觔抽銀八
錢之向例今既據該行等稟稱業已遵奉辦理
復行照常交易自可彼此相安無事過於疑慮
該領事即傳諭該棉花商人等知悉可也須至
札行者

滙昌

五月卅日發

F.O.682/378B/2(30)

P.1

為咨送事案據𠸄國馬領事申称以同順行及和
記號與别棉花經紀苷設立新規加抽行用苷情
一案前經會札廣州府查訊去後並札復該領事
聽候辦理在案茲據稟復前來現遵章程辦理除會
列
台衙札飭馬領事傳諭棉花商人知悉外相應備録
札行回會各稿咨送為此合咨
貴部院請煩查照分別
書行存案回稿一件仍希移還施行
計咨送 回會稿二件
一咨 東撫院
為移付事云云除……

五月十二日

P.2

東撫部院札行馬領事傳諭棉花商人知悉外相應
抄録廣府稟批暨……知
摠督衙門查照可也
計粘抄
一移付 總督衙門

欽差大臣太子少保兩廣總督部堂耆

道光二十五年五月 日
咨移札行𠸄領事傳諭棉花商人照常交易回會各稿
閱 王 章
姚 鑫 呈

五月廿日發

欽差大臣衙門 回稿

1 F.O. 682/378B/2(31) P.1

欽差大臣兩廣閣督部堂宗室耆
欽命兵部侍郎廣東巡撫部院黄　為

札要事昨據該領事申陳以內地民人鈕元德於新嘉坡傭工積資变換金砂手鈪附搭唤船回粤到澳在南湾上岸忽被西洋兵役捉拏解送𠻿吖館西洋官將金砂手鈪及衣物等件全行強留毫不判還申請昭雪等因到本大臣部院此案鈕元德以傭工所積財物突被西洋兵役捉解強留該領事一経聞知即據寔申請查辦具見深曉大義存心公平殊堪嘉尚該西洋官兵似此欺藐無辜華民無端被累情理断属难容業経札行西洋理事官切寔查要以凴核辦須至札要者

右札合衆國領事福士

P.2 2 END

道光二十五年六月　初九　日

欽命兵部侍郎廣東巡撫部院黄

欽差大臣太子少保兩廣閣督部堂宗室耆

百八十八号

六月初九日發

欽差大臣衙門 回稿

F.O.682/378B/2(32)

欽差大臣兩廣閣督部堂宗室耆
欽命兵部侍郎廣東巡撫部院黃　為

札行事現據合衆國福士領事申陳照得五月初二日云云全敘良善有賴等因到本大臣部院查兵役責任巡查强奪事關例禁今如福士領事所稱鈕元德以内地民人由新嘉坡傭工積資四千變換金砂手鈪搭船回粤到澳於南灣上岸並無不合廼西洋兵役無端捉拏解送嗎吠館將財物强留毫不判還似此情形直與搶奪無異殊駭聽聞南灣為衆目共覩之地傳聞斷非無據該理事官近在咫尺不能諉為不知現在金砂手鈪存留何處共計件數若干是否該兵役誤拏有無給還原主合就札行札到該理事官迅將此案情形確查逐層明白申覆以憑核辦勿得扶同担飾稍有徇隱速速特札

札西洋理事官

夷九了

道光二十五年六月　日　初九

欽命兵部侍郎廣東巡撫部院黃

欽差大臣太子少保兩廣閣督部堂宗室耆

六月初九日發

F.O. 682/323/5(12)

為咨送事據合衆國福士領事申陳內地民人鈕元德搭船到澳
在南灣上岸被西洋兵役挖拏解送呵吶館將金砂手鈪等件全
行强留申請昭雪等情除會列
台銜札行西洋理事唛啇確查申覆並先行札覆合衆國領事
知照外相應備具會同稿咨送為此合咨
貴部院煩請查照希將會稿存案回稿
書行移還備案施行
計咨送　會同稿四本
咨　廣東撫院
為移付事云　云除會同
東撫部院札行西洋理事唛啇確查申覆並先行札覆合衆
國領事知照外相應鈔錄會行稿移知

總督衙門查照可也
計抄粘
移付　總督衙門

欽差大臣太子少保兩廣閣督部堂耆
道光二十四年六月　日
為內地民人鈕元德被西洋兵役拏去金砂等物札飭西洋理事申覆會行稿
日閱　玉章　呈
姚　鑫

三九十三號
六月廿日

為咨送移付事據西洋理事官嘡嚓哆禀復澳門划艇業經編號給照在案茲酌定章程凡有貨牌不符者即是偷漏照例辦理至由省関領取紅单报驗出口至澳抽分館驗明卸貨似可不必復到澳関覆驗以免騷擾等情前來查現定章程原為稽查偷漏起見若如該理事所議不必由澳関覆驗則走私之弊仍不能免除會列同

台衙札飭
東撫部院札飭

該理事遵照現章辦理并將西洋划艇酌定額數禀復查核外相應備録會回稿咨送為此合咨
抄録會行稿付知

貴部院請煩查照分別書行存案回稿一件仍祈移還施行
總督衙門查照可也

計 粘抄
咨送會回稿二件

一咨 東撫院
一移 總督衙門

道光二十五年六月 日 聞玉章 姚鑫 呈

咨飭嘡嚓哆仍遵現章辦理并將划艇酌定額數一案會稿

F.O.682/378B/2(33) 1

P.1

為咨送事案據暎國馬領事陳称通商各港口業經議
定行走界址惟廣州一港尚未論及申請派員會議前來即
經會札藩臬二司派員面議去後茲又據該領事申称上海
厦門兩口均係定以時不定以地約計往返可行走一日等語
究係作何定法必須咨查明確方可酌辦據陳前情除會列
台銜飛咨
兩江 閩浙 督部堂暨
浙江撫部院查復外相應録具會回各稿備
文咨送為此合咨
貴部院請煩查照分別
書行存案回稿一件仍祈移還施行
計粘抄并咨送回稿一件

P.2 2

一咨 東撫院
為移付事云云除會同
廣東撫部院黃 飛咨
兩江 閩浙 督部堂暨
浙江撫部院查復外相應抄録會咨稿付知
總督衙門查照可也
計粘抄
一移付 總督衙門
道光二十五年六月 日 聞玉章 姚鑫 呈
咨送會查寧波上海厦門各口如何議定界址一案回會稿

六月廿日發

咨詢事案照英國馬領事申稱查善後和約第六條內開英人在廣州等五港口貿易或常川居住或不時來往均不可妄到鄉間任意遊行中華地方官應與英國管事官議定界址現查所有通商各港口業經議定惟廣州一港尚未論及申請本閣部堂部院派員與該領事會議前來

查現在五口通商各國夷人或不時來往或常川居住倘聽其任意遊行遠入內地難保不滋生事端自宜明定界址以示限制惟寧波上海厦門各界址是否業經議定及係作何定法函

應詳悉

示復以便酌辦除咨明福建江蘇各省外合行

移咨

貴撫部院請煩查照見復施行須至咨者

一咨　浙江撫院

咨詢事案照英國馬領事申稱查善後和約第
六條内開英人在廣州等五港口貿易或常川
居住或不時來往均不可妄到鄉間任意遊行
中華地方官應與英國管事官議定界址現查
所有通商各港口業經議定惟廣州一港尚未
論及申請本閣部堂部院派員與該領事會議前來
又據該領事申稱上海廈門兩口均係定以時
不定以地約計往返可行走一日等語查現在
五口通商各國夷人或不時來往或常川居住
倘聽其任意遊行遠入内地難保不滋生事端
自宜明定界址以示限制惟上海廈門究係作
何定法是否如該領事所稱定以時不定以地

函應詳悉
示復以便酌辦除咨明江閩省外合行移咨
貴督部堂請煩查照見復施行須至咨者
一咨兩江總督
一咨閩浙總督

P.1

為咨送移付事案據德酋派武督粮道我利客老悉兩員搭
火輪船赴省收銀並將孔藩司照會公文一角詞語不合申
請交還各等情前來查此項銀兩已據委員如數交清取
具收单呈繳一面將送到照會一件逕發孔藩司查銷外
相應抄録該酋來文并備具照復會回稿咨送為此合咨照復會稿付知
貴部院請煩查照分別書行存案回稿一件仍希移還施行
總督衙門查照可也
計粘抄并咨送會回稿二件
一咨東撫院
一移總督衙門
札廣東布政司知悉昨據德酋來文内称頃接貴藩臺
公文一件内有詞語不合現將原文申請交還前來除會
同
撫部院照復外所有送到該司照會德酋公文一件合行

F.O.682/378B/2(34) 1

P.1

為咨送移付事案據德酋派武督粮道我利客老悉兩員搭
火輪船赴省收銀並將孔藩司照會公文一角詞語不合申
請交還各等情前來查此項銀兩已據委員如數交清取
具收单呈繳一面將送到照會一件逕發孔藩司查銷外
相應抄録該酋來文并備具照復會回稿咨送為此合咨照復會稿付知
貴部院請煩查照分別書行存案回稿一件仍希移還施行
總督衙門查照可也
計粘抄并咨送會回稿二件
一咨東撫院
一移總督衙門
札廣東布政司知悉昨據德酋來文内称頃接貴藩臺
現將原文申請交還前來除會
同
撫部院照復外所有送到該司照會德酋公文一件合行

此件照會已由上文還矣

發銷札到該司即便查銷可也此札

計發照會一件

道光二十五年六月　日

咨送總商派員收銀并發還孔瑞司公文一案會稿

日　聞玉章
姚　鑫　呈

欽差大臣太子少保兩廣總督部堂耆

三百九十一号

六月初四日發

為咨送（移付）事據德酋照復一件內言接到章程八條均已閱
悉但未蒙咨商會議又與和約通商章程有所不合
今逐條詳明論之是以傳諭誠恐混辦等情前來除具
會同列
台銜 撫部院明晰照復外相應抄録該酋來文并備具會回稿照復會稿移
咨送為此合咨
付
貴部院請煩查照分別
總督衙門查照可也
書行希將會稿存案回稿移還拖行
計粘抄 并咨送會回稿二件
一咨（移付） 東撫院 總督衙門

欽差大臣兩廣總督部堂耆 行

道光二十五年六月十六日 閩玉章 姚鑫 呈

咨送照復德酋查照章程一件并咨會回稿

四百〇一号

六月十六日發

會銜　為

咨明事竊照本閣部堂部院於道光二十五年七月十七日自

廣東省城拜發

奏摺夾板壹副事關緊要由驛馬上飛遞相應咨明

為此合咨

貴部請煩查收轉

進施行須至咨者

計咨送

奏摺夾板壹副

一咨　兵部

四百卅三號

道光二十五年七月　日

咨送驛遞奏摺

兩廣總督部堂耆

聞

姚玉章

鑫

呈

七月十七日酉發

FO.682/327/5(16)

為照復事昨接

貴公使來文並寄交

貴前任璞公使來信均已閱悉茲有復信一械

請交郭經歷繙譯並覓妥便順寄

璞公使登收是所厚望為此照復順候

福祉榮增須至照會者

照會 嘆國噫酋

道光廿九年七月　日

照

閭玉章呈

姚鑫

欽差大臣太子少保兩廣總督部堂徐

四月廿四日

七月十九日譯發

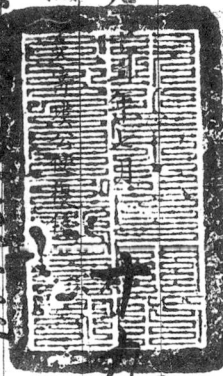

會銜 為

咨明事竊照本閣部堂 部院 於道光二十五年七月二十八日

自廣東省城拜發

奏摺夾板壹副事關緊要由驛馬上飛遞相應咨明為此

合咨

貴部請煩查收轉

進施行須至咨者

計咨送

奏摺夾板壹副

一咨 兵部

道光二十五年七月 廿七

咨送 進奏摺

太子太保兩廣閣督部堂宗室耆書

閱 姚 玉章 鑫 呈

七月廿八日辰刻發

FO 931/0659

FO.682/391/2(64)

1

欽差大臣兩廣閩督部堂宗室耆
欽命兵部侍郎廣東巡撫部院黃　為

P.1

札復事現據該理事官禀稱澳門各口常有匪船灣泊華民懼怯不敢鳴官兼有圖便綏容之處並稱華民不属西洋其中良歹不一未便查辦若欲嗘苛防範必將華民隸西洋管轄仿照造冊稽查之例則良歹辨而地方亦安苛語查該理事官前以訪聞在澳各匪開单禀請查辦當經札飭該地方文武各員嚴密按名拘究並札覆該理事官查照在案今如該理事所稱欲令華民隸于西洋方可防範造冊以分良歹在該理事官自係為地方平安起見非有他意殊不思西洋食毛踐土于中華者三百餘年受

天朝之覆芘者不為不厚與華民之雜居者不為不親如果

2

P.2

匪徒聚船各口間有不肖華民圖便容留因敢居民自可禀請查拏即該理事官以同澳相關之誼亦應代為防範其圖便綏容華民亦不妨由該理事官指名禀請拏辦何得率請將華民隸西洋管轄設或本大臣部院欲令西洋人歸隸內地該理事官恐亦未必允肯所有禀請籌辦各情大属非是此後該理事官切宜恪遵舊制自安職分以期彼此永久相安勿得以窒碍难行之事妄行瀆請須至札覆者

札覆西洋理事官嘍嚟哆

道光二十五年八月初二日

欽命兵部侍郎廣東巡撫部院黃

欽差大臣太子少保兩廣總督部堂耆

札合衆國醫領事

p.1

札行事照得前據該領事申陳醫生地凡於太平門外曉珠里賃鋪設堂訓古醫症送藥被乜約坊衆驅逐不許租賃申請查察示禁等因當經札飭南海縣督同南海縣丞確查曉諭去後茲據稟稱遵即出示明白曉諭一面前往確查緣本年六月二十五日有民人黃曉峯向陳遂龍梁瑞經二人租得曉珠里鋪屋各一間言明自開茶葉店生理詎黃曉峯貪得多租復又轉將該鋪租與合衆國醫士地凡街衆人等是以向阻茲該醫士情愿挪移另覓隨據黃曉峯邀同業主將按租銀兩如數備足於七月初六日携往十三行溢隆銀店交還該醫士地凡收清

p.2

並將原批取回各無異言兩相和好等情據此查此案既據該醫士情愿挪移另覓房屋居住黃曉峰亦已將按租銀兩照數交還取回原批各無異言並經該縣等出示曉諭以後自可彼此相安無庸他慮合就札行該領事知照可也須至札者

F.O. 682/391/2(65) 3

P.1

欽差大臣兩廣閣督部堂宗室耆
欽命兵部侍郎廣東巡撫部院黃　為

札行事照得前據該領事申陳醫生地凡于太平門外
曉珠里賃舖設堂訓古醫症送藥被乜約坊衆驅逐
不許租賃申請查察示禁并因當經札飭南海縣督
同南海縣丞確查曉諭去後茲據稟稱遵即出示
明白曉諭一面前往確查緣本年六月二十五日有民
人黃曉峯向陳遜龍梁瑞經二人租得曉珠里舖屋各
一間言明自開茶葉店生理詎黃曉峯貪得多租復
又轉將該舖租與合衆國醫士地凡街衆入告是以
向阻茲該醫士情願挪移另覓隨據黃曉峯邀同業
主將按租銀兩如數備足于七月初六日攜往十三行溢隆
銀店交還該醫士地凡收清並將原租取回各無異言

P.2 4

兩相和好并情據此查此案既據該醫士情願挪
移另覓房屋居住黃曉峯亦已將按租銀兩照數交
還取回原批各無異言並經該縣出示曉諭以後自
可彼此相安無庸他慮合就札行該領事知照可也
須至札者

札行合衆國領事福士

道光二十五年八月初二日

欽命兵部侍郎廣東巡撫部院黃

稟請

欽差大臣太子太保兩廣閣督部堂葉

欽差大臣衙門　畫稿

F.O. 682/391/2(66)

欽差大臣兩廣總督部堂宗室耆
欽命兵部侍郎廣東巡撫部院黃　為

札行事案照民人鈕元德被該國兵役捉拿扣留金砂等物一案前經札行查覈茲據該理事官禀称本年五月初二日巡兵在南灣地方緝見一華人從外洋進澳帶有箱隻不赴抽分館报税當即將該箱隻送至抽分館驗明內有應稅者送案國使核辦有不應稅者即將原物交回現將應稅各物封貯抽分館俟國使照例核定應令輸稅給回原物或將各物充公等情據此查鈕元德攜帶金砂等物由新嘉坡回澳並不赴館投稅殊屬不合因此扣留各物自係循照該國舊章本大臣等亦惟過問惟該理事官等禀明情理此等偷漏之案應如何辦理之處務須斟酌得中固不可失之輕縱亦不可失之過且致令他國有所藉口嘖有煩言是所切囑須至札者

札行西洋理事官嘍嚟哆

道光二十五年八月　行　日

四百卅二号

欽命兵部侍郎廣東巡撫部院黃

書行

稟請

欽差大臣太子少保兩廣閣督部堂葉

八月初四日

為照復事昨接
貴公使來文知前復
璞公使一函郭經歷已為譯寄並知
貴國現調派火輪船帶遞文書五旬能到香港從此兩
國友誼益可往來親便何快如之又稱機關之師可以修
治黃河疏通水勢等語
貴國之士藝術素精即如火輪船火輪車等項製造
既神利用又廣頃刻之間可行千里通其意以治河自當
立見功效
貴公使不肯秘密欲移以用之中國以免水漲之患具見
貴公使心存大公不分畛域兩國之事如同一國此等居心
本大臣寔深敬佩惟現在黃河業已合龍安瀾普慶且
中國治河歷有成規遽議更改亦慮眾議難協所有指致
藝士之說此時未便具奏為
貴公使欲利中國之盛情則銘諸心版永矢弗諼耳為此
照復順候
百福榮增須至照會者

照會英國德酋

欽差大臣太子少保兵部尚書兩廣總督部堂宗室耆

道光二十五年八月　日

照復英酋指致藝士治河事

聞玉章
姚鑫　呈

四百卅號

FO.682/327/5(82) 1

為咨送事據西洋理事官嘤嚟哆禀稱澳門各口常有匯
船灣泊請將華民隸西洋管轄以便造冊稽查良歹等
情前來查閱所禀殊屬荒謬除會列
台銜札復該理事官遵舊制自安職分勿得妄行瀆請外
相應抄録來文并備具回會札稿咨送為此合咨
貴部院請煩查照分別
書行希將會稿留存備案回稿移還施行
計粘抄并咨送回會稿二件
一咨 東撫院
為移付事云云 除會同
撫部院札復該理事官遵舊制自安職分勿得妄行瀆
請外相應抄録來文移付知

2 END

總督衙門備案可也
計粘抄
一移付 總督衙門

道光二十五年六月 [illegible] 日 聞玉章 姚鑫 呈

咨送安嚟哆禀請澳門各口常有匯船管轄華民一案會回稿

F.O. 682/327/5 (83)

為咨送
移付事據西洋理事官嘍嚟哆稟稱民人鈕元德從外洋回澳並不赴抽分館報稅等情一案除會同列

台
撫部院銜札復該理事循照舊章斟酌辦理外相應抄錄來文并備具回會札稿咨送為此合咨

稿付知

貴部院請煩查照分別書行希將會稿留存備案回稿移還施行

總督衙門查照可也

計粘抄并咨送會回稿二件

一咨
移付 東撫部院
總督衙門

道光二十五年八月初三日 閏玉章 姚鑫 呈

咨移民人鈕元德外洋回澳並不報稅一案會回稿

欽差大臣兩廣總督部堂耆 [押]

四百四十一号

八月初三日發

F.O.682/327/5(84)

為咨送
　移付事據西洋理事官嗎嚟哆禀称澳門一口雖經
奏准各國貿易並不見船隻輻輳其故因征收船鈔
懇請减免或求减二十年苦情前來查核所請格
碍难行除會同列
台衙
撫部院札復該理事知照外相應抄録原文并備會同札稿文稿付知
總督衙門查照可也
咨送為此合咨
貴部院請煩查照分别
書行布將會稿存案回稿發還施行
計粘抄并咨送會回稿二件
一咨
　移付　東撫部院
　　　　總督衙門

道光二十五年八月初七日
咨送札復嗎嚟哆求免船鈔一事格碍难行會回稿
閱　玉章
姚　鎏
呈

 1

為咨送/移付事據西洋理事官嘍嚟哆禀稱澳門第四十八號划艇雇華人亞萬看守突被東莞縣差役拿拘班館禀請飭查釋放等情前來除會列/同台/撫部院衙札飭香山東莞二縣查明釋放並札復該理事知照外相應備/抄錄會囬札稿咨送/付知為此合咨

貴部院請煩查照分別/總督衙門查照可也

書行布將會稿備案囬稿移還施行

計 咨送會囬稿四件/粘抄

一 咨/移付 東撫部院/總督衙門

2 END

道光二十五年八月　日

咨送札飭香釋亞萬會囬稿

閻玉章

姚鑫 呈

四月四十三号

八月二十三日發

F.O.682/327/5(86) 1

為咨送/移付事前據合衆國領事申陳醫生地凢於太平
門外曉珠里賃鋪被坊衆驅逐一案當經札飭南
海縣督查去後茲據稟覆前來查該醫士情愿
挪移另覔房屋居住黃曉峯亦已將租銀交還
各無異言自可彼此相安除會列同
台街/撫部院札行該領事福士知照外相應備抄録會同札稿
咨送/付知為此合咨
貴部院/總督衙門請煩查照分別查照可也
書行希將會稿存案回稿移還施行
計 咨送會同稿二件 粘抄
一咨 東撫部院 移付 總督衙門

道光廿五年八月　日

咨送東撫合衆國醫士情愿挪移黃曉峯已將租銀交還札行福領事會同稿

閻玉章呈
姚鑫

1

FO 682/327/5 (80)

欽差大臣兩廣閣督部堂葉
欽命兵部侍郎廣東巡撫部院黃　為
札復事現據該領事申陳據英商数名禀訴近來有各西
瓜扁裝運出口貨物被駐黃埔關口委員分次停留並有
駐黃埔英國領事代理官亦將此情二次詳报幸即諭令
黃埔新派委員務須自警不為並將來往黃埔省城運貨
之西瓜扁准其按照向例經過無碍不得分毫擾累等因據
此查通商條約第十條内開英商自雇小船剝運不論西
瓜扁及各項艇隻倘有走私漏税情弊查出將該船户照
例懲辦至新定稽查商船章程第八條内亦止載有各國
商人雇用内地沙尾艇扁艇等船經過各關亦須遵例报
查之明文係專為稽查漏税断不准關口丁役藉端刁难
需索如有刁难等事必當嚴究以後各西瓜扁裝運貨物

2

出口被關口委員停留是否關役意圖需索抑或委員所
帶丁役有阻滯留难情事自應亟為查明究禁倘按照
向例經行以免擾累現已札飭該委員確查禀覆以憑核
辦矣相應札行該領事知照可也須至札復者

右札暎國馬領事

為札飭查覆事現據暎國馬領事申陳内称據暎商数名
禀訴云云不得分毫擾累是幸等情據此查此項西瓜扁
艇應由各關口按照向例稽查不在該委員等應行查問之
列且查核該委員五日通报摺内亦並無此等船隻名目
茲據称被駐黃埔關口委員分次停留是否關口丁役
刁难需索抑係該委員等所帶副水混行向查有留
难阻滞情事合亟札飭札到該委員即便遵照札内事理限

即日詳細查明據實稟覆毋稍迴護稽延致干未便切速特札

右札香山縣河泊委員謙令

道光二十一年八月　初九　日

欽命兵部侍郎廣東巡撫部院黃

稟請

書行

欽差大臣參贊協辦兩廣閩督部堂宗室奕

FO 931/0669

F.O.682/327/5(79) 1

為咨送移付事。據英國馬領事申陳，英商稟訴，近來有各西瓜扁裝運出口貨物，被駐黃埔関口委員分次停留，請照向例經過，不得擾累等情前來。除會同列台撫部院衔札飭稽查省河委員，遴令即日查明稟復，並札行該領事知照，暨咨粵海関飭查外，相應備具會同咨稿付知，稿咨送，為此合咨貴部院，請煩查照，分別總督衙門查照可也。書行，希將會稿留存備案，回稿移還施行。

計粘抄并咨送會回稿四件

一咨移付東撫部院、總督衙門

2

道光二十五年八月 日　聞玉章、姚鑫 呈

咨送黃埔関口委員阻留英商所雇西瓜扁一案會稿

欽差大臣衙門 四稿

1 FO 682/327/5(81)

欽差大臣兩廣閩督部堂宗室耆
欽命兵部侍郎廣東巡撫部院黃　為

咨會事現據咲國馬領事申陳內稱據咲商數名禀訴近來有各西瓜扁云云全叙不得分毫擾累等情據此查通商條約第十條內開英商自雇小船剝運不論西瓜扁及各項艇隻倘有走私漏稅情弊查出將該船户照例懲辦至新定稽查商船章程第八條內亦止載有各國商人僱用內地沙尾艇扁艇等船經過各關亦須遵例报查之明文係專為稽查漏稅断不准丁役藉端刁难需索如有刁难等事必當嚴究此次各西瓜扁裝運貨物出口據該領事稱被關口委員停留是否委員所帶丁役阻滞留难抑或關役有需索情事自應亟為查明究禁仍按照向例經行以免擾累除札飭該委員確查禀覆外相應咨請

2

貴關部飭即查明前項西瓜扁艇裝運貨物出口關役人等有無需索情事以憑核辦為此咨會

貴關部請煩查照見覆施行

一咨　粤海關部

道光廿五年八月　日

欽命兵部侍郎廣東巡撫部院黄 緘

書 稟
行 請

欽差兵部尚書兩廣閣督部堂葉 緘

四百四十九号

八月初十日到

為咨送/移付事據合衆國領事申陳士人淑醫生地凡租得聯興街舖一間被
街坊阻止不肯租賃稟請示諭居民毋得滋事等情前來除會列/同
台/撫部院銜札飭南海縣督同施縣丞查明妥辦並札復該領事知照外相
應抄録地凡原稟并備具會回札稿咨送（札各稿付知）為此合咨
貴部院請煩查照分別
總督衙門查照可也
書行布將會稿存案回稿移還施行

計粘抄并咨送會回稿二件

一 咨送札查地凡賃屋滋事會回稿

道光二十五年八月 十二 日

閻 玉 章
姚 金鑅 呈

欽差大臣太子少保兩廣閣督部堂耆

四百五十二號

八月十二日咨

欽差大臣衙門 圖稿

FO.682/327/5(78)

欽差大臣兩廣閣督部堂宗室耆
欽命兵部侍郎廣東巡撫部院黃　為
札飭事現據合衆國福領事申陳内称接得士人淑醫生
地凡稟紙一封聲称租得聯興街舖一間被街坊阻止不肯
租賃居住稟請出示曉諭居民毋得滋事以期相安苷情
到來理合將稟呈上苷因並呈到該醫生地凡稟一紙據此
查該醫生地凡前于太平門外曉珠里租賃舖屋二間設
堂贈醫被街衆驅逐札經該縣丞隨同施縣丞督同南海縣出示曉諭查明
稟覈在案茲該醫士租得聯興街舖屋一間據称已將按櫃
及半年租銀交清正在拆修何以復被該街舖戶阻止其
中有無別情合亟札飭札到該縣丞即便遵照隨同施縣督同南海
縣丞迅速查明該醫士現租聯興街舖屋因何複被街衆
阻止妥為辦理一面出示曉諭該處居民毋得藉端生
事以期彼此相安仍將遵辦緣由稟覆以憑察核
切速特札
計抄發醫生地凡稟一紙
一札南海縣史令 丞施雨泉

為札復事現據該領事申称接得云云據此查該醫生地凡
租賃聯興街舖屋既據將按櫃及半年租銀交收乃係兩
相情願公平交易何以正在拆修該處街坊輒向阻止
殊出情理之外是否其中另有別故自應飭查曉諭以期
彼此相安現已札飭南海縣督同南海縣丞迅速查明出
示曉諭妥為辦理俟稟覆到日再行札行該領事知照可
也須至札復者
一札合衆國福領事

3END

道光二十五年八月十一日

欽命兵部侍郎廣東巡撫部院黃

稟請

書行

欽差大臣兵部尚書兩廣總督部堂耆

四百五十二號

八月十一日到

璧 衔

F.O.682/279A/5(22)

照復事項接
貴公使來文內開查前任
璞公使過有本國師船雲遊貴境即行照會通
知在案茲
水師提督鄂在南海剿辦海賊緊黨其事完畢
督同師船多隻由南駛來貴境按照和約調在
五港口停泊或派駛往來以辦公務故預先照
會以免因許多師船逕來致生駭異並昭紉誼
之至意等因查
貴國師船駛赴五口停泊係照和約辦理承
貴公使備文預行知照~~來意~~足徵
友雅誼~~惟所來師船若干隻~~每口約分泊幾隻尚便中

F.O.682/279A/5(22)

貴公使查明見覆以便咨行各口知照也為此
照復順候
履祺增泰須至照會者

四月五日到

四月十二日發

照會

P.1　F.O.682/279A/5(23)

咨會事案照道光二十五年八月十五日接據
英國德公使來文內稱查前任璞公使遇有本
國師船雲遊貴境即行照會通知在案茲水師
提督郭在南海剿辦海賊繁黨其事完畢督同
師船多隻由南駛來貴境但此船隻按照和約
調在五港口停泊或派駛往來以辦公務等因
故本大臣仍將此情形預先照會貴大臣查核
以免因該師船前來致生駭異並昭級誼之
再查等因據此查議定條約原准英國師船駛
赴往來各口稽查貿易此次該國師船來口既
據來文稱係按照和約調在五港口停泊或派
駛往來辦公自為稽查貿易起見惟近口民人

P.2　F.O.682/279A/5(23)

難保不生駭異亦應妥為彈壓防範相應咨會
貴撫部院督部堂將軍轉飭該文武地方官妥慎辦理為此
飛咨
貴撫部院督部堂將軍請煩查照施行須至咨者
一咨兩江總督
江蘇巡撫
閩浙總督
浙江巡撫
福州將軍
廣東水師提督十七日補咨

雙衔

P.1　F.O. 682/279A/5(44)

札飭事照得道光二十五年八月十五日接據
𠸄國德公使來文內稱查前任璞公使遇有本
國師船雲遊貴境即行照會通知在案茲水師
提督郭在南海剿辦海賊繁黨其事完畢督同
師船多隻由南駛來貴境但此船隻按照和約
調在五港口停泊或派駛往來以辦公務等因
故本大臣仍將此情形預先照會貴大臣查核
以免因許多師船前連來致生駭異並昭紉誼之至
意等因據此照會前來查議定條約原准𠸄國師船數隻
往來各口稽查貿易此次該國師船來口既據
來文稱係按照和約調在五港口停泊或派駛
往來辦公自為稽查貿易起見惟近口民人難

P.2　F.O. 682/279A/5(44)

保不生駭異亦應妥為彈壓防範合就札飭札到該
道即便遵照妥慎辦理毋違此札
一札福建興全永道　江蘇蘇松太道
浙江寧紹台道

八月十六日

欽差大臣兩廣閣督部堂宗室耆
欽命兵部侍郎廣東巡撫部院黃　為

照復事頃接
貴公使來文內開查前任
璞公使遇有本國師船雲遊貴境即行照會通知在
案茲
水師提督郭在南海剿辦海賊繁黨其事完畢督同
師船多隻由南駛來貴境按照和約調在五港口停
泊或派駛往來以辦公務故預先照會以免因許多師
船速來致生駭異並貽紱誼之至意昔因查
貴國師船駛赴五口停泊係照和約辦理承
貴公使（倫文）預行知照足徵
友誼惟每口約分泊幾隻便中

2
貴公使查明見覆以便咨行各口知照也為此照復順候
履祺增泰須至照會者

照會　暎國德酋

道光二十五年八月　十六　日

欽命兵部侍郎廣東巡撫部院黃

3 END

稟請

書行

欽差大臣太子少保兩廣總督部堂耆

四百五十五號

八月十六日淮發

欽差大臣兩廣閣督部堂宗室耆
欽命兵部侍郎廣東巡撫部院黃　為

咨會事案照道光二十五年八月十五日接據𠻳國德公使來文內称茲水師提督郭在南海剿辦海賊繁黨其事完畢督同師船由南駛來貴境但此船隻按照和約調在五港口停泊或派駛往來以辦公務故将此情形預先照會貴大臣查核以免因師船前來致生駭異並昭級誼等因照會前來查議定條約原准𠻳國師船往來各口稽查貿易此次該國師船來口既據來文称係按照和約調在五港口停泊或派駛往來辦公自為稽查貿易起見惟近口民人難保不生駭異亦應妥為彈壓相應咨會

貴撫部院督部堂將軍轉飭該文武地方官妥慎辦理為此合咨

十六日補咨

廣東水提台文內删去該文武地方官一句餘皆照繕此記

2

貴撫部院督部堂將軍請煩查照施行

一咨　江蘇撫院　浙江撫院　兩江督院　閩浙督院　福州將軍

為札飭事照得云云妥為彈壓合就札飭札到該道即便遵照妥慎辦理毋違此札

一札　江蘇蘇松太道　浙江寧紹台道　福建興泉永道

道光二十五年八月十六日

FO 931/0677

欽命兵部侍郎廣東巡撫部院黄 行

書 稟 行 請

欽差大臣太子太保兩廣閣督部堂葉 行

八月十六日發行

四百里飛遞 訂寄

四百五十六號

FO.682/327/5(68) 1

P.1

護　衙　　　為
據稟再行咨查事、前據暎國馬領事申陳、英商稟訴
近來有各西瓜扁裝運出口貨物被駐黃埔關口委員分
次停留、請照向例經過、不得擾累等情一案、當經札飭稽
查省河委員潘令即日查明稟復、一面咨請
貴關部、飭查關役人等、有無需索情事、各在案、茲據
委員潘象曾稟稱、遵即傳集該引水等究詰、各據堅
稱除奉查划艇外、其餘別項船隻如西瓜扁等項剝運貨
物者、俱向由黃埔分設之粵海關口稽查、現在仍歸該關
口照常管理、引水等寔在從無向西瓜扁及各項船隻查
驗留難情事、再四訪查無異、惟查西瓜扁等項船隻係
由粵海關口查驗、該關口設有專辦舊章、與該引水

P.2

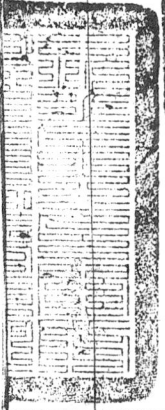

2
等絕無干涉、除再隨時加意嚴密查察稟復察核前
來、相應據稟咨會、為此合咨
貴關部、煩為查照、所有暎國商人雇用內地西瓜扁艇裝
運貨物出口、向來如何驗放、希即查明該處關口丁役人等
近日有無需索情事、據寔覆核辦理施行、
一咨　粵海關
道光二十五年八月　十四
閩　玉章
姚　鑫　呈

欽命兵部侍郎廣東巡撫部院黃

欽差大臣太子少保兩廣閣督部堂葉

此稿俟奉
核定後再行補
寄送
黃部院閱後發咨
無悞

四百五十七號

八月十七日咨

為咨送/移付事、據查河委員潘象曾通禀奉查西瓜扁等項
船隻運貨出口係由粵海関口查驗放行傳訊該引水等
堅稱除奉查划艇外、其餘別項船隻寔無查驗留難
情事、禀復察核前來、查此案前據暎國馬領事申陳
當經會咨
粵海関飭查一面札行該委員查復去後茲據禀復前來除
再會同列銜
台撫部院轉咨
粵海関查照核辦外相應備録回會稿咨送為此合咨
抄録會咨稿付知
貴部院請煩查照分別
總督衙門查照可也
書行希將會稿留存備案回稿移還施行
計 咨送會回稿二件 粘抄

一咨/移付 東撫院、總督衙門

道光二十五年八月 十四日

咨送西瓜扁運貨出口関役人等有無需索一案會咨稿

閩 玉章
姚 鑫 呈

欽差大臣太子少保兵部尚書兩廣總督部堂耆

月十五日咨

F.O.682/327/5(70) 1

為咨送
移付事頃據英國德酋來文一件內言該國水師提督
郭南海剿辦海賊事畢督同師船南來五港口停泊或
派駛往來辦公預先照會免生駭異等情前來除會同列
台銜
撫部院飛咨閩浙江蘇各省
督撫將軍查照暨札福建興泉永道江蘇蘇松太道浙
江寧紹台道妥慎辦理并照復該酋將每口分泊幾隻查
復外相應備錄會田各稿咨送
抄錄咨札照復各稿付知為此合咨
貴部院請煩查照分別
總督衙門查照可也
書行存案田稿二件仍祈移還施行
計咨送會田稿四件
粘抄
一咨
移付東撫部院
總督衙門

欽差大臣太子少保兩廣總督部堂耆

道光二十五年八月十六日閩玉章
姚鑫呈

咨送英國師船來粵五口分泊一案會咨照札田會稿

行

四百五十九号

八月十八日發

1

欽差大臣兩廣總督部堂宗室耆
欽命兵部侍郎廣東巡撫部院黃　為

照復事。頃接
貴公使來文內開：有福省澄海縣金慶興船夥楊柔等六名
在洋遇難，經
貴國火輪船撈救，恩養載到香港；復經
貴公使將該難民六名賜給盤費到澳，以便返棹等因。本大臣/部院
閱悉之餘，良深感佩。
貴國火輪船水手於該難民等飄流無救之時，不惜盡
力救援，並加恩養，載到香港，是皆
貴公使平日恩待中國民人，不分彼此，是以該水手等
亦皆仰體
仁慈，極危濟急。而

2

貴公使又復賜給盤費，俾其到澳附船回閩，
厚惠稠疊，有加無已。不特該難民等感戴弗忘，即
本大臣/部院亦寔深敬佩也。為此照復，順候
履祉日崇。須至照會者。

照會　英國德酋

道光二十五年八月十九日

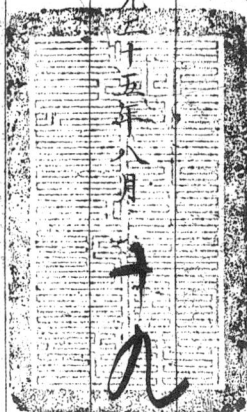

欽命兵部侍郎廣東巡撫部院黃

欽差大臣太子太保兩廣總督部堂耆

稟請

書行

四月六日未刻

月廿日港發

F.O.682/327/5(72) 1

為咨送事頃據德酋照會內称有福省海澄縣金慶
興船夥楊柔等六名在洋遇難經該國火輪船救載香港
並賜盤費到澳以便附船回閩等情前來除會列
台銜照復外相應抄録該酋原文並倫具會回稿咨送為
此合咨
貴部院請煩查照分別
書行希將會稿留存倫案回稿移還施行
計粘抄并咨送會回稿二件
一咨 東撫院

四百六十五号

2 END

繁大臣兩廣閩督部堂

道光二十五年八月　　十九　日
咨 英國火船救載福省船夥楊柔等六名一案會回稿
聞 五章
姚 鑫呈

(簽押)

FO.682/32/5(73) 1

欽差大臣兩廣閣督部堂宗室耆
欽命兵部侍郎廣東巡撫部院黃　爲
照會事昨准
閩浙督部堂劉　來咨以南臺地方街道窄狹五方襍處
人烟湊集每遇英商初到以及英國人因事出入該處民人
因素未經見無不爭先觀看其間無知之匪類孩童因
觀看不見擁擠喧嘩在所不免業經出示嚴禁並飭營縣
派撥兵差彈壓併照復
貴公使查照等因抄送照復等稿到本大臣部院准此查此事
前接
貴公使來文當即由六百里飛咨
閩浙督部堂劉　囑其妥為照料切使英人在彼或受愚
民欺凌現據來咨已經派員彈壓出示曉諭並要

2
貴公使知照想彼處復文
貴公使應早收閱矣此事
貴公使以固守和約為懷惟恐兩國民人稍生間隙足
見
堅持大信識見逾常本大臣寔切銘心查閱
閩浙督部堂照復稿及抄示稿辦理亦為周妥現有官
為彈壓諭令本地民人弗得欺凌遠客並令殷寔舖商
湊資交易從此商民浹洽日久自可相安合行布悉為
此照會順候
福祉日崇須至照會者

照會英國德酋

3END

道光二十五年八月十九日

欽命兵部侍郎廣東巡撫部院黄

稟請

言行

兼署兵部尚書兩廣總督部堂耆

四百六十六號

八月廿五日 讓發

F.O.682/327/5(74)

為咨送事頃准

閩浙督部堂劉 咨開以南臺地方街道窄狹人烟湊集

每遇英商初到及英人出入該處民人爭先觀看其間擁擠

喧嘩在所不免業經出示嚴禁並飭縣營派撥兵差彈壓

并照復德酋查照抄稿咨送前來查此案前據該酋照

會以英商屢受福民欺凌等情即經會咨閩省妥為照

料在案茲准前因除再會列

台銜照會德酋知悉外相應抄録原咨並備具會回稿

咨送為此合咨

貴部院請煩查照分別

書行希將會稿留存備案回稿□送施行

計粘抄并咨送會回稿二件

四百六十七号

一咨 東撫院

道光 日 閩 玉章 呈
姚 鑫

咨送閩省南臺民人不得擁擠英商一案照會德酋知悉會回稿

欽差大臣太子少保兩廣總督部堂

月 日發

F.O.682/327/5(75)

欽差大臣兩廣總督部堂宗室耆
欽命兵部侍郎廣東巡撫部院黃

為

札復事現據該領事申陳據永清門外新沙街真神堂居住英國民人喀喇吐哦呈開本月初七日有一百餘人妄進民居毀爛家內器具吽民遷離又于十三日伊等再行乱進民所毀爛搶奪家內器具幸為即飭地方官查辦等因據此查善後和約第七條內載英國民人准在五港口租賃房屋居住今該民人喀喇吐哦在永清門外新沙街租房居住本無不合何以該處居民竟聚集百有餘人先後兩次毀搶器具寔屬滋事妄為抑或另有起衅别故必應查明嚴行懲辦以儆刁風現已嚴飭該地方官會營迅速查拏究辦斷不令無知匪徒任意滋鬧也相應札復該領事知照須至札復者

右札復英國馬領事

道光二十五年八月廿日

二十

2END

欽命兵部侍郎廣東巡撫部院黃
欽差大臣兩廣總督部堂宗室耆

書稟請行

四百六十八号

八月廿日發

欽差大臣兩廣閣督部堂宗室耆
欽命兵部侍郎廣東巡撫部院黃 為

札飭嚴辦遵照事案據嘆國馬領事申陳現據永清門外云云全叙

故意搶刧之事等情據此查善後和約第七條內載

英國民人准在五口通商馬頭租房居住此案英國民人

喀唎吐吡在永清門外新沙街租房居住與業主兩相

情願並非強租本無不合乃該處居民以不干己事竟

聚百有餘人兩次毀搶器具實屬滋事妄為顯背條

約無恠嘆民藉口呈訴案逾旬日之久該縣竟毫無

覺察並不查拏究辦亦無一字禀及坐視此等爛匪

横行無忌不知安遠人即以安內地如果各國商人

欺壓內民其曲在彼倘內地民爛匪特衆侵凌各國遠

商其曲在我況善後條約均係奏奉

2

諭旨飭部核准之件原以鈐束各國商民俾就我中國法

度何得任聽內民玩抗不遵該縣[illegible]坦不[illegible]於此等

華夷関涉要件膜視不理形同木偶如聵如聾殊

堪痛恨合亟嚴飭札到該縣立即會同營員迅速將本案滋事人等
除札飭番禺縣會營查拏嚴辦外合併札飭札到該縣

查拏務獲嚴行究辦
即便遵照 嗣後遇有似此案件務須隨時查明

立即妥辦不得俟夷目申陳始行周章於事後致干重
事後周章致干未便

究仍將查辦緣由據實禀覆察核毋違速速特札
切切特札

右札番禺
南海縣准此

四百六十九号

欽命兵部侍郎廣東巡撫部院黄

欽差兵部尚書兩廣總督部堂耆

書 稟 行 請

道光二十五年八月廿二日

二十

有廿日

P.1 F.O.682/391/2(68) 1

為照復事頃接
貴公使來文內稱領事官離鼓浪嶼搬到新館可見
本大臣前議不須疑慮等因
貴公使辦理諸事均以信義為主本大臣素所心佩
本無疑慮今閱來文益深欣慰又稱厦門海防受
賄任用漢人兩名哄騙英商若除其職任另員代理最
為公便等因查海防受賄任用非人哄騙英商如果屬
寔自應從嚴懲辦以儆貪劣而肅官方已飛咨
閩浙督部堂查明辦理矣為此照復順候
福履榮增須至照復者

照復暎國德酋

四百九十三号

P.2 end 2 END

道光二十七年九月　日

照復德酋為厦門海防查辦

閻玉章
姚鑫　呈

九月初八日存

四百九十四號

FO.682/391/2(69)

為飛咨事現據咦國德公使來文內称頃接貴大臣
來文內称云云全叙最為利益公使昔因據此查該公使
所称海防受賄任用漢人哄騙咦商各情有無其事
相應飛咨
貴督部堂請煩查照確查辦理須至咨者

一咨　閩浙督院

道光二十九年九月初　日　聞玉章　姚鑫呈

飛咨查海防有無受賄任用漢人哄騙咦商各情

欽差大臣太子少保兩廣總督部堂徐　行

九月初四日

F.O.682/391/2(70)

P.1

為咨送移付事案據英國馬領事申陳英民喀唎吐㖿在新沙
街居住被大辮張等毀搶一案飭據番禺縣提訊佚名張
鳳亭因英人搭蓋高蓬並不善為理處輒向嗔論以致被人
乘機搶取什物殊屬不合查開失單計值銀十二兩零應責
令賠償以示懲儆稟復前來除會同 列
台銜撫部院將解到罰銀札發該領事查收轉給外相應備抄
具會冊札稿咨送為此合咨
錄札稿及番禺縣原稟付知
貴部院請煩查照分別書行存案冊稿移還施行
總督衙門查照可也

計咨抄送會冊稿二件稿并縣稟一件

一咨移付 東撫院 總督衙門

P.2 end

2 ENCL

道光二十五年九月 日

咨

喀唎吐㖿被搶什物現已提罰賠札發收領一案會稿

聞玉章 姚鑫 呈

九月初四日發

道光二十五年九月初十日卯時六刻三水縣差役黎平黎安遞到

兵部於八月十九日發粘單火票一張賫

軍機處交出夾板一副呇

憲臺等理合稟報

五百〇一号

札廣東按察司知悉九月初十日卯刻接准

兵部于八月十九日申刻塡遞

軍機處交發夾板一副火票一張並據南海縣投繳限單

前來各到本大臣准據此合行札發札到該司即便查收

分別彙繳存銷毋違

計發火票一張限單一紙

道光二十五年九月 十一

發收火票限單

聞玉章

姚鑫 呈

九月十三日發

P.1　F.O.682/391/2(72)　1

恭録飛洛事照得天主教規矩及習教為善之
事均無庸禁止一節前經本大臣部院恭摺具
奏並洛行查照在案兹於道光二十五年八月十
九日欽奉
寄諭内開者　等奏與喇嘰呢面晤所稱供奉十字
架等項既係天主教規矩自可無庸查禁其設有
供奉天主處所亦可聽從其便但不得招集遠鄉
之人勾結煽誘並不法之徒藉稱習教結黨為非
及别教之人溷跡假冒俱屬有干法紀仍各按舊
例治罪等因欽此相應恭録行知
貴　通飭所屬地方官一體欽遵查照為此
飛洛

九月十日咨行

P.2 end　2 END

貴
請煩查照施行須至洛者
奉天府尹　熱河都統
盛京將軍　七督院
吉林將軍　十四撫院
廣東水陸提督　廣東藩司
福州將軍　本省督撫
咨

P1　F.O. 682/391/2(73)

欽差大臣兩廣閣督部堂宗室耆
欽命兵部侍郎廣東巡撫部院黃

為

札飭事案據咦國馬領事申稱茆接来札云咦民喀唎吐
哋任新沙街被匪人毁搶一案云云全叙為此申覆並請到
本閣部堂/部院據此查此案前據該縣稟稱海関長隨張鳳
亭因咦人搭盖高篷邀同街隣向其驅逐以致觀看人
多乘機毁搶殊属不合業將應賠銀两勒令呈繳經
本閣部堂/部院札交該領事收領在案惟毁搶什物各犯續復
拏獲幾名及作何懲辦之處亟應據寔稟復以憑札行
該領事知照切速毋延此札

一札番禺縣

五百七十五

2 END　P2 end

道光二十五年九月　日

欽命兵部侍郎廣東巡撫部院黃

[redacted]

欽差大臣兩廣閣督部堂宗室耆

九月廿四日

欽差大臣兩廣閣督部堂宗室耆
欽命兵部侍郎廣東巡撫部院黄　為

札知事案據該領事申称茆接來札云英民喀喇吐吡住新沙街被匪人毁搶一案云云照來文全叙為此申復苛情到本閣部堂部院據此查此案現據番禺縣禀報續經查獲南海縣人錢亞毛李亞河孫亞為周亞有陳亞得五名訊據供称伊苛均在增沙街附近居住與張鳳亭認識本年八月十八日因有英人在增沙街租住何姓房屋搭盖高篷窺見附近住房經張鳳亭邀同房主街隣往劝英人搬遷以致彼此争論伊苛路過進屋查問亦隨同指斥維時觀看人多伊苛即乘便各自携取英人錫壺錫燈茶桶茶杯木椅苛物隨即逃避被拏獲審訊伊苛[illegible]取什物並無糾夥搶奪各物業已賣錢分用苛供核與

前獲之張鳳亭所供各情相同查錢亞毛苛雖非平空糾搶惟事不干己隨同指斥復順便携取物件實屬不安本分應各照不應重律杖八十再加枷號半個月滿日折責發落失物先經罰賠應毋庸議苛情禀請察核前來查錢亞毛苛因事順取什物殊干法紀應如該縣所擬枷責發落以示懲儆除批飭遵照外合行札知為此札仰該領事即便知照可也特札

右札英國馬領事

P3 and 3

道光二十五年十一月二十一日

欽命兵部侍郎廣東巡撫部院黃

欽差大臣太子少保兩廣閣督部堂耆

4

Duplicate copy of: F.O.682/327/5(59)

P1

為札知事案據該領事申稱茲接來札云噗

民喀唎吐咄任新沙街被匪人毀搶一案云云

照來文全敘 為此申復等情到本閣部堂部院據此查

此案現據番禺縣稟報續經查獲南海縣人

錢亞毛李亞河孫亞為周亞有陳亞得五名

訊據供稱伊等均在增沙街附近居住與張

滙昌

鳳亭認識本年八月十八日因有噗人在增

沙街租住何姓房屋搭蓋高篷窺見附近住

房經張鳳亭邀同房主街隣往勸噗人搬遷

以致彼此爭論伊等路過進屋查問亦隨同

指斥維時觀看人多伊等即乘便各自攜取

英人錫壺錫燈茶桶茶杯木椅等物隨即逃

避今被拏獲審訊伊等實係因事順便攜取
什物並無糾夥搶奪各物業已賣錢分用等
供核與前獲之張鳳亭所供各情相同查錢
亞毛等雖非平空糾搶惟事不干己隨同指
斥復順便攜取物件實屬不安本分應各照
不應重律杖八十再加枷号半个月滿日折

滙昌

責發落失物先經罰賠應毋庸議等情稟請
察核前来查錢亞毛等因事順取什物殊干
法紀應如該縣所擬枷責發落以示懲儆除
批飭遵照外合行飭札知為此札仰該領事即
便知照可也特札
札英國馬領事

華衙

F.O.682/391/2(74) P.1 1

照會事頃准
閩浙部堂來咨據台灣府稟報六月二十六日
有英國水師副將葛林遜船隻在噶嗎蘭所屬
之蘇澳龜山等洋面遊弈於二十七日駛去又
於七月初三日有英國巡船在淡水廳屬鷄籠
洋面寄椗初四日自雇民轎欲赴艋舺會晤華
官至水轉腳嶺下因有一人腹痛折回連日在
泊船及所過各處審察山川形勢擺列內盤揷
標繪圖咨請照會將船撤回粵省等因准此查
和議條約載明除通商五口之外不准一船駛
往如有背約即將船貨一併抄取入官等語台
灣非通商馬頭蘇澳鷄籠洋面亦非赴五口經

照會

五百十三号

P2 end 2510

由之路上年該將官葛林遜欲赴台洋測水繪
圖當經本大臣照會阻止在案今該船等復在
彼遊弈諒係因風駛避定非故違成約
貴公使於一切事宜無不確守成約辦理允當
希即查照將該船隻迅速撤回以符定議而昭
信守足紉公誼為此照會順候
時祉綏和須至照會者

十月初四日發

咨覆會事本年九月十九日准
貴部堂咨開據台灣府知府仝卜年稟准噶嗎
蘭通判朱材哲函稱六月二十六日有英國水
師副將葛林遜夷船一隻在蘇澳龜山等處洋
面遊弈並稱帶有督憲公文於二十七日駛去
又准淡水同知曹謹函稱七月初二日有夷船
一號駛泊雞籠洋面初四日自雇民轎赴艋舺
欲見華官因一白夷腹痛折回連日在泊船及
所過各處審察山川形勢插標繪圖是否即係
葛林遜之船容俟查明稟報等情查台灣並非
通商處所又非各口必經之路未便任聽夷船
擅行駛往咨請照會德酋將該夷船撤回不得
混赴各處查探等因准此查台灣非通商之處
蘇澳等洋面亦非五口經由之路該夷目葛林
遜上年曾欲赴台測水繪圖當經照會阻止在
案今該船等復在台洋遊弈審察形勢實屬有
違成約茲准前因當已照會德酋即將該夷目
船隻撤回不得任意在彼逗遛俟接到照復另
行咨會外相應咨復為此合咨
貴部堂請煩查照施行須至咨者

為移付事案准

閩浙督部堂劉　咨開夷目葛林遜復在台洋遊泊審察山川

形勢插標繪圖請照會德酋將該夷船撤回不得混赴各處

查探等因到本大臣准此查台洋非通商之處現已照會暎國

德酋即將該夷目船隻撤回并咨復

閩浙督院查照外相應抄録原咨及照咨各稿付知

總督衙門查照可也

一移付總督衙門

道光二十五年十月　日

咨移夷目葛林遜復赴台洋遊泊照會德酋撤回一案

閩　玉章
姚　鑫　呈

欽差大臣兼兩廣總督部堂耆

FO.682/327/5(61)

為咨送/移付事，案據暎國馬領事申陳咯唎吐哋被匪毀搶，如何
飭查另究等情，前經會札番禺縣查覈去後，茲據該縣具稟
續獲錢亞毛等五名，訊係各自掠取暎人什物，核與前獲張
鳳亭所供相同，請擬杖枷發落前來，除會列同
台銜
撫部院札行該領事知照外，相應備具會札稿咨送，為此合咨 抄錄會札稿及縣稟批示付知
貴部院，請煩查照，分別書行，希將會稿留存備案，田稿移還施行
總督衙門查照可也

計
咨送會稿二件
粘抄乙

一咨 東撫院
一移付 總督衙門

道光二十五年十月 初二

閩玉章
姚鑫 呈

咨送札知續獲錢亞毛等掠取暎人什物訊擬一案會稿

欽差大臣太子少保兩廣總督部堂耆

五百十九號

十月初二日發

五百十八號

F.O. 682/327/5(62)

為咨送/移付事案據啢𠸄國領事嗎申陳前洋商馬佐良領牌遲延一案飭據督粮易道等覆訊該領事控訴各情均不合理現經本大臣會列/同台銜札飭該領事知照外相應備具會札稿咨送為此合咨/撫部院抄錄札行稿付知

貴部院請煩查照分別書行希將會稿留存備案回稿移還施行

總督衙門查照可也

計　咨送會稿二件

粘抄ㄙ

一咨/移付　東撫院　總督衙門

道光二十五年十月　　日

閏玉章　姚鑫　呈

咨復啢𠸄嗎領事訴馬佐良領牌委員訊明札復一案會稿

十月初二日咨

P.1

為照復事項接
貴公使來文內開聞十月內係
皇太后七旬萬壽
皇太后懿德日隆祐嘏茂膺啟黎民享庶富之盛景祚億萬斯
年之久特修公文祝頌等因本年十月恭逢我
皇太后七旬萬壽普天率土共祝無疆
貴公使以與國勳賢駐節中土際茲
壽寓之開並効升恒之頌慶黎民之庶富祝景祚之綿長篤摯厚
忱溢於言表本大臣系出
天潢位叨鼎鉉感
盛意之優渥實嘉荷之無以□照覆即候
崇禧懋集須至照復者

五百九號

P.2 end

照復英國德酋

道光二十五年十月　日

閏玉章
姚鑫　呈

十月初八日繕發

Duplicate copy of F.O.682/327/5(63)
3

P.1

照復事項接
貴公使來文內開聞十月內係
皇太后七旬萬壽
皇太后懿德日隆祐嘏茂膺故黎民享庶富之戩景祚
億萬斯年之久特修公文祝頌等因本年十月
恭逢我
皇太后七旬萬壽普天率土共祝無疆
貴公使以與國勲賢駐節中土際茲
壽寓之閒並効升恒之頌慶黎民之庶富祝景祚之綿
長篤摯厚忱溢於言表本大臣系出天潢
位叨鼎鉉感
盛意之優渥實嘉荷之無似合就照復即候

滙昌

五百十九号

P.2 end

崇禧懋集須至照復者

滙昌

十月　日發

FO.682/327/5(64)

為移付事頃據德酋來文一件內稱前此弁兵在香港未
領牌票持械捉人並稱巡船勒索香港三板艇戶是以不
令停泊等語照會前來除照復外相應抄錄該酋原
文及照復稿付知
總督衙門查照嚴飭遵辦可也
計粘抄
一移付　總督衙門
道光廿五年十月　初九日　閔玉章　姚鑫　呈
付英酋為香港兵丁捉人暨巡船勒索三板艇戶一案
欽差大臣太子少保兩廣閣督部堂宗室耆

五百廿二号

竊查此稿前奉傳
諭繕為付知現已將近半
月理合稟候
裁示遵行上稟

十月十五日資

五百廿九号

FO.682/327/5(65)

為移付事案照暎國夷目葛林遜復在台洋游泊審察山川形勢捧標繪圖一案前准閩省咨會當經照會德酋將該夷船撤回去後今據復稱葛林遜現在吳淞江標準為船隻經由記號與中外均為有用等語除咨會

閩浙督部堂查照一面照復該酋嗣後查照成約辦理俾昭信守外相應抄録照咨各稿及該酋來文付知

總督衙門查照可也

計抄

一移付 總督衙門

道光二十五年十一月 十七

閩五章
姚鑫 呈

移付葛林遜現在吳淞江標照咨各稿

十月十八日

照會事案准
福州將軍咨開據厦門口委員具禀本年八月
二十二日接領事李太郭照會内稱本年春間
前領事阿奉到
貴公使札知以厦門磁器出口毋庸分别粗細
俱按估價每百两完税銀五两以昭平允業經
照會本大臣酌定等語閩省未奉行知現有商
船下貨無凴遵辦咨請查復等因前来准此本
大臣查舊例征收出口磁器向分細中粗土四
項分别驗輸現在新定税則毋分粗細每百斤
征銀五錢惟瓦罷一欵例無賅載應按估價每
百两税銀五两先於本年三月内接到

貴公使照會議將瓦罷按照估價輸税本大臣
查與例欵相符當經照復並咨會閩浙等省一
體照辦在案今該領事以曾奉
貴公使札知磁器無分粗細亦照估價每百两
税銀五两核與新定税則不符在磁器一項細
磁質輕價貴粗磁質重價輕牽扯合計每年盈
絀不相上下即照此征收彼此原無所損益惟
春間所議[係專]只言瓦罷不及磁器與該[領]事現辦兩
歧是否該領事誤會前文抑或
貴公使另有札飭本大臣無凴查悉應請
貴公使查明此項磁器或照定章或應另議迅
賜見復以便酌定咨會各口查照俾歸畫一以

照會
貴
領事官即便遵照可也須至照會者

右照會
大英欽命駐紮廣州府領事官

咸豐五年
十二月
三十
日

滙昌

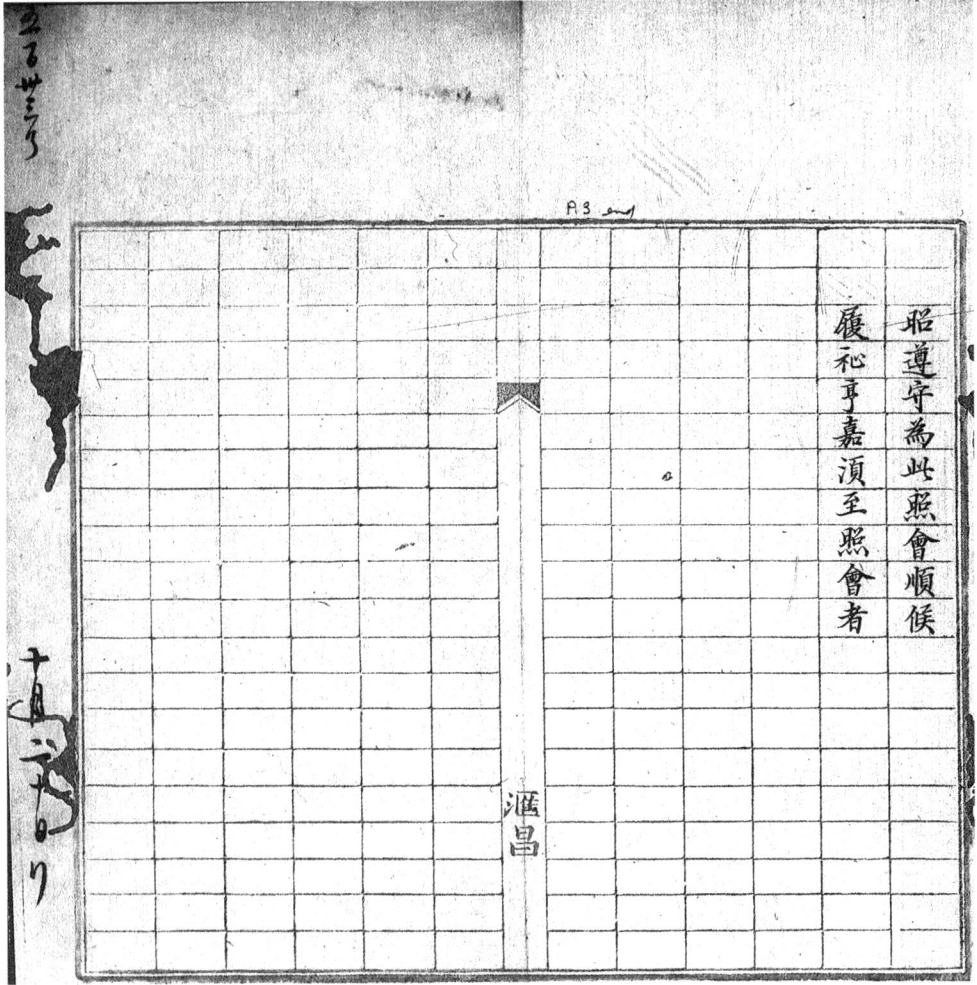

P.1

督撫雙銜　　　　為

咨明事，竊照本閣部堂／本部院於道光二十五年十一月初二日，

自廣東省城拜發

奏摺夾板壹副事關緊要，由驛馬上飛遞，相應咨明，為此

合咨

貴部，請煩查收轉

進施行。

計咨送

奏摺夾板壹副

一咨　兵部

P.2

道光二十五年十一月初二日

咨送奏摺

欽差兩廣閣督部堂宗室耆

玉章
鑫　呈

五百卅の七

十一月初二日[illegible]發

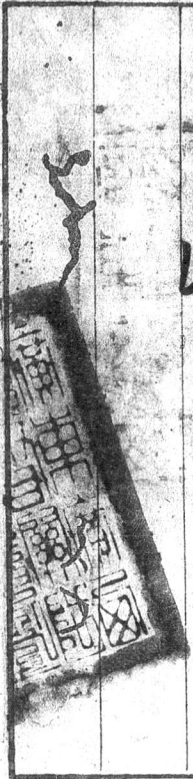

F.O.682/391/2(80)

為咨送/移付事。案據合衆國領事福士申称，該國夷官禆治文被
工人黃亞高竊取銀器，逃在澳門，經哈吧行獲交西洋官審訊，
業已保釋，贓物無着，申請飭拿解究等情前來。除會列同
台
撫部院衙分札南海、香山各縣、澳門同知查拏解省，并札福士知照
外，相應備具會囬札稿，咨送/抄録札行各稿付知，為此合咨
貴部院，請煩查照，分別書行，希將會稿留存，備案，回稿移還施行。
總督衙門查照可也。

計 咨送會回稿四件 / 粘抄

一咨 [illegible]
一移付 [illegible]衙門

道光二十五年十月 廿七

咨禆治文被竊拏逃犯黃亞高一案會稿

聞玉章
姚鑫 呈

十月初二日

F.O.682/391/2(81) 1

P.1

為咨復事准
貴關部咨開西洋理事官嘍嚟哆禀請澳門額船無
分新舊均照新章酌減三成輸鈔則大西洋船既准入額
自當每噸輸鈔銀三錢五分其小呂宋船來澳貿易請
照例辦理以免紛更一案應准與否未准咨復咨請查照
見覆等因准此查此案前據該理事具禀前來當經明
晰札復遵照一面咨會
貴關部查照在案茲准前因相應將原行札稿補抄咨
復為此合咨
貴關部煩為查照施行
計粘抄
一咨復 粵海関

五百卅六號

十二月初三日收

P.2 end

2 END

道光二十五年十一月

咨復澳門額船輸鈔原行札稿

閲

姚 玉章

鑫 呈

奏為連日接見夷酋重申要約議定舟山按期交
還謹將查辦情形恭摺奏祈
聖鑒事竊臣等前將察探夷情具摺密陳並將臣耆
一前往香港日期附片具奏旋准軍機大臣字
寄道光二十五年十月初六日奉
上諭耆等奏察探夷情定期出省並將來文及照
復底稿抄錄呈閱覽奏均悉暎夷此次寄泊之
船雖据探明係由暎叻國駛來惟該夷素窺狡
黠安知非別有奸謀且閱其來文有交還舟山
後不可准他國佔据之語固因其國與咈夷夙
有嫌怨恐其脅助中國與之為難是以預先訂
明免遭牽制然其新聞紙中所稱欲留鼓浪嶼

舟山二島俟各要款均皆照行再為退還等語
似深悔前此交還之議為非計或藉此起衅為
將來要挾之端亦未可定該督等總當就該夷
詭譎性情代為設想凡此後或妄有所請別生
希冀之處層層臆度及之應如何拟理駁斥不
令借口生事庶成竹在胸免致臨時又費唇舌
也該督接見該酋時惟當固守前約以折其奸
萌布示公誠以釋其疑慮務使曉然知中國並
無暗相圖謀之意亦以杜該夷潛行窺伺之私
庶可永遠相安不致另生枝節至粵省近海各
处仍當督率地方文武慎密隄防以期有備無
患仍將查办情形迅速具奏將此諭令知之欽

此遵
旨寄信前來仰見我
皇上洞燭夷情諄諄告誡至意臣等不勝欽佩臣耆
已于十月二十一日帶同委員趙長齡潘仕成
劉潯銅麟甯立悌吳廷獻等由省登舟行抵黃
埔適[口德][口庇][口時]遣夷目三人駕火輪船二隻前來
迎接當即乘坐前往于是日駛抵香港該夷酋
列隊伍迎入館舍[口德]酋于次日率領夷目多人
來見執礼甚恭拟称尚有應商各事或在臣行
寓或在伊洋樓聽候酌定臣即于是日帶同趙
長齡潘仕成前往洋樓該酋屏去從人祇留夷
目[口郭][口實][口立]一人在側臣告以本年應交洋銀尾

數業已備齊可訂期來取舟山亦應如期交還
以符成約該酋復称銀兩應俟届期再行請領
舟山定必如約交還惟[口英]兵在舟山數年該處
民人多與往來交還之後乞弗深究臣等答以
該处民人皆
天朝赤子和約內業經載明凡係中國民人與[口英]人
往來者概准免罪豈有舟山退還之後將該處
處民人苛待之理當為出示曉諭俾共釋然無
疑可以無庸過慮該酋復称退交舟山最有關
係應派大官前往接收方為妥協臣等思該夷
佔拠舟山數年現當交割接收撫綏安輯自不
可稍涉率忽必須熟悉夷情之員前往妥為办

7

理查有現任江蘇常鎮道咸齡前隨臣辦理夷
務素為該夷所信服前任寧紹台道鹿澤長前
署寧波府知府舒恭受于浙省夷務一手經理
熟悉該处情形均堪派令會同地方官前往接
収以資熟手当向該酋告知該酋極為欣喜復
称舟山一島應請
大皇帝明降
諭旨暎國退還之後斷不再給別國駐守因詢其何
以慮及于此該酋惟称奉有
硃批以安本國人心等語當諭以舟山本係中國土
地已經収回斷無給與他國之理豈得以憑空
懸擬率登奏牘況地歸中國應由中國主持又

6

豈外國所宜干預若代為陳奏必奉
大皇帝斥飭並恐他國聞知轉生猜疑于該夷尤為
未便復經趙長齡潘仕成等再三曉譬該酋始
漸領悟不復堅求又称福州上海寧波处均准
夷人入城廣州事同一例請應准其進城伊已
有奉有國主命令等語查上年冬間該酋議欲
進廣東省城經臣等往復諭阻計公文往來不
下十數次該酋無可置辯始以稟明國主再議
為辭現又復理前說臣以夷人來中國貿易原
無不准入城明文惟在粵夷人向不入城粵民
風氣強悍與江浙各省不同若遽行允准或恐
滋生他事当向再三開導該夷情詞堅执並称

5

如不應允伊難以回覆國主只可動兵等語危
言挾制臣答以身受
厚恩畀以全粵生靈汝若用兵無非開砲轟擊惟有
身先抵禦若畏葸退避上無对
大皇帝下無以对中外人民該酋料难强逼辞色漸
和仍称此事且俟他日再議揣其情狀难免希
冀請求惟有持以鎮靜相機妥辦復又商論貿
易諸事均屬瑣屑臣惟恪遵歷奉
諭旨堅守條約者如約者即為應允違約者概行駁
斥該酋均一一聽受並無異言隨夷備筵恭敬
款待又挽該國水陸兵頭等更番邀請臣亦置
酒相答連日酬酢該夷等均極歡洽臣與委員

七

4

等復隨時宣布
皇仁用言開導諭以中國已與該國和好斷無暗相
圖謀之意嗣後惟宜恪遵條約安分貿易諸事
無庸疑慮該酋等頗知感激均于席間舉觴舞
蹈恭祝
萬壽情形似尚真誠臣查辦事竣即于二十六日帶
同委員等仍坐火輪船回省臣等察看現在夷
情舟山自必約交還尚無藉以要挾之意亦不
致另啓衅端惟該夷性本詭譎誠恐此後妄有
所請仰蒙
訓示周詳令臣等代為設想層層臆度免致臨事又
費唇舌查夷情雖変幻难測而每有希冀未嘗

3

不徵露其端先事圖維預防藉口即如該酋前
有先逐鼓浪嶼之說臣等即慮其為將來遲交
舟山地步當經卻而不受迨該酋備文訂明始
允所謂請酌夷兵退出鼓浪嶼之後又以廈門
屋宇湫隘請留夷商數人在鼓浪嶼之租房暫
住臣等恐其藉圖佔拠即按約力爭不肯稍留
錄陳該酋尚知遵守條約惟当外示信義內慎
防維庶可潛消反側嗣後益當恪遵
聖訓事事留心廣為偵探詳加体察隨時妥慎辦理
至粵省近海各处仍當督率地方文武不時慎
密隄防以期有備無患除由臣耆　札委常鎮
道咸齡馳往浙江會同寧紹台道陳之驥督同

2

鹿澤長舒恭受及該管文武办理接收舟山事
宜面出示定海明白曉諭以安民心並飛咨兩
江閩浙督臣及浙江撫臣知照外所有臣耆
與咦酋面商各事及查辦情形理合恭摺馳
奏伏祈
皇上聖鑒
訓示謹
奏

補府正堂銅

當堂開

丙乙件

十六年十二月初六日發

公文遞

東即補府正堂加十級紀錄十次銅

道光貳拾陸年拾貳月初壹日申

申

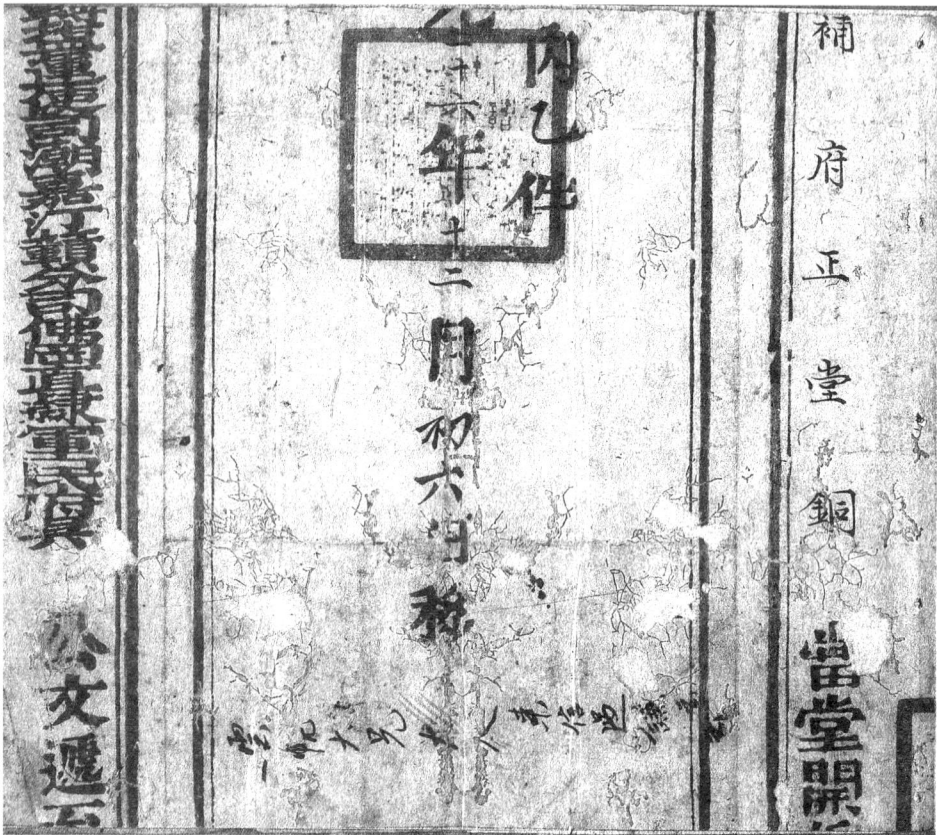

FO 931/0706

奏稿

1

全銜　為

曉諭事照得舟山地方所駐英國官兵現當撤退業經
本大臣派委大員前來接收所有該處居民應各復回安
業查原議條約載明退地之後凡有英官所住房屋
及棧房兵房無論係英人建造或曾經修整均不得拆
P.1
毀即文遞華官轉交業戶管理亦不請追修造價
值免致遲延及口角爭論之事以敦和好又凡中國人
在英人所據之邑居住或與英人有來往者或在英
官處服役者均
恩准免罪爾等因在案今收復舟山誠恐居民人等未能
周知妄生疑懼合亟出示曉諭為此示仰該處諸色人
等知悉爾等具係中國子民現在舟山業已收回爾

4

等當照舊各安其業所有英人修建之屋並未拆毀
亦不追價聽爾等認明基址赴官呈明立即文遞官
業至該民人等當日有與英人往來及跟隨英官服
役者已蒙
皇上逾格施恩概免治罪爾等毋懷疑懼吏役人等有
P.2
藉端嚇勒爾等事許即赴官呈明轉稟立為伸理決
不使稍有擾累爾等各宜安分亦不得滋生事端以
期從此安居樂業共享太平毋負本大臣委曲矜全之
意切切特示

五百卅七号

5 END

道光二十五年十一月　日

曉諭舟山業已收回該處居民照舊各安其業示稿

欽差大臣太子少保兩廣閣督部堂耆

日　姚聞　玉章　金鑅呈

P.3 encl.

十二月初四日承發寄遞

2

F.O.682/391/2(78)

P.1

全街　為

曉諭事照得舟山地方所駐英國官兵現當撤
退業經本大臣派委大員前來接收所有該處
居民應各復回安業查原議條約載明退地之
後凡有英官所住房屋及棧房兵房無論係英
人建造或曾經修整均不得拆毀即交還華官

轉交業戶管理亦不請追修造價值免致遲延
及口角爭論之事以敦和好又凡中國人在英
人所據之邑居住或與英人有來往者或在英
官處服役者均
恩准免罪等因在案今收復舟山誠恐居民人等未
能周知妄生疑懼合亟出示曉諭為此示仰該

處諸色人等知悉爾等俱係中國子民現在舟山業已收回爾等當照舊各安其業所有英人修建之屋並未拆毀亦不追價聽爾等認明基址赴官呈明立即交還管業至該民人等當日有與英人往來及跟隨英官服役者已蒙

皇上逾格施恩概免治罪爾等毋懷疑懼吏役人等有藉端嚇勒等事許即赴官呈明轉稟立為伸理決不使稍有擾累爾等各宜安分亦不得滋生事端以期從此安居樂業共享太平毋負本大臣委曲矜全之意切切特示

F.O.682/391/2(79) 1

P.1A

為咨會事案照浙江定海之舟山地方所駐英國官兵原議
俟乙巳年粵省交清銀款即行退出今粵省銀兩已全數
倫齊業經本大臣照會英國德公使定於十一月半間將銀兌
交並令飭知該處帶兵官查照即行撤兵交還在案所有
舟山地方應遴委妥幹大員前往接收以期妥撫得宜查
江蘇常鎮道咸齡前經隨同辦理稅務曉暢事體又前
任浙江寧紹台道鹿澤長前署寧波府舒恭受均熟悉該
處情形堪以委任除恭摺具
奏並咨
閩浙兩江督部堂 江蘇浙江撫部院 查照一面徑札咸道就近前往及札寧紹台陳道
會同辦理並發給告示張貼外相應咨會為此合咨
貴部堂院請煩查照希即札飭鹿澤長舒恭受隨同寧紹台

P.2A 2

陳道一俟咸道到日迅速前往此外如有曉事諳練之員再
行添派數人一體隨同咸道陳道及現任地方各官馳赴該
處將舟山地方收復一面出示曉諭居民復回安業其當日
有與英人來往及在英官處服役者概免治罪如有吏役人
等藉端嚇逼許其赴委員處呈明轉稟查究英兵所住
房屋無論英人建造或曾經修理均照條約不得拆毀交
還華官轉交業戶接管至定海迭遭蹂躪窮黎田業多
有拋荒閭閻不免失所應如何撫卹之處並請
貴 浙江撫部院議定善後章程酌量
奏請施行仍祈將辦理緣由咨覆備查寔切切禱切須至咨者
一咨 閩浙督部堂 浙江撫部院
為咨會事云云前往外相應咨會為此合咨

3 P3A

貴部堂院請煩查照希即轉飭常鎮道迅速馳赴浙江
會同陳道督同鹿舒兩委員及現任地方各官前往將舟山
地方收復一面出示曉諭居民復回安業其英兵所住房屋
無論是否英人建造或經修理均照條約不得拆毁交還
業户管理至定海迭遭蹂躪窮黎田業多有抛荒閭閻未
免失所應如何撫卹之處已咨請
浙江撫部院議定善後章程酌量
奏請施行須至咨者
一咨 兩江督部堂 江蘇撫部院
為札飭事云云地方應委妥幹大員前往接收以期安撫得
宜查該道前經隨同辦理通商事務曉暢事體又前任浙江
寧紹台道鹿澤長前署寧波府舒恭受均熟悉該處情形

4 P4A

堪以委任除恭摺具
奏並咨明
兩江督部堂 浙江撫部院 查照分别札飭並出示曉諭外合行徑札飭知札
到該道立即遵照馳赴浙省會同寧紹台陳道督飭鹿
舒兩委員並現任地方各官迅速前往將舟山地方收復一面
出示曉諭招復居民各安其業其當日有與英人來往及為
服役者一概免其治罪如吏役人等有藉端逼勒嚇索情事
准其赴該委員處呈明轉禀本大臣暨
浙江撫部院查明立為伸理不得稍有擾累以安民心其英兵
所住房屋無論是否英人建造或曾經修理均照原議條約
不得拆毁應交還華官轉給業户管理至定海迭遭蹂躪
窮黎田業多有抛荒閭閻未免失所應如何撫卹之處即議

5

定善後章程稟請
浙江撫部院酌量
奏請施行該道係奏委之員務須妥為安撫詳慎查辦毋稍率
忽致滋事端仍將收復舟山辦理情形飛速稟報察核切切
特札

P5A

一札江蘇常鎮道咸
為札發飭知事照得云云地方應委妥幹大員會同該道前
往接收並出示曉諭以期安撫得宜除恭摺
奏明札委江蘇常鎮道咸齡馳赴浙江會同該道並咨明
浙江撫部院查照札飭前任寧紹台道鹿澤長前署寧波
府舒恭受隨同該道辦理外合行札發飭知札到該道即便
遵照將發去告示分貼該處地方俟委員咸道到日該道即協同

6

鹿前道舒前署守會同咸道辦理收復舟山事宜招復居
民各安生業其當日有曾與英人來往及為服役者一概免其
治罪如吏役人等有藉端逼勒嚇索情事准其呈明立為
伸理不得稍有擾累以安民心其英兵所住房屋無論是
否英人建造或曾經修理均照原議條約不得拆毀應交還
華官轉給業戶管理至定海人遭蹂躪窮黎未免失所

P6A

應如何撫卹之處即與委員等會議善後章程稟請
浙江撫部院酌量
奏請施行該道有地方之責務宜會同委員等妥為安撫詳
慎查辦毋稍率忽致滋事端仍將會同收復辦理情形
飛速稟報察核切切特札
計發去告示二十張

7

一札寧紹台道陳

道光二十五年十二月初二日　聞玉章　姚鑫　呈

咨行札委常鎮咸道往浙會收舟山並安撫事宜

P.7A end

欽差大臣太子少保兩廣總督部堂宗室耆　行

P.1B　F.O.682/391/2(79)　8

咨會事案照浙江定海之舟山地方所駐英國
官兵原議俟乙巳年粵省交清銀款即行退出
今粵省銀兩已全數備齊業經本大臣照會英
國德公使定於十一月半間將銀兌交並令飭
知該處帶兵官查照即行撤兵交還在案所有
舟山地方應遴委妥幹大員前往接收以期安
撫得宜查江蘇常鎮道咸齡前經隨同辦理稅
務曉暢事體又前任浙江寧紹台道鹿澤長前
署寧波府舒恭受均熟悉該處情形堪以委任
除恭摺具奏並咨
兩江督部堂查照一面經札咸道就近前往外
及札寧紹台陳道會同辦理並移給告示張貼外
相應擬就會銜示稿咨會為此合咨

徑

P.2 B　10A

貴部院請煩查照希即札飭鹿澤長舒恭受隨
同寧紹台陳道一俟咸道到日迅速前往此外
如有曉事穩練之員再行添派數人一体隨同
咸道陳道及現任地方各官馳赴該處將舟山
地方收復一面出示曉諭居民復回安業其當
日有與英人來往及在英官處服役者概免治
罪如有吏役人等藉端嚇逼許其赴委員處呈
明轉稟查究英兵所住房屋無論英人建造或
曾經修理均照條約不得拆毀交還華官轉交
業户接管至定海迭遭蹂躪窮黎田業多有拋
荒閭閻不免失所應如何撫卹之處並請
貴部院議定善後章程酌量　奏請施行可内

P.3 B　9

如有遺漏應行諭憲事宜即請詳晰添叙仍祈
將辦理緣由咨覆備查盼切禱切須至咨者
咨浙江撫部院 云云
咨閩浙督部堂
咨會事案照云云[illegible]除恭摺具奏並咨
浙江撫部院查照會銜出示曉諭一面經札常
鎮道就近前往外相應咨會為此合咨
貴部堂請煩查照希即轉飭常鎮咸道迅速馳
赴浙江會同陳道暨同鹿舒兩委員及現任地
方各官前往將舟山地方收復一面出示曉諭
居民復回安業其英兵所住房屋無論是否英
人建造或經修理均照條約不得拆毀交還業
户管理至定海迭遭蹂躪窮黎田業多有拋荒
閭閻未免失所應如何撫卹之處已咨請

P4B 10

浙江撫部院議定善後章程酌量 奏請施行
須至咨者
咨兩江督部堂 江蘇撫部院

P5B 11

札飭事案照浙江定海之舟山地方所駐英國
官兵原議俟乙巳年粵省交清銀款即行退出
今粵省銀兩已全數偹齊業經本大臣照會英
國德公使定於十一月半間将銀兑交並令飭
知舟山帶兵官查照即行撤兵交還在案所有
舟山地方應委妥幹大員前往接收以期妥撫
得宜查該道前經隨同辦理通商事務曉暢事
體又前任浙江寧紹台道鹿澤長前署寧波府
舒恭受均熟悉該處情形堪以委任除恭摺具
奏並咨明
兩江督部堂 浙江撫部院 查照分別札飭並出示曉諭外合
行摺札飭知札到該道立即遵照馳赴浙省會

P6B 12

同寧紹台陳道督飭鹿舒兩委員並現任地方
各官迅速前往將舟山地方收復一面出示曉
諭招復居民各安其業其當日有與英人來往
及為服役者一概免其治罪如吏役人等有藉
端逼勒嚇索情事准其赴該委員處呈明轉稟
本大臣暨
浙江撫部院查明立為伸理不得稍有擾累以
安民心其英兵所住房屋無論是否英人建造
或曾經修理均照原議條約不得拆毀應交還
華官轉給業戶管理至定海疊遭蹂躪窮黎田
業多有拋荒閭閻未免失所應如何撫卹之處
即議定善後章程稟請

P7B 13

浙江撫部院酌量
奏請施行該道係奏委之員務須妥為安撫詳慎
查辦毋稍率忽致滋事端仍將收復舟山辦理情形
飛速稟報察核切切特札
一札江蘇常鎮道咸

札發飭知事照得浙江定海之舟山地方所駐英
國官兵原議俟乙巳年粵省交清銀欵即行退
出今粵省銀兩已全數備齊業經本大臣照會
英國德公使定於十一月中旬將銀兌交並令
飭知舟山帶兵官查照即行撤兵交還在案所
有舟山地方應委妥幹大員會同該道前往接
收並出示曉諭以期安撫得宜除恭摺奏明札
委江蘇常鎮道咸齡馳赴浙江會同該道並咨
明
浙江撫部院查照札飭前任寧紹台道鹿澤長
前署寧波府舒恭受隨同該道辦理外合行札
發飭知札到該道即便遵照將發去告示分貼

該處地方俟委員咸道到日該道即協同鹿前
道舒前署守會同咸道辦理收復舟山事宜招
復居民各安生業其當日有與英人來往及為
服役者一概免其治罪如吏役人等有藉端逼
勒嚇索情事准其呈明立為伸理不得稍有擾
累以安民心其英兵所住房屋無論是否英人
建造或曾經修理均照原議條約不得拆毀應
交還華官轉給業戶管理至定海久遭蹂躪窮
黎未免失所應如何撫卹之處即與委員等會
議善後章程稟請
浙江撫部院酌量　奏請施行該道有地方之
責務宜會同委員等妥為安撫詳慎查辦毋稍

五月卅八日

P.3 C end

16 END

率忽致滋事端仍將會同收復辦理情形飛速

稟報察核切切特札

計發去告示二十張

一札寧紹台道陳

十二月初二日圓發

五百里抛遞

照會事本大臣昨抵香港與
貴公使會晤連朝歡聚快慰實深所議兌交舟
山一事必須派委大官接收之處現經本大臣
札委江蘇常鎮道咸齡就近前往並咨會
浙江撫部院添派前任寧紹台道鹿前署寧波
府舒等會同現任地方各官前往辦理一面出
示曉諭該處居民人等照舊復回各安其業其
有當日與英人往來或在英官處服役者悉照
條約免罪概不置問如官吏兵役等有藉端逼
勒嚇索情事准其赴委員處呈明轉禀本大臣
即為伸理斷不使稍有擾累以安民心所有本
年應交銀兩業已照數備齊即請

貴公使于十一月中旬定期委員來省以便兌
交並祈預飭舟山帶兵官知照俟中國委員到
日即行退兵交還所有房屋亦照條約一併明
白交收仍給業戶管理從此兩國永敦友誼億
萬年共享昇平之樂本大臣與
貴公使實同深願望也入城一事統容次第妥
辦幸毋躁急為此照會順候
祥禧日懋須至照會者
附錄示稿一紙

P.1　F.O.682/391/2(76)　3

為照會事本大臣昨抵香港與
貴公使會晤連朝歡聚快慰實深所議兌交舟山
一事必須派委大官接收之處現經本大臣札委江蘇
常鎮道咸　就近前往並咨會
浙江撫部院添派前任寧紹台道鹿前署寧波府
舒　等會同現任地方各官前往辦理一面出示曉諭該
處居民人等照舊復回各安其業其有當日與英人
往來或在英官處服役者悉照條約免罪概不置
問如官吏兵役等有藉端逼勒嚇索情事准其赴
委員處呈明轉稟本大臣即為伸理斷不使稍有
擾累以安民心所有本年應交銀兩業已照數備齊即請
貴公使于十一月中旬定期委員來甬以便兌交並祈

4　P.2

預飭舟山帶兵官[illegible]俟中國委員到日照約退兵
交還所有房屋亦照條約一併明白交收仍給業戶
管理從此兩國永敦友誼億萬年共享昇平之樂
本大臣與
貴公使實同深願望也入城一事統容次第妥辦
幸毋焦急為此照會順候
祥禧日懋須至照會者

附錄示稿一紙

照會　英國德酋

第卌九號

十一月初六日到

欽差大臣參贊兩廣總督部堂

照會前於委咸道前往收復舟山並令定期委員來省兌交銀兩

道光二十五年十一月　日　閩玉章 姚鑫 呈

P.1 FO.682/391/2(77)

致英國德公使

敬啓者昨詣香港得以重挹
芝輝握手言歡凋悰藉慰備承
殷拳欵洽至再至三既領
多珍復須良騎雲情稠疊寔令人心感不置也别
後於即晚亥刻到省一路叨
庇平適用抒
雅廑所議兑交舟山一事現已另文照會其本年
兑銀欵早經備齊十一月中旬即祈
布勒濬委員前來以便兑交清楚從此兩國永敦友
誼事事悉遵和約而行億萬斯年堅守不渝实
為中外人民之所共樂者也専此修函布謝附

十一月十四日發

P.2 FO.682/391/2(77)

呈微物数種希為
莞存是幸即候
福祉增綏諸惟
亮照 名另具
外禮物单一紙

P3 end　FO.682/391/2(77)

再啓者昨承

雅愛遠遣舟師迺送往返辛勤心窃不安之至當

薄具犒資聊爲衆水手酬勞而小火輪船堅辭不

受令人愈滋慚恧茲特附上務祈

諭飭收領勿再見却是荷又啓

外附洋銀三百圓

F.O.682/391/3(50)

道光二十五年十月十九日午時六刻三水縣差役黎平黎安遞到
兵部於九月二十九日發粘单火票一張賫
軍機處交出
本部加封公文一角咨
憲臺理合禀報

十月廿日午刻到

F.O.682/391/3(50)

道光二十五年十月十九日亥時六刻三水縣差役王鳳徐光遞到
兵部于九月三十日發粘单火票二張內一張賫
軍機處交出
本部加封公文一角咨
憲臺一張賫
刑部釘封夹板公文一角咨
撫憲理合禀報

十月十九日亥刻

札廣東按察司知悉本月十九日午刻接准
兵部於九月二十九日填递
軍機處交發加封公文一角火票一張又於是日亥刻接准
兵部於九月三十日填递
軍機處交發加封公文一角火票一張並據南海縣先後接繳
限單二紙前來各到本大臣准據此合行札發札到該司即
便查收分別彙繳存銷毋違
計發火票二張限單二紙
道光二十五年十月初四日
發收火票限單

聞玉章
姚鑫 呈

欽差大臣太子少保兵部尚書兩廣總督部堂耆

札廣東按察司知悉本年十月二十六日卯刻接准
兵部於十月初六日未刻填遞
軍機處交發加封公文一角火票一張並據南海縣投繳限
單一紙各到本大臣准據此合行札發札到該司即便查收分
別彙繳存銷毋違
計發火票一張限單一紙

道光二十五年十一月
發收火票限單
閻五章
姚鑫呈

欽差大臣太子少保兩廣總督部堂

為照復事現接
貴軍門來文以前給水手銀兩不准所屬人等收受若
受此賞是違命令又背水師規例設法將該銀兩供
送本國之京蘭墩會設水手病院以添是院之費
以後必獲其益而在本國之史又可銘録等因閱悉
之餘具見
貴軍門法令嚴明戎行整肅而將該銀兩供送水
手病院於曲全交誼之中布濟困扶危之德尤見仁
心為質處置得宜曷勝私佩惟為數些微恐於善舉
無補至謂銘諸
國史尤為非分之榮披閱再三逾滋汗悚特此照復順
候

禔履增綏須至照復者
右照
大英國水師提督郭
道光二十五年十一月　日
照復接閱賞給水手銀兩設作善舉來文
閏　玉章呈
姚　鑫
欽差大臣兵部尚書兩廣總督部堂耆

為移付事據西洋理事官唛嚟哆申稱西洋划艇經由虎
門委員索銀不遂羈留延擱懇請查辦前來除札飭虎
門委員賈元永據寔明白禀復并札該理事知照外相應抄
録札行各稿付知
總督衙門查照可也

計粘抄

一移付　總督衙門

道光二十五年十一月　日　閏玉章　姚鑫　呈

付知虎門委員索取划艇規銀查明禀辦一案

欽差大臣太子少保兩廣總督部堂耆

F.O.682/391/2(83)

欽差大臣兩廣總督部堂宗室耆
欽命兵部侍郎廣東巡撫部院黃　為

札復事現據該領事申陳內稱查西洋諸國火船以氣鼓動近世始創具制跋涉之利能操勝權莫此為最今據本國商人祿士等所請申陳中國大憲其成效可覩等情據此查火船以氣鼓動洵為涉海利器該商人等遠從本國寄書該領事據情代為申請均為中國利用起見本大臣部院披閱之餘不勝嘉悅惟中國情形與泰西各國迥殊今該商人等欲以此法相授具徵美意但一時幹員乏人只得從緩置議合就札復札到該領事即便知照並傳諭該商人等知悉可也須至札復者

一札合衆國領事福士

道光二十五年十一月初十日

欽命兵部侍郎廣東巡撫部院黃

欽差大臣兩廣總督部堂宗室耆

P.1 F.O.682/391/2(84) 1

札行事前據英國馬領事申陳以黃埔灣泊之船內有英船數隻並未報稅業經按照通商條約諭飭遵辦又稱不獨英船偷漏如上大尼國瑞典國船二隻私行進口並不通報等情申請查辦前來當經本閣部堂部院派員前赴黃埔逐船查驗牌票飛咨水師提臺派撥師船在虎門要口一體嚴查並酌定稽查章程八條刊刻張貼通諭各國商人及札行英國合眾國各領事知照各在案合就札行札到該領事即傳諭本國商人嗣後進出虎門停泊黃埔以及划艇小船往來澳港灣泊省河務各遵照新定稽查章程辦理以期安享利益本閣部堂部院有厚望焉須至

P.2 end 2 END

札行者

計抄粘稽查章程八條

札佛蘭西領事官

雙銜

札查事現據稽查虎門商船委員稟稱十月二十五日傍晚有佛蘭西國商船一隻不遵新定章程揚帆直入當飭引水追問該船並不告以貨色船名理合稟明等情並據稽查省河委員稟同前由各到本閣部堂部院據此查新定稽查章程八條雖經刊貼曉諭尚未行知除另札補行外合就札查札到該領事務即查明該船貨色船名詳細具覆以憑察核並查照另札事理轉飭各商船一體遵守切切須至札者

札佛蘭西領事官

為咨送事據合衆國領事福士申称西洋火船以氣鼓動駛
涉為最今該國商人禄士等欲以此法相授中國等情前來
應從緩置議除會列
台銜札復該領事傳諭商人知悉外相應抄録來文并備會
田稿咨送為此合咨
貴部院請煩查照分別書行備案回稿移還施行
計咨送會回稿二件 又粘抄一件
一咨 東撫院
道光二十五年十二月初十日 閏 玉章 姚 鑫 呈
咨送咪商申請火船制法札復緩議會稿

F.O.682/391/2(87)

札廣東按察司知悉本年十一月初十日准

盛京兵部火票遞到

盛京將軍衙門公文一角除存案外所有火票一張合行札發

札到該司即便查收照例繳銷毋違

計發火票一張

道光[illegible]

發

閆玉章

姚鑫呈

十一月十二日到

F.O.682/391/2(88)

P.1

為照復事現接
貴公使來文知廈門李領事棄世深為惋惜並諗調派
副領官署職
貴公使所派之人自必妥慎勤能更為心慰來文又開接該
副領事稟稱所有在廈門代收本船稅餉之看銀師係
屬商人為獲利與外國船隻貿易所以多有哄騙稅項之
獘請轉諭廈門海關將向來所有收稅而與外國通商
生獘各師除去且派他人畫是憲職並嚴禁不准通商等
因查此等牟利奸商代收稅餉既哄騙稅項與商船貿易
亦必哄騙貨物於關稅及各國商船均大有妨碍必應嚴行
禁除已飛咨
閩浙督部堂暨

P.2 end

福州將軍轉飭查明妥辦矣為此照復順候
履祉日崇須至照復者
照復英國德酋

道光二[illegible]
日 閩玉章
姚鑫 呈

F.O.682/391/2(89)

為咨會事現接英國德公使照會內開接厦門副領事稟稱所有厦門代收本船稅餉之看銀師云云（全叙）並嚴禁不准通商昔因查此等年利奸商代收稅餉則哄騙稅項與商船貿易亦必哄騙貨物於關稅及各國商船均大有妨礙必應嚴行禁除為此飛咨

貴部堂
將軍
請煩查照轉飭迅速妥為辦理施行須至咨者

一咨
閩浙督院
福州將軍

道光二[illegible]日

咨會[illegible]

閩 玉 章 姚 鍂 呈

欽差大臣太子少保兩廣總督部堂葉

廿六支

十二月廿日四百里飛遞

員來省即行委員[illegible]辦文公同確覓可也此札

道光二十四年十二月十四

聞玉章
姚鑫呈

照會德酋派員來省兌收乙巳年十二月洋銀咨行查照

欽差大臣太子少保兩廣總督部堂耆

行

十二月十七日發

甲辰年分

Draft of F.O.682/391/2(90)

P.1

咨會事案照浙江定海之舟山地方所駐英國
官兵原議俟乙巳年十二月內粵省交清銀款即行退出
前經本大臣以銀數備齊照會英國德公使定
於十一月中旬先期將銀兑交當札委江蘇常鎮道
咸齡會同浙江寧紹台道陳之驥督飭委員鹿
澤長舒恭受等前往將舟山收復出示安民一
面恭摺具奏並咨明
貴部院堂查照分別札飭在案茲接德公使來文
約定正月以前交收銀款退還舟山俟有的期
再行照會等情前來核与和約相符查咸道自已馳抵浙省應
即在彼守候除札飭咸道等遵照一俟粵省銀
款交清另札到日立即會同查辦外相應咨會

廿六交了

P.2 end

為此合咨
貴部院堂請煩查照一體轉飭施行須至咨者
一咨兩江總督　浙江巡撫
閩浙總督　江蘇巡撫

十二月廿七日發五百里排遞咨

Draft of F.O. 682/391/2(90)

P.1

札知事案照浙江定海之舟山地方所駐英國
官兵原議俟乙巳年粵省交清銀款即行退出
前經本大臣照會英國德公使定於本年十一
月中旬將銀先交飭知舟山帶兵官撤兵交還
當委江蘇常鎮道咸赴浙省會同該道督飭
鹿澤長舒恭受暨現任地方各官前往將舟山
收復並出示曉諭居民各安其業一面恭摺具
奏並咨明
兩江督部堂
浙江撫部院　查照分別札飭在案茲接英國德
公使來文約定正月以前交收銀兩退還舟山
俟有的期再行照會等情前來除分別咨行外
合亟札知札到該道遵照一俟粵省銀款交收

P.2 end

清楚另札到日立即查照前札事理會督各員
前往妥辦至前發告示尚有酌改之處如已發
貼即將現在發去核正告示再抄行多張遍貼曉
諭毋違特札
札浙江寧紹台道陳

札知事案照浙江定海之舟山地方所駐英國
官兵原議俟乙巳年勇首交清銀款即行退出
前經本大臣照會英國德公使定於本年十一
月中旬將銀先交飭知舟山帶兵官撤兵交還
當委該道馳赴浙省會同寧紹台陳道督飭鹿
澤長舒恭受暨現任地方各官前往將舟山收
復並出示曉諭居民各安其業一面恭摺具奏
並咨明
兩江督部堂
浙江撫部院查照分別札飭在案茲接英國德
公使來文約定正月以前交收銀兩退還舟山
俟有的期再行照會等情前來除分別咨行外
合亟札知札到該道遵照一俟勇首銀款交收

滙昌

P.2

清楚另札到日立即查照前札事理會督各員
前往妥辦該道即可在浙守候無須回江以省
周折切切特札
札江蘇常鎮道咸

滙昌

十二月十七日[illegible]

 4

P.1

為咨會事案照浙江定海之舟山地方所駐英國官兵原議俟乙巳年十二月內粵省交清銀款即行退出前經本大臣以銀數備齊照會英國德公使於十一月中旬先期將銀兑交當札委江蘇常鎮道咸齡會同浙江寧紹台道陳之驥督飭委員鹿澤長舒恭受等前往將舟山收復出示安民一面恭摺具

奏並咨明

貴部堂院查照分別札飭在案茲接德公使來文約定正月以前交收銀款退還舟山俟有的期再行照會等情前來核與和約相符查咸道自已馳抵浙省應即在彼守候除札飭咸道等遵照一俟粵省銀[illegible]清另札到日立即會同查辦外[illegible]

5

貴部堂院請煩查照一體[illegible]施行

一咨 閩浙兩江督 江蘇浙江撫 院

P.2

為札知事案照浙江定海之舟山地方所駐英國官兵原議俟乙巳年十二月內粵省交清銀款即行退出前經本大臣照會英國德公使于本年十一月中旬先期將銀兑交飭知舟山帶兵官撤兵交還當委 江蘇常鎮咸道馳赴 該道馳赴浙省會同 浙省會同該 寧紹台陳 道督飭鹿澤長舒恭受暨現任地方各官前往將舟山收復並出示曉諭居民各安其業一面恭摺具

奏並咨明

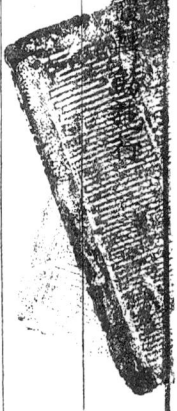

閩浙兩江督部堂暨 浙江江蘇撫部院 兩江督部堂 浙江撫部院 查照分別札飭在案茲接英國德公使來文約定正月以前交收銀兩退還舟山俟有的期再行照會等情前[illegible]與和約相符[illegible]行外合

函札知札到該道遵照[illegible]楚另札到日

立即查照前札事理會[illegible]各員前往妥辦 至前發 該道

告示尚有酌改之處如已發貼即將現在發去核正告示再行張貼曉諭

即可在浙守候無須回江以省周折切切特札

如咸道業抵寧郡恐此次文札該道尚未接奉所有一切情形即

代轉致毋違特札

一札 浙江寧紹台道陳 計發告示二十張

江蘇常鎮道咸

道光[illegible]

咨 [illegible] 并發改正告示

日開玉等 姚鑑呈

P.1　F.O.682/327/5(58)

為咨覆事案准

貴部堂咨開前據英國德公使照會以廈門海防廳受賄並任用漢人哄騙英商等情一案霍丞已卸事晉省領事李太郭亦已病故現經委員沈守馳赴廈門查詢副領事帮辦及通事人等僉稱並無其事據稟咨覆前來准此除照會德公使查照外相應咨覆為此合咨

貴部堂請煩查照施行須至咨者

一咨閩浙督院

道光二十五年十一月　廿　日　聞玉章　呈
姚鑫

咨覆廈門海防廳受賄事照覆德公使

欽差大臣太子少保兩廣總督部堂葉

P.2 end　2 END　F.O.682/327/5(58)

咨覆事案准

貴部堂咨開前據英國德公使照會以廈門海防廳受賄並任用漢人哄騙英商等情一案霍丞已卸事晉省領事李太郭亦已病故現經委員沈守馳赴廈門查詢副領事帮辦及通事人等僉稱並無其事據稟咨覆前來准此除照會德公使查照外相應咨覆為此合咨

貴部堂請煩查照須至咨者

咨閩浙總督

七月廿四

P.1
F.O.682/279A/3(20)

敬稟者竊卑職等接奉
憲臺札開據合衆國領事福士申稱據裨治文家人具稟被工人黃
亞高捲竊銀器各物逃匿回澳經西洋官訊認不諱茲接澳信該
犯業已保釋贓物無着懇請轉飭究追等情札飭立即差拘並照
會嘍嚟哆着保交出解省究辦等因奉此遵查本案卑職孫鼎先
准署南海縣丞施禹泉移開當經飭差移行查拘去後旋奉札行
前因又經分別催拘及照會嘍嚟哆勒交確訊解究茲卑職裕帶
同差役拘獲黃亞高解縣經卑職孫鼎提訊據供伊于本年五月

P.2
F.O.682/279A/3(20)

內受雇在省城十三行花旗夷人處傭工九月十九日該夷被竊
銀物查緝無獲隨于二十三日將伊辭退并將伊行李逐一搜檢
並無贓物始行放回迨至澳門又經嘍嚟哆詢明保釋實非行竊
裨治文銀物等語卑職孫鼎恐其狡供避就復經反覆研鞫堅供
如前卑職等伏查該夷裨治文於九月十八日被竊黃亞高至二
十三日始行辭工設有行竊情事黃亞高自當即行逃避何肯觀
望稽留坐以待縛裨治文亦可即時提問何以本人在家轉肯縱
之使去況當日辭工係出自裨治文之意並非黃亞高私自潛逃

30

p.4 end

F.O. 682/279A/3 (20)

29

p.3

F.O. 682/279A/3 (20)

而瀕行之際又曾將行李等物逐細搜查並無賍據迨黃亞高回
澳之後又經嘍囉哆再四盤詰倘形跡稍有可疑該夷目何肯遽
行釋放細核情形所供尚覺可信似未便以該領事事後臆度之
詞遽將無辜貧民輾轉解省致滋拖累除將黃亞高暫行管候外
所有查訊供情理合據實稟候
憲臺察核俯賜飭知該領事轉致稗治文查明當日情節與犯供是
否相符并應否仍行解省審辦之處伏乞
批示飭遵實為公便肅此具稟恭請
鈞安仰祈
憲鑒卑職孫鼎吉泰裕謹稟

道光二十三年二月廿四日到

F.O.682/279A/3(18)

為咨送/移付事前據合衆國領事福士申陳裨治文被竊一案飭

據香山縣等會稟訊獲黃亞高似非正賊請飭該領事查

明情節是否與犯供相符并應否解省之處請示前來除會列 同

台銜/撫部院札行查復并批飭知照外相應備具會田札稿咨送為此合咨/抄錄稟批及札行稿付知

貴部院請煩查照分別/總督衙門查照可也

書行希將會稿留存備案回稿移還施行

計 咨送會回稿二件/粘抄

一咨 東撫部院
一移 總督衙門

道光二十五年十二月 廿 日 聞玉章 姚鑫 呈

咨送黃亞高訊非正賊一案會回札稿

欽差大臣太子少保兩廣總督部堂宗室耆

第九十二

十二月初二日咨

七百廿号

FO.682/279A/3(19)

道光二十五年十一月　三十　日　閩姚　玉鑫　章呈

香山县等

一件稟復訊獲黄亜高似未行窃裡洛文請飭查是否與犯供相符由

批

已據稟札行福士查明是否相符俟該領事申復到日另再檄飭知照仰將黄亜高暫行嘗押毋庸解省仍一面補稟

撫部院查核毋違繳

十一月　　日

十一月廿二日發

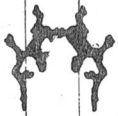

為照會事照得萬年和約內載明
銀貳百萬圓前經照會委員來省以便兑交查
歷辦成案以洋行老司碼秤七折兑交共合紋銀一百四十
萬兩茲據廣東藩司申報現已照数備齊存貯在庫
請煩
貴公使定期派員來省以便按數兑收除飭藩司派委
員屆期解交公同彈兑外合再照會
貴公使查照順候
旅祉亨嘉須至照會者

照會英國德酋

為咨會移付事案照乙巳年十二月應給撫夷洋銀貳百萬
圓按照成案以七折兑交共該紋銀一百四十萬兩現據東
藩司申報存貯在庫先行委員驗明如数兑足屆期交
給請照會德酋派員來省以便按数兑交等情前來除
照會德酋定期派員來省兑收並咨會付知
總督衙門東撫部院暨札東藩司知照外相應咨會為此合咨抄錄札行各稿付知
貴部院請煩查照施行
總督衙門備案可也

計粘抄

一咨東撫部院
一移付總督衙門

札廣東布政司知悉據該司申稱乙巳年十二月應交嘆夷
洋銀二百萬圓以七折兑該銀一百四十萬兩先在司庫存貯
籌備撫夷銀內委員驗明如數兑足請照會德酋屆期派
員來省以便按数兑交等情前來除照會該酋定期派
員來省兑收外合行札知札到該司即便遵照一俟嘆國派

札行事前據該理事官申稱西洋划艇經由虎門委員向索銀兩如不遂意即羈留延擱等語當經嚴札飭查旋據巡查虎門委員以查係通事劉元向划艇需索該委員并無羈留掯勒等情具覆復經咨提該通事劉元發委南海縣確審去後茲據覆稱遵提確訊劉元供稱划艇進口伊奉派往來查驗送給单照海面寬闊必須雇坐小艇因向划艇索要銅錢百十文或銀數分作為雇艇費用是有的等供當將該通事從重懲責申請

粵海關部飭令另派妥人查驗等情前來查該通事劉元籍端需索雖為数此微究屬不合業

經該縣從重懲責除批飭如稟完結外合就札行該理事官查照須至札行者

札行事前據該理事官申称西洋划艇經由虎門委員向索銀兩如不遂意即羈留延擱等語當經嚴札飭查旋據巡查虎門委員以查係通事劉元向划艇需索該委員并無羈留捐勒等情具稟復經咨提該通事劉元發委南海縣確審去後茲據稟称遵提確訊劉元供称划艇進口伊奉派往來查驗送給單照海面寬濶必須雇坐小艇因向划艇索要銅錢百十文或銀数分作為雇艇費用是有的等供當將該通事從重懲責申請

粤海関部飭令另派妥人查驗等情前來查該通事劉元藉端需索雖為数些微究屬不合業經該縣從重懲責除

批飭如稟完結外合就札行該理事官查照須至札行者

右札西洋理事官

欽差大臣兩廣總督部堂

道光廿五年十二月廿五日

札行訊結通事劉元需索划艇銀錢案

閱 玉章

姚 鑫 呈

十二月廿五日

P.1

照會事前接
貴公使來文囑查馬吉星被拏一案當經札查
去後茲據該營覆稱遵查本案緝獲人犯二名
內馬吉星係陳亞練打單封詐案內有名從犯
雷鳥仔一名係起意行刦大澳墟黃連喜等店
鋪案內有名首犯奉文查緝均於香港外海面
拏獲等情前來查緝拏盜賊本應無分畛域況
在海面尤與在香港擅拏不同馬吉星等既係
盜刦重犯自須審訊明確以便核辦未便遽行
省釋且此等匪徒留於香港於
貴國人民實屬有損無益以後被拏人犯倘有
此等赴英官處遞呈之事希

P.2

貴公使轉飭不必代為申理俾匪徒知所儆懼
良民共享平安想
貴公使亦所甚願也為此照會順候
番祉增崇須至照會者

為照會事前接
貴公使來文囑查馬吉星被拏一案當經札查去後茲據該營
覆稱遵查本案緝獲人犯二名內馬吉星係陳亞練打單刦
詠案內有名從犯雷烏仔一名係起意行刦大澳墟黃連喜等店
鋪案內有名首犯奉文查緝均於香港外海面拏獲等情前
來查緝拏盜賊本應無分畛域況在海面尤與在香港擅拏
不同馬吉星等既係盜刦重犯自須審訊明確以便核辦
未便遽行省釋且此等匪徒留於香港於
貴國人民實屬有損無益以後被拏人犯倘有此等赴英官
處進呈之事希
貴公使轉飭不宜遽為申理必須[illegible]在內地犯事以
憑核辦俾匪徒[illegible]擾良民[illegible]約毫無違

背想
貴公使亦所甚願也為此照會順候
蕃祉增崇須至照會者

照會暎國德酋

道光二十五年十二月　廿九　日

照會營獲馬吉星等二名係盜刦重犯未便省釋

日　閩　玉章
姚　鑫　呈

欽差大臣太子少保兩廣總督部堂耆

六百廿九号

十二月廿日

F.O.682/112/3(9)

為移付事案據西洋理事嘆嘞吻稟稱西洋划艇經過
虎門被委員索銀一案前經飭據該委員稟報查係通
事劉元向划艇需索又經咨會
粵海關將劉元撤回訊辦一面抄錄咨稿及委員稟批先
行付知查照在案今該通事劉元已由
粵海關飭發南海縣訊明通稟察核前來除如稟批飭
完結并札行該理事嘆嘞吻知照暨咨明
粵海關外相應抄錄咨札各稿及委員兩次稟批付知
總督衙門備案可也
計粘抄咨稿一件札稿一件関咨一件賈委員稟二件
一移付　總督衙門
為咨會事案據虎門委員[illegible]元永稟報訪得通事劉元

大百卅六号

F.O.682/112/3(9)

向划艇小船勒索規費一案當經咨會
貴關部咨復差提該通事劉元[illegible]發訊據南海縣訊
明通稟察核前來除如稟批飭完結并札知西洋理事嘆嘞
吻查照外相應咨會為此合咨
貴關部煩為查照希即另派妥定通事前往該處當差不
得再有需索致滋藉口是為至要望切施行
一咨　粵海關
道光二十五年十二月　廿六
咨移通事劉元求取划艇規費一案文稿
閔玉章
姚鑫　呈

十二月廿七日發

F.O. 682/112/3(10) ①

為移付事據英國德酋來文內稱本月十二日有馬吉星同
妻馮氏搭船在本港之西停泊㗎被大澳汛船捉押勒索
聲明查照等情前來查馬吉星係屬華民究因何事被
拏除札飭大鵬協九龍巡檢確查稟覆並照復該酋知照外相
應抄録照札各稿付知
總督衙門查照可也
計粘抄
一移付 總督衙門
道光二十五年十二月廿七日 聞玉章 姚鑫 呈
付知馬吉星同妻被捉照札確查一案文稿

欽差大臣太子少保兩廣總督部堂宗室耆

六百卅八号

十二月廿七日付

為移付事前據嘆國德酋呈稱馬吉星被拏一案當經

札查去後一面抄録照札各稿付知查照在案茲據大鵬協具

禀前來查馬吉星等既係盜劫重犯未便省釋除照覆該

酋外相應抄録照會稿及大鵬協原禀一扣移付

總督衙門查照辦理可也

計粘抄并移送營禀一扣

一移付　總督衙門

道光二十五年十二月　廿　日　閻玉章　姚鑫　呈

件為馬吉星等係盜劫重犯未便省釋照會德酋文稿

欽差大臣兵部尚書兩廣總督部堂葉

十二月廿六日付

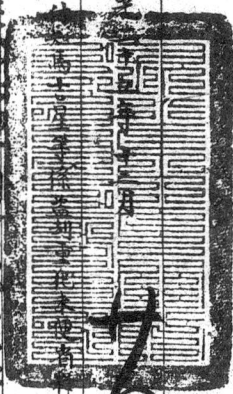

P.1 F.O.682/340B/3(4)

照復事現接
貴公使來文內稱稗治文被黃亞高捲竊一案
伯佐辦請李令到署面商詎該令藉端推托不
肯就見只委佐雜人員前來商辦甚失待合衆
國使臣之體等因查辦理公事有必須派府縣
正印官方能了結者有派佐雜人員即可了結
者（事之）大小不同即經辦之人亦異此案黃亞高被
係犯竊案情甚小因係
貴國之事十三行一帶又係南海縣（丞）專轄之地
（施縣丞又係府升知縣人員）
是以特派施縣丞前往商辦本為鄭重起見實
無薄待之意若事關兩國重大公務即本大臣（部院）
尚當出城與

P.2 end

貴公使會商何況縣令
貴公使胸有權衡定能釋然於中也為此照復
順候
福祉茂膺須至照復者

三月初五日發

F.O.682/769/1(3)

欽差大臣兩廣總督部堂宗室耆
欽命兵部侍郎廣東巡撫部院黃　為
照復事現接
貴公使來文內稱裨治文被黃亞高攫竊一案伯佐辦請
李令到署面商詎該令藉端推托不肯就見只委佐襍人
員前來商辦甚失待合眾國使臣之體等因查辦理公事
有必須派府縣正印官方能了結者有派佐貳人員即可
了結者事之大小不同即經辦之人亦異此案黃亞高祇
係犯竊案情甚小因係
貴國之事十三行一帶又係南海縣丞專轄之地施縣丞
又係應升知縣人員是以特派前往商辦本為鄭重起見
豈無薄待之意若事關兩國重大公務即本大臣部院尚當出城與
貴公使會商何況縣令

貴公使胸有權衡定能釋然於中也為此照復順候
福禧茂膺須至照復者
照
咪酋壂瑒
道光廿[illegible]年十二月　　日

欽命兵部侍郎廣東巡撫部院黃
欽差大臣兩廣總督部堂宗室耆

FO.682/769/1(2)

九百廿二号

同知銜署廣東廣州府南海縣事高要縣知縣[illegible]

道光三十年三月初九

稟

宮保中堂閣下敬稟者案照合衆國紳士裨治文被工人黄丑高捲竊銀物一案奉

憲臺會同

撫憲札飭立提黄丑高研審寔在有無行竊裨治文銀物情事録供稟覆等因

并奉發黄丑高一名下縣、奉此經前縣李令提訊據黄丑高供香山縣人年二十歲

P.2

道光二十五年五月内受雇與合衆國紳士裨治文充當伙夫因貧苦難度起意偷
竊裨治文日用器皿得贓花用就于九月十九日早乘裨治文外出獨自偷得銀特叉
銀湯羌銀刀銀叉共四十一件花擽單一張蠔殼刀一把用木桶裝貯携往油
步頭永和押當得洋銀花用被裨治文查知向詢伊不肯承認是月二十三日
裨治文將伊辭出伊即回家隨被香山縣獲訊伊仍狡不承認致蒙解省發審
伊寔止行竊這一次此外並無另犯窩夥在隅扃行竊原籍牌保無從查察贓
銀久已花用當票遺失是寔等供據此隨經前縣李令飭差向永和押查起原
贓已被不識姓名人取贖無憑查起飭據經紀估值銀五十二兩照數在黄亞高
名下追出交通事轉交該紳士裨治文收領前縣未及録供禀覆旋即卸事
卑職抵任接准移交提犯覆訊無異案無遁飾本案計贓五十二兩黄亞高合依
竊盗贓五十兩杖六十徒一年律杖六十徒一年照例刺字到配所折責安置

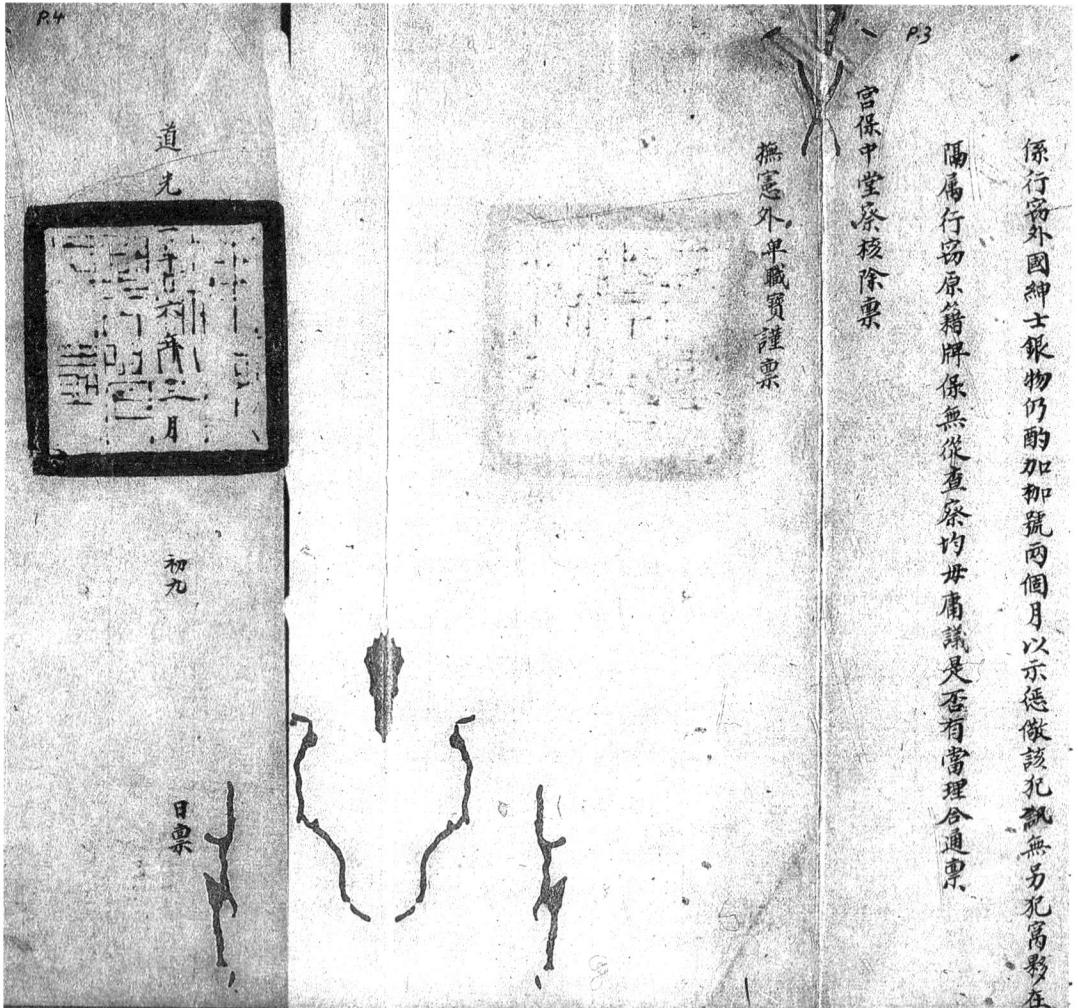

P.3

係行商外國紳士銀物仍酌加枷號兩個月以示懲儆該犯訊無另犯窩夥在

隔屬行商原籍牌保無從查察均毋庸議是否有當理合通稟

宮保中堂察核除稟

撫憲外卑職寶謹稟

P.4

道光二十六年三月初九日稟

F.O.682/769/1(4)

為咨送/移付事。據合衆國壁珥來文一件，內稱裨治文被匪黃高㨿窃一案，伯佐辦請李令到署面商，推托不見，只委佐襍前來商辦等情。除會列同

台銜照復該酋，以此係犯窃案情甚小，又係南海縣丞專轄之地，是以特派前往商辦外，相應抄錄該酋來文并備會回稿，咨送撫部院

為此合咨

總督衙門查照可也。

貴部院，請煩查照，分別書行，備槀回稿，移還施行。

計粘抄并咨送會回稿二件

一咨/移

道光二十五年二月十一日

姚鑫呈

咨裨治文窃案委派縣丞商辦照復文稿

欽差大臣太子少保兩廣總督部堂耆

二十五年 三月十五日

欽差大臣兩廣總督部堂宗室耆
欽命兵部侍郎廣東巡撫部院黃　為
照會事、照得黃亞高搶竊紳士禪治文銀物一案、前據
福領事官申陳、並准
貴公使來文、節經札飭查辦去後、茲據南海縣稟稱、
遵經前縣李仝訊、據黃亞高供認受雇與紳士禪治文
充當伙夫、因貧苦難度、起意偷竊禪治文日用衣服、並
攜往永和押當得洋銀花用、當票遺失等情不諱、隨經
前縣飭差向永和押查起原贓、已被不識姓名人取贖無蹤、
查起飭據估值銀五十二兩、照數在黃亞高名下追出、交通事
轉交該紳士禪治文收領、將黃亞高按律問擬杖六十徒一
年、係行竊
貴國紳士銀物、酌加枷號兩個月、滿日定地充徒等情、前
來、查本案黃亞高搶竊紳士禪治文銀物、既經該縣追
出贓銀給領、將黃亞高按律問擬杖徒、並酌加枷號、足
以示懲、除批飭如稟辦理外、相應照復
貴公使、轉飭該領事官曉該紳士禪治文知照可也、為此
照復、順候
嘉祥茂集、須至照復者、
右照會合衆國壁公使、
道光二十六年三月　十二　日

欽命兵部侍郎廣東巡撫部院葉

欽差大臣[illegible]

咸豐三年三月

三月十二日發

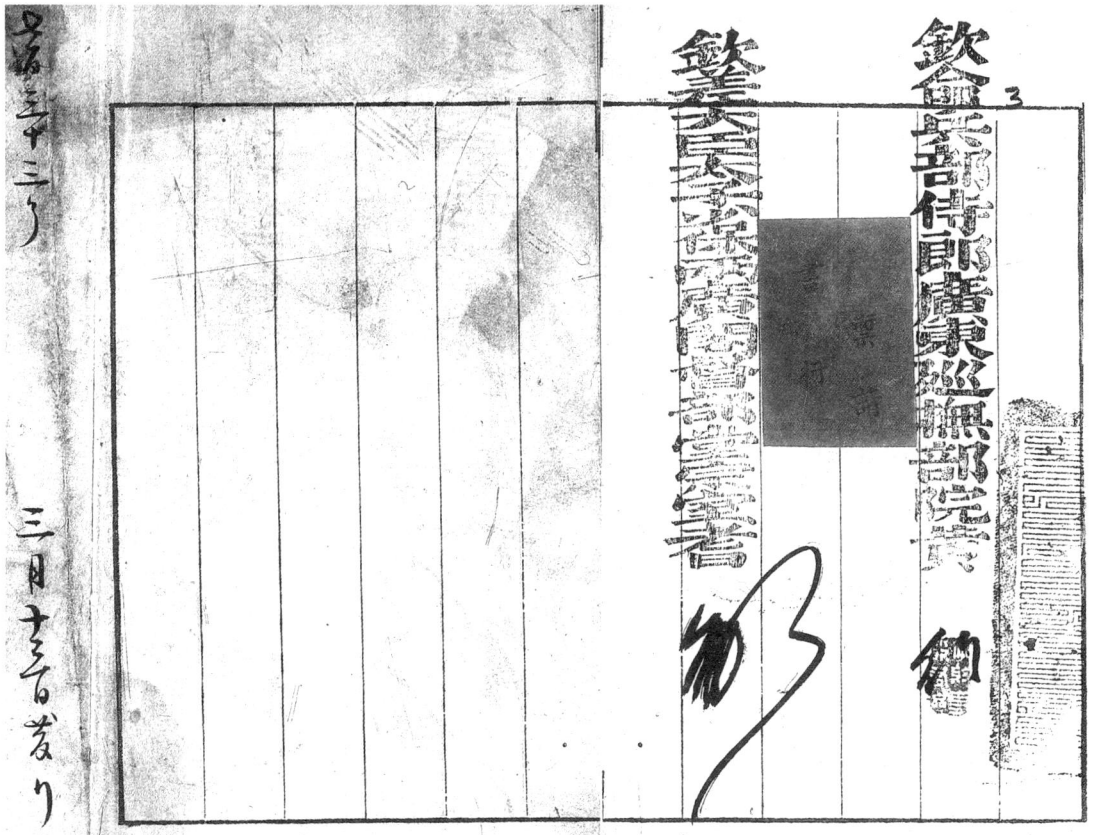

照會

三月十五到

亞美理駕合衆國護理公使大臣駐中國水師提督兼管沿海兵務壁珥　為

照會事本月十三日接准

貴大臣部院照會內開准據南海縣稟稱黃亞高捲窃紳士

裨治文銀物一案按律問擬杖徒酌加枷號等因到

本護理公使茲照請

貴大臣部院懇即准照俯免其罪無異本護理公使受此特恩

也該犯業已多受難苦亦足以儆其再行犯法矣為此

照會順候

起居佳勝須至照會者

右　照　會

大清欽差大臣太子少保協辦大學士兵部尚書兩廣總督部堂宗室耆

欽命兵部侍郎廣東巡撫部院黃

一千八百四十六年四月初十日

道光二十六年三月十五日即

道光二十六年八月初十日

照會佛蘭西領事官吡咕准江西轉准前途咨解赴内地傳教之佛
蘭西人噶嗶約則額窪哩斯塔二名當向查詢供伊等先後來到
中國傳習天主教到過廣東福建江西湖北河南山東直隸等省
由京城赴關東彼此會遇復由關東經過甘肅蘭州等處同往西
藏駐藏大臣將伊等解至四川由川解回廣東等供即將該夷交
荷蘭領事官收領

F.O.682/279A/5(72)

1

内二件 并送禮单一紙

道光二十六年八月二十四日

2

亞美理駕合衆國駐廣州領事官福士　爲申陳事茲據本國禮
拜堂人哋吭稟稱伊有封口稟一函物件一色送禮單一張係
交
兩廣總督大人緣哋吭本無官職例無上達求領事官申陳等情
據此查我
國王本不理聖教事務但哋吭來本處係奉准設立禮拜堂在聯
興街本領事專管廣州本國事務既據該哋吭有稟物送上
故敢代爲申陳伏祈
笑納
右　　申　　陳
欽差大臣兩廣總督閣部堂宗室耆
道光二十六年八月二十四日

命駐劄廣州管理亞美理駕合衆國事務領事福 申陳齎

差大臣两廣総督閣部堂宗室耆

當堂開

FO.682/2794/5(72)

九號

申陳

F.O.682/112/3 (45)

之人即非無因而至外國人輒向□
非致斃無辜即不得置致斃三命□
至此案事起英人故衹能向英人理論其究係
何國人放鎗致斃
貴公使既奉全權之職且素為各國所仰望
自不難確實查明秉公酌辦現在屍親絡繹
遞呈此案一日不結民心一日不靖防之不勝
防倘再滋生他事辦理益難措手
貴公使識微見遠務望迅速公平妥辦俾中

外商民永享安全是所至要為此照復□
履祉亨佳須至照復者
右　照　會
大英欽奉全權公使大臣總理香港地方軍務兼領五港英商貿易事宜世襲子爵德
道光二十六年八月　二十五　日

F.O. 682/112/2(6)

兵科掌印給事中臣曹履泰跪

奏為嘆夷剿服凡一切善後事宜當妥為籌畫以紓

聖慮事竊維海疆夷務辦理未臻妥協以致上廑

宵旰十載於茲使臣膺撫夷大吏內寄

重謨外操輿論胸有勝算何至事多棘手且民情之強弱時勢之難易事

非一律策宜萬全粵民素稱強勇與江浙異且與嘆夷為仇讎事出義

憤禁不准其入城　臣於二十六年二月已將前後情形一一上達

宸聰奈其時督撫耆　黃　等一味惟怯任意欺蒙上辜

國恩下失民望前既重給烟價以耗天下之財茲復輕許入城以從夷人之好事

至而胸無把握事後而力難補苴能發之不能收之患類養癰能貽之不

能絕之錯雖鑄鐵使仍守此土則民與夷勢必互相魚肉後患愈不可問

矣我

皇上明燭萬里妙用弛張審度時勢改絃而更張之而時值換徐　葉等又能

內變
指使外察機宜諳夷人之無能爲知民情之大可恃故能鎮靜持平不勞而理
本年四月十五日粵東由驛馳
奏英夷照舊通商中外綏靖入城之議已寢厥後民夷可以歷久相安永綏
聖慮
皇上天顏有喜
是膏疊沛粵東紳民當如何感激涕零共勉爲干城腹心之寄矣然臣猶
有慮者哉
頒給英夷五處馬頭通商今只粵東不准入城大拂其欲近聞英夷改裝易服
前歲有入蘇州遊玩之事而夷情好動逞事生風亦不可不防其漸應請
旨飭下江南浙江江蘇督撫曉諭夷人毋許越境閒遊以杜後患而息禍端再沿海
地方與夷係有通商之事只准夷人在就近衙署毋許大員入夷館面商
使入其彀中夷人即藉此爲挾制之地於
國體大有關係臣愚昧之見是否有當伏乞
聖裁施行謹
奏

[redacted]

一號小黑漆匣內裝

一咈囒哂國漢夷字條約稅則共一本未用印外銅盒一個內黃蠟圖記道光二十四年九月十三日與拉萼尼在黃埔火輪船換

又道光二十五年七月二十三日與拉萼尼在虎門畫押鈐印漢夷字執单一紙

一號金邊匣內裝

一合衆國漢夷字條約一本未用印外銀盒一個內紅蠟圖記道光二十四年五月十八日與顧聖在澳門望厦村換

又該國回該酋漢字批一紙

又道光二十五年十二月初三日在泮塘與壁珥畫押鈐印漢夷字執单二紙

一號白木匣內裝

一𠸄咭唎國漢夷字條約一本兼用印外銅盒一個內黃蠟圖記道光二十二年七月二十四日與噗喎喳在江寧省換

又道光二十三年五月二十九日在香港與噗酋畫押鈐印漢夷字单共四件內二件係內地各關免增稅餉章程又二件係互換執據

一號大黑漆匣內裝

一合衆國漢夷字條約稅則共二本鈐印畫押道光二十四年五月十八日與顧聖在望廈換

一𠸄咭唎國漢夷字善後事宜附和約稅則共二本鈐印畫押道光二十三年八月十五日在虎門換

一𠸄咭唎國漢夷字條約一本鈐印畫押道光二十四年七月二十四日在江寧省換

又道光二十六年三月初九日在虎門與德酋續議五條漢夷字條約二本

一咈囒哂國漢夷字條約稅則共一本用印畫押道光二十四年九月十三日在黃埔船上換

一𠺕㖿國哪㖃國漢夷字條約稅則共一本用印畫押道光二十七年二月初四日在廣州省換

一另夷字单一紙未註何國前有合衆國漢字批一紙此单似即係該國回批

又批回片奏一件𠸄夷德酋信一封並附此匣

F.O. 682/279A/5(18)

謹將駐澳縣丞汪政查詢過嘸囒哂遣風夷兵來澳暫住情形

開列呈

電

查得八月二十二日據引水稟報有暎人咽哋咭巡船載送嘸

囒遣風兵頭啦唎咡及番兵四百名至夹氹嘴灣泊另用三板

轉送到澳任下琛夷樓情事卑職政當即往會該兵頭告以
閣督憲惦念甚深並查詢被風情形據稱伊國巡船二隻於前
月駛至高麗洋面陡遇大風磕礁擊沉幸失落舟人二名其餘
皆凫水上岸在高麗一洲暫住著小艇赶至江蘇上海縣借得
嘆國咽吔咭巡船一隻附搭番兵水手共三百九十七名來澳
不日尚有夷兵二百名由上海前來仰蒙
閣督憲相待優厚感恩之至現因落水受濕脚指腫痛容稍養
息即照會申謝等情理合呈明

[illegible]十件

大臣太子少保協辦大學士兵部尚書兩廣總督部堂宗室耆

道光貳拾柒年肆月初玖日申

內

申

新豆欄租屋建禮拜堂三大橋

厨房等事

四十一件

道大人台啓

FO 682/327/5 (3)

(envelope)

P.1　FO 931/748　FO.682/327/5(3)

敬復者新荳欄界在兩洋行之間華民滋事
幽中此乘間而入最難防範若能歸弟承租將
兩行合而為一未嘗非大人之事昨伍商來見
言及此事十餘年前本商早經籌及故伍敦
元在日即將新荳欄地基買回數段以備歸
租與弟上年吳月想在任時亦曾代謀因鋪

P.2 end　FO 931/748　FO.682/327/5(3)

戶中有作梗之人故未定議此時該弟志在必
成勢難力却昨伍商已請
中丞諭委明令恩挂辦亦可有成也德商此
件即可照度惟買之之租尚須賠與業主之地
酬再手助兩復即頌
怡山大人日佳不一　弟刑頓首

館含香　雲白齋

護

封

敬稟者亦擬就照復德酋稿一紙已呈
前撫憲閱過敬呈
鈞核原件並繳恭請
金安
長齡謹稟

英欽奉全權公使大臣總理香港地方軍務兼領香港英商貿易事宜世襲男爵德　公文齎至

清欽差大臣太子少保協辦大學士兵部尚書兩廣總督部堂宗室耆　當堂開拆

未□内一件
十二月二十三日

卌八

照會

丁未二月廿八日

大英欽奉全權公使大臣總理香港地方軍務兼領五港英商貿易事宜世襲子爵德　為
照會事照得本大臣茲接本商禀稱新荳蘭通路在十三行中間
匪類雲集肆行生端之地查本國商人以新荳蘭尾南邊之舖四
十間甘願向伊承買還回全價所有該舖主即是舊洋商亦甘願
賣是舖也此次必有地址以建禮拜堂又新荳蘭舖之地形勢在洋
行之中料此地址無不妥善符合所有新荳蘭北邊之地不得須
用仍任居住可也向來因小民滋事攪擾靡窮故務必塞此處路口
以除匪黨之蜂聚矣此次本大臣諭令本管事官馬論此事與
貴大臣公文往來及與舊洋商並本國商彼此妥辦也本大臣回香港
後望
貴大臣回復為此照會
貴大臣查照即候
福祉咸宜須至照會者

右　　照　　會

大清欽差大臣太子少保協辦大學士兵部尚書兩廣總督部堂宗室耆

J. Davis

丁未年二月二十三日
一千八百四十七年四月初八日

復懷前

照復事。現接

貴公使來文內稱，查本國商人以新荳欄尾南邊之舖四十間，甘願向伊承買，還回全價。所有該舖主即是舊洋商，亦甘願交還舖。此次必有地址以建禮拜堂。所有新荳欄北邊之地，不得須用，仍任居住。此次本官等因。查此事已派委員會同地方官傳齊舊洋商及各業主，商同領事官商為辦理，俟辦妥後再行照復。

貴公使知照可也。為此照復，順候

泰禔，繁膺深玉。照復者。

另擬

二月廿四日

FO931/753
F0682/327/5(8)

P.1

為照復事現接
貴公使來文內稱查本國商人以新荳欄尾南邊之鋪四
十間甘願向伊承買還回全價所有該鋪主即是舊洋
商亦甘願賣是鋪此次必有地址以建禮拜堂所有新荳
欄北邊之地不得須用仍任居住等因查此事已派委員
會同地方官傳齊舊洋商及各業主商同馬領事官妥
為辦理俟辦妥後再行照復
貴公使知照可也為此照復順候
嘉祉繁禧須至照會者

照會
大英國德酋

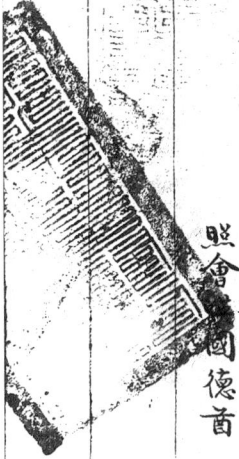

P.2 end

欽差大臣太子少保兩廣總督部堂徐

道光二十八年二月廿四日

照復新荳欄鋪屋已委員會同妥辦

二十四

姚鑫
閻玉章呈
章勝從

丁未十一月廿三覽和通事館李德投法商為新荳欄鋪面四十間

事來文一角存文諸大人覽

照覆事現接

貴公使來文內稱查本國商人以新荳欄尾

南邊之[illegible]鋪四十間甘願向伊承買還回全

價該首該鋪主即是舊洋商亦甘願賣是

鋪此須必有地址以建禮拜堂該首新荳欄北

邊之地不得須用仍任居住等因查此事已派

要員会同地方官傳齊舊洋商及業主

商同馬領事官商為辦理俟辦有條再

行照覆

貴公使知照可也為此照覆順頌

泰祉 馨唐須至照会者

十一月廿四日信發

伸

丁未四月十五

大英欽命駐劄廣州管理英國事務馬　為伸陳
事至所欲得新荳欄内舖六間此地址與另
面前一段地方係以便建造禮拜堂及所屬
房屋之須用茲據
欽差大臣本月十三日來劄内論及此舖等情均
已閲悉查英商現已情愿議買該舖並按照
公平補還各該業户銀両合請
欽差大臣飭令該委員銅守寗丞將該街南邊之
舖六間連閘外貳間亦在其内向該人等取
出所有紅白契紙及責約交本領事官查驗
且查二花園一路及新荳欄一街應當嚴塞
以免或遇火災與閙事衆人在此通路聚集
是為至要為此仍請
欽差大臣飭令該委員等將該地段問業户每一
尺欲取銀若干方肯租與英商各情節即便
知會本領事官辦理是幸須至伸陳者

右　伸　陳

大清欽差大臣協辦大學士兩廣總督部堂宗室耆

丁未年四月十五日

P.1　F.O.682/371/1(2)　1

為劄覆事現據該領事官申稱新荳欄鋪屋六間英商願
買按照公平補還各業户銀兩請飭委員取出契約付
交查驗其二花園一路應當蔽塞以免鬧事並請將該地
段問明業户每尺[illegible]價銀若干方肯租與英商即便知
會辦理等情查新荳欄街鋪屋昨接
德公使照會只用[illegible]本大臣當即飭拟委員查覆欄內
四間業户價值早已開送惟欄外鋪屋二間係街衆公置
收租作華光廟香燈之費因首事外出未經傳到是以尚
未查開現在復催該委員會同地方官及舊洋商等妥
速查明將各契約交出付給查驗至二花園中間一路地
段向田橫水渡船户及馬頭夫[illegible]租交與街衆亦歸
華光廟供奉之用每年收租若干並是否計尺取租亦飭

P.2　2

委員等傳到該首事人等逐細訪明會同該領事官酌
量辦理合先劄覆該領事官查照可也須至劄者
一劄行馬領事
並全叙原文抄粘
札覆稿行委員

道光二十七年四月七日
新荳欄鋪屋六間英商願買二花園中路應塞

P.3 3

劄復事現據該領事申稱新荳欄鋪屋六間英商願買按照公平補還各業户銀兩請飭委員取出契約付交查驗其二花園一路應當蔽塞以免鬧事並行該地段問明業户每尺欲取價銀若干方肯租與英商即便知會辦理等情查新荳欄街昨接

德公使照會六間本大臣當即飭據委員查覆柵内四間業户價值早已開送惟柵外鋪屋二間係街公置收租作華光廟香燈之費因首事外出未經傳到是以尚未查開現在復催該委員會同地方官及舊洋商等妥速查明将各契約交出付給查驗至二花園中間一路

P.4 end 4END

地段向由横水渡船户及馬頭夫役等納租交與街衆亦歸華光廟供奉之用每年收租若干並是否計尺取租亦飭委員等傳到該首事人等逐細詢明同該領事官酌量辦理合先劄復行該領事官即便知照可也須至劄者

一劄行馬

並全叙原文抄粘
札復稱行委員

稟

F.O.682/68/3(15)

百廿七号廣東廣州府南海縣知縣張繼鄰謹　十月初八日

道光二十五年十月初日到

稟

宮保中堂閣下敬稟者案奉

憲臺劄開接合衆國公使來文據該國商人㦤伯健等報稱歷年與德記行貿易共被欠銀九千四百七十七圓零照請催追飭縣差傳司事王績熙到案訊追等因奉此遵即飭差查傳王績熙到案訊據供稱道光二十五年七月有合衆國商人㦤伯健到店買茶職員經手賣與各客號茶葉二千一百九十四

件訂明實價交貨開船除先收現銀三份之二尚欠一份計銀一萬七千餘
圓約定回信到日找結清訖其先交二成之數當即轉交各號茶客亦有虧
程價值均係該商自定茶客亦各情願經手者不過每擔得用銀一錢四百
分故彼此均無字據交執並訂明倘有盈虧與經手人無涉今禰伯健忽稱虧
到該國賣出虧本除應找茶客銀一萬七千零九十八圓不肯歸還外更欲向
茶客追出銀九千四百七十七圓零實出情理之外前已具詞赴領事官投訴
求照會傳諭禰伯健照議找價免壞章程等供據此當經備錄供詞照會
福領事飭傳禰伯健訊明見覆辦理隨准福領事官覆稱此案全卷本領
事前經交副公使伯駕查辦應如何判斷請派委員到副公使署內傳齊商
人禰伯健並華商德記王績熙當面質訊等由准此查本案王績熙既不認
欠福領事又復意存推諉殊為糾葛惟案關夷務必須妥為了結除再設

法辦理外理合稟候
憲臺察核肅此具稟伏祈
垂鑒卑職繼鄒謹稟

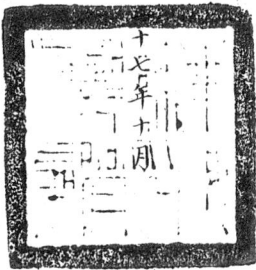

道光[illegible]十七年十[illegible]月初三日稟

據稟已悉仰即設法辦理速為了結毋稍宕延此繳

據稟已悉仰即催令舊洋商伍怡和等秉公詳核妥為調處勿稍偏徇仍候撫部院批示繳

奏稿

奏為委辦夷務之紳士實力勷勤懇
恩請獎仰祈
聖鑒事竊思廣東民氣剛強原屬可用然可以與圖成
難以與謀始若非有人為之率作則興起無由查
有在籍候選道許祥光人本明幹因見唤夷堅

欲進城內憂外患迭起循生首先於五仙門外
八約籌備經費議立條規置造器械糾合壯勇
請官點驗保衛商民復能不避嫌怨不辭勞瘁
逐街按戶徧為勸導城廂內外互相觀感甫經
一月團勇至十萬餘人均歸本約曉事之人分
別管帶約束嚴肅絕不矜張集費至數十萬兩
彙存本街殷實之戶核實支銷經理分明毫無
謠詠規模大定公論翕然以後鋪戶止須各出
釐頭即可永遠奉行尚有古者寓兵於農之意
是練勇以防夷實該道許祥光一人之力至省
城向與外洋交易各行店各出資本以謀什一
之利向不由官調度查有在籍候補郎中伍崇

曜人極精細係廣東最舊之商向為華夷各商
所推重該員深知夷人舉事全賴商力幫扶遂
密招各行店激發天良陳說利害曉以唤夷現
議進城必至滋擾一朝有事則各行所存貨物
均為禍水若能齊心停貿使彼商力既窮則兵
端自解該行店均能領悟明心立約堅定不渝
相持甫逾一月而夷商已苦不支釜底抽薪明
效大驗是停貿以制夷實該郎中伍崇曜一人
之力以上兩端雖由臣等默授以意實屬該員
等各奏其能事皆親歷未敢没其勤勞相應籲
懇
天恩分別加獎查許祥光由舉人捐納員外郎籤分

戶部行走三年期滿經戶部奏留本部候補道
光十二年中式進士奉
旨以六部員外郎即用未經投供旋即回籍二十七
年捐建九龍寨城經費奉
旨以道員不論雙單月歸部選用應請歸入捐班前
不論繁簡道員缺出即選伍崇曜由廩貢生在
本省捐輸基圍
恩賞舉人復因捐輸義倉
給予道員職銜又以軍功報效奉
旨以郎中即用應請以道員歸部選用以示獎勸以
後遇有緩急該紳士必更存鼓舞之心地方官
亦得收臂指之助臣等為鼓勵人才起見理合

p.5

據實恭摺具
奏伏祈
皇上聖鑒訓示謹
奏

p.6

再查夷人為鬼為蜮惝恍靡常若非洞悉情偽
則辦理難得把握查伍崇曜本係舊日殷實洋
商得夷人之消息最真委探夷情互證旁參均
得確實是以相機操縱事關機密倘洩之於外
則以後撫馭事宜必多掣肘此次為該委員等
請獎一摺應請毋庸發抄統歸於保衛案內一
體獎勵則雖明降
諭旨仍不露機關也理合附片密陳伏祈
聖鑒謹
奏

十八日

廿六年五月廿四日批

敬稟者案奉
憲臺札飭接合衆國副使伯駕來文以德記欠禰伯健銀兩一事應請
委員會同訊明斷結飭委卑府等前往福領事寓所傳齊兩造秉
公核辦毋稍偏抑仍將訊辦緣由稟覆察核等因奉此卑府等即
於上年十二月二十八日會同前赴福領事寓所傳齊德記行司事王
績熙咪唎堅商人禰伯健並邀同舊洋商伍怡和梁天寶公同查核訊
據禰伯健供稱道光二十五年八月內德記行有茶葉二千一百九十
餘件交伊寄往喻頓埠售賣先付價銀五萬四千餘圓於二十六年
正月初三日到喻頓因貨低不能得價以致虧折伊於二十七年六月內
轉回向德記司事王績熙討取船脚費用銀九千二百餘圓不肯付
給反向索補茶價是以控告並稱向來寄賣茶葉盈虧均歸原主
寄客但取費用盈餘不能沾潤虧折亦不能代賠訊之司事王績熙
據稱禰伯健所買各客之茶當時曾令茶師看明議定價值除收
現銀之外若照喻頓價銀計算共應找補銀三萬三千餘圓即照

3

原議廣東時價兩計亦應找給銀一萬七千餘圓乃禰伯健以各茶沽
出鈌本不肯找補反向討取運費以致各客不依還求公斷兩造各執
一詞當時既無在塲中証亦未議有合同以數萬金之交涉僅據口訴
虛詞互相訐告孰是孰非實屬無憑懸斷但事關中外未便模稜
查舊洋商伍怡和梁天寶與各國貿易有年情形熟悉定能知其
底蘊卑府等當囑伍怡和等秉公詳核從中妥為調處務使兩得
其平不致稍有偏抑合將查訊情形肅此稟覆伏候

4

憲臺察核伏祈
鈞鑒除稟
撫憲外　卑府銅麟　卑職立甯　謹稟

正月廿二到

F.O.682/327/5(55) 1

為照會事現接
閩浙督部堂劉 來函內稱福州等口先有外國人越界遊
行居民多致驚惶因有匪徒假冒滋事茲自英國駐福若
領事官到任年餘嚴加約束外國人並不擅行越界任意
遊行該領事官辦理諸事亦極公平等因本大臣閱悉
之餘甚為嘉尚似此約束商人中外自必相安貿易亦
必日旺可喜之至相應照會
貴公使查照順候
時祺嘉暢須至照會者
一照會英國德公使

2

道光二十八年正月 廿四 日

若領事駐福年餘約束商人並不越界遊行

日章
閩勝
玉從
章呈

刘制军信函底稿
鲁府幕僚

照會事現接
閩浙督部堂劉　來函內稱福州等口先有外
國人越界遊行居民多致驚惶因有匪徒假冒
滋事茲自英國駐福若領事官到任年餘嚴加
約束外國人並不擅行越界任意遊行該領事
官辦理諸事亦極公平等因本大臣閱悉之餘
甚為嘉尚似此約束商人中外自必相安貿易
亦必日旺可喜之至相應照會
貴公使查照順候
時祺嘉暢須至照會者
一照會英國德公使

戊申五月廿五日

6

道光二十七年十二月二十九日内閣奉
上諭耆英自簡任兩廣總督協辦大學士以來宣力有年畺圻綏靖尚未來京述職著於開年春暖起程進京陛見以紓眷念兩廣總督印務及欽差大臣關防均著徐廣縉署理廣東巡撫著葉名琛護理廣東布政使著徐廣縉派員署理欽此

2

咨明事照得本大臣於道光二十八年正月十九日欽奉道光二十七年十二月二十九日
上諭云云欽此除於本月二十六日欽遵交卸刻日
起程進京
陛見外相應恭錄咨明為此合咨
貴部院將軍部堂監督請煩查照施行須至咨者

一咨
兩江總督 閩浙總督
江蘇巡撫 浙江巡撫
福州將軍 粵海關監督

3

札知事照得本大臣於道光二十八年正月十
九日欽奉道光二十七年十二月二十九日
上諭云云欽此除於本月二十六日欽遵交卸刻日
起程進京
陛見外合行札知札到該道即便知照此札
一札 蘇松太道 寧紹台道
興泉永道

戊申正月廿九日

F.O.682/327/5(56) 4

為咨明事照得本大臣於道光二十八年正月十九日欽奉道光二十
七年十二月二十九日內閣奉
上諭耆英自簡任兩廣總督協辦大學士以來宣力有年畺圻
綏靖尚未來京述職著於開年春暖起程進京陛見以紓眷
念兩廣總督印務及欽差大臣關防均著徐廣縉署理廣東
巡撫著葉名琛護理廣東布政使著徐廣縉派員署理欽此除
於本月二十六日欽遵交卸刻日起程進京
陛見外相應恭錄咨明為此合咨
貴部院 將軍 部堂 監督 請煩查照施行須至咨者
一咨 兩江總督 江蘇巡撫 福州將軍
閩浙總督 浙江巡撫 粵海關監督
為札知事照得本大臣於道光二十八年正月十九日欽奉道
光二十七年十二月二十九日內閣奉云云 仝前 外合行札知札到

該道即便知照此札

一札　蘇松太道　寧紹台道
　　　興泉永道

道光二十八年正月廿四日 [redacted]

聞玉章
章勝從呈

行

本大臣進京　陛見咨行五口查照

戊申正月廿四日發

F.O. 682/327/5(57)

P.1

為照會事照得本大臣現奉
諭旨進京
陛見刻日起程所有兩廣總督篆務及
欽差大臣關防奉
旨交
廣東巡撫部院徐　署理茲已擇於本月二十六日交卸以後如
有交涉事件
貴公使（撫鎮／協鎮）即照會
署理
欽差大臣兩廣總督部堂徐　核辦可也為此照會順候
春祺暢茂須至照會者

一照會　佛蘭西陸公使　英國德公使　合衆國伯公使
佛蘭西拉撫鎮　西洋啞協鎮

P.2

2

為劄行事照得本大臣現奉
諭旨進京
陛見刻日起程所有兩廣總督篆務及
欽差大臣關防奉
旨交
廣東巡撫部院徐　署理茲已擇於本月二十六日交卸以後如
有應伸事件該領事官即伸請
署理
欽差大臣兩廣總督部堂徐　核辦可也為此劄行該領事官知照須
至劄者

一劄　荷蘭馬領事官　英國馬領事官　合衆國福領事官
破路斯　撒孫甲領事官

P.3

欽差大臣太子少保兩廣總督部堂徐

道光二十八年正月廿四日

聞王章 章勝從呈

照劄各國夷酋以後有應伸事件請署理

欽差大臣徐　核辦

P.4　F.O.682/327/5(57)

照會事照得本大臣現奉

諭旨進京

陛見刻日起程所有兩廣總督篆務及

欽差大臣關防奉

旨交

廣東巡撫部院徐　署理茲已擇於本月二十

六日交卸以後如有交涉事件

貴揔鎮公使協鎮即照會

署理

欽差大臣兩廣總督部堂徐　核辦可也為此照會

順候

春祺暢茂須至照會者

P.5 5

一照會
佛蘭西嚒公使
英國德公使
合衆國伯公使

佛蘭西拉捴鎮
西洋哑協鎮

P.6 6

劄行事照得本大臣現奉
諭旨進京
陛見刻日起程所有兩廣總督篆務及
欽差大臣關防奉
旨交
廣東巡撫部院徐　署理茲已擇於本月二十
六日交卸以後如有應伸事件該領事官即伸
請
署理
欽差大臣兩廣總督部堂徐　核辦可也為此劄行
該領事官知照須至劄者

一劄
荷蘭馬領事官　破路斯
英國馬領事官　撒
合衆國福領事官　孫甲領事官

致嘆咈咪三國公使 戊申正月廿四日發

FO.682/327/5(57)

P.7 7

春陽啓序萬象咸新維
閣下履祉綏和
體祺安暢為慰無量 不佞 現奉
諭旨進京
陛見定於二月初間起程所有兩廣總督篆務及
欽差大臣關防奉
旨交
撫部院徐 署理己另備公牘專壓
冰案
署督部堂徐 宅心正大辦事公平緯武經文
才宏識鉅 不佞 素所欽佩想
閣下近在咫尺亦必有所見聞以後辦理一切事宜

P.8 end 8

定可彼此和衷共敦友睦所願 不佞 戒途之後
上蒼默佑
寢饋增釐兩國人民同臻樂利是則 不佞 所深禱
祝者耳專此泐候
近祺統惟
澄照不備
一致（閣） 嘆咈咪公使

札寧紹台道知悉案據該道于上年九月十四日具稟
咪夷委麗華在洋被刦一案前經委員帶同咪國書
友指認被盜處所係在蕪省洋面據寔稟復前來當批
據稟云云批示繳于上年十二月二十二日發遞去後茲
據曲江縣稟報前項公文遭風沉失稟請補發等情到
本大臣據此合行札知札到該道即便查照毋違

道光二十八年正月廿七日

札知麦麗華被刦洋面係在蕪省批示

閩玉章呈
章勝從

欽差大臣太子少保兩廣總督部堂徐

戊申正月廿六日

原卅六号

FO.682/327/5(50)

札寧紹台道知悉案據該道于上年九月初七日具稟、
八月三十日下午有暎國二桅兵船一隻由上海駛泊甬江探
問船名知而持思坐船官名畢門砲位十四門夷兵約百
名該船送書信來寧等情稟報前來當批據稟云云
遵辦緣于上年十二月廿二日發遞在案茲據曲江縣稟報
前項公文遭風沉失稟請補發到本大臣據此合行札知
札到該道即便查照毋違

道光二十八年正月廿二

札知暎夷船泊甬江稿示

閻玉章呈
章勝從

發欽差大臣太子少保兩廣總督部堂徐

戊申正月廿五日到

札蘇松太道知悉案據該道于上年八月二十五日具禀
茲有亞美利國商船停泊黃浦每夜拖放鳥鎗並英商
載來小鉄炮三百三十門欲請銷售禀請查辦等情
并據另禀前項炮位查照二十四年成案剴切照復前來
當批據禀云云此繳于上年十二月廿二日發遞在案茲據曲
江縣禀報前項公文遭風沉失禀請補發到本大臣據此合
亟札知札到該道即便查照毋違

道光二十八年正月廿三日

札知咪商船放鎗英商售炮一案批示

閏玉章呈
章勝從

欽差大臣太子少保兩廣總督部堂耆

行

原批

戊申正月廿五到

札江蘇按察司知悉案據該司會同蘇松太道于上年
八月二十五日具稟上海通商未盡事宜與英國阿領事酌議
停船下貨規條十三則開摺稟請核示等情前來當經
本大臣于上年十二月二十二日批示據稟及另摺云云 另摺云云
存在案茲據曲江縣稟報前項公文遭風沉失稟請補發
遞送前來合行補發札到該司即便會同蘇松太道一
体知照毋違

道光二十八年正月 廿三 日

補發上海酌議停船下貨規條會稟批示

閩玉章
章勝從 呈

戊申正月廿三日

FO 931/766

B.

道光二十八年正月二十九日准

湖廣督院
湖北撫院咨江夏縣訪獲西洋人李若瑟囉沅勒即趙若瑟納巴囉即陸懷仁及內地民人馬五芝等並起獲經卷及天主神像十字架等物訊明馬五芝等保柬并將西洋人李若瑟等三名解粵轉發澳門同知香山縣交西洋夷目認領旋據合衆國公使稱願將李若瑟等收領遇便轉交各該國領事領回

為劄復事、現據該領事官伸稱駐劄廣州領事官
馬所遺之缺本領事官業經接㑹等情到本大臣
業已閲悉所有嗣後交涉事件及該領事官應㑹
事宜應即劄行該領事官查照辦理可也為此劄
復須至劄者、

一劄復顏領事、

欽差大臣兩廣總督部堂徐

道光二十八年二月

劄復顏領事接辦事件

[redacted]

啟第八號

戊申二月廿四日

C.

道光二十八年四月二十日

片奏准湖廣総督委員觧到西洋傳教人多默一名提驗病勢甚重

訊據供稱係西洋意大理國人道光二十七年十二月潛赴湖北

省城尚未傳教即被拏獲查意大理國並無夷目在粵當將該夷

交咪唎伯駕認領旋據報該夷即于次日病故

八十七號

欽差大臣

原呈鄧吉

咨

署理兩廣總督部堂兵部侍郎巡撫廣東地方提督軍務兼理糧餉徐　為

咨會事道光二十八年五月十三日據廣州府稟稱

案奉憲臺批據番禺縣職員王績熙赴轅呈控

合衆國商人禰伯健久找茶價不還反索費銀

等情奉批此案夷商控追費用銀兩應作何歸

結該職員所控禰伯健應找茶價有無確據可

憑是否揑飾抵賴亟應核訊斷結以除訟蔓仰

廣州府速即提集人証秉公核訊究追具報保

領粘抄並發該職員王績熙着即押發收審等

因并將該職員王績熙押發下府奉此當即提

核南海縣卷先提該職員王績熙查訊據供伊

在德記茶行司事先後代各茶客經手將茶交夷

商禰伯健寄往喻頓地方售賣除收過價銀外尚

應找銀一萬七千餘員又茶到彼處照彼國銅板

紙所開時價應找銀一萬六千餘員內禰伯健應

扣收費銀九千餘員寔尚應找各茶客銀二萬
四千餘員等語卑府查夷商禰伯健控追德記
行欠賬既係賣茶向有費用自應清還至王績熙
所控禰伯健欠找茶價之處當日如何定議並
未立有字據且該夷酋照會
欽差大臣衙門代禰伯健剖辯甚力未便批該司事一
面之詞率行追補致滋訟蔓當向王績熙反覆
開導該職員懇請將禰伯健控追費用銀九千
餘員由德記行主清還與該職員無涉其各客
茶價銀兩王績熙情愿自向各茶客清理不復

再向夷商索取亦不累及德記當堂取具甘結附
卷所有訊明緣由理合具稟察核示遵等由到
本署部堂據此當批據稟訊斷緣由極為妥協
仰即飭令德記行主將夷商禰伯健控追費用
銀九千餘員剋日照數清還完案仍將還清緣
由稟報察核此繳等因印發除札東藩司會同
按察司登覆所司道轉飭廣州府遵照辦理外相
應咨會為此合咨
欽差大臣衙門查照施行須至咨者
右　咨

欽差大臣署理兩廣總督部堂

道光二十八年　　　月　　　日

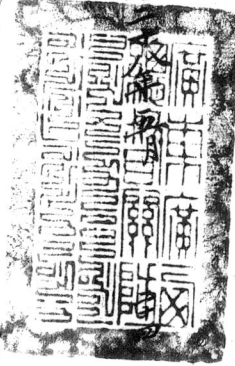

札南番二縣知悉照得

欽差大臣衙門每日需用紙劄筆墨文封等件，向係開單發交該縣坐轅家人備辦呈送。近來每多延挨不送，屢催罔應，殊有貽誤，殊非慎重辦公之道。合特專札飭催。札到該二縣等，即便遵照立案，自見月起，查照單開名目，按月刷備齊全，照數呈送應用，毋得短少遲延，未便。切切。特札。

計開

拌好印色四兩、用磁器盛送　銀硃四色、

蘭竹筆十枝、　潄金家香墨四錠、

稿簿四本、　皮紙一刀、　竹紙二刀、　毛太、大白紙各二十張、

大奏白紙二封、發樣　山札紙二封、發樣

咨、屬封各三十個、發樣　照會、行封各三十個、發樣

裱好公文排单十張、　批札、批单五十張、發樣

奏、行稿格壹、貳刀、發樣

五寸手摺十個、

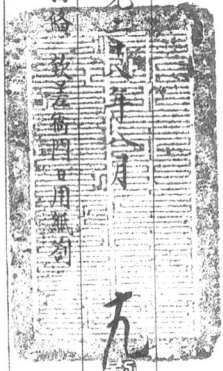

道光　年　月

飭備欽差衙門日用紙劄

欽差大臣兩廣總督部堂徐

八月二十日

敬稟者所有
欽差大臣衙門日用紙劄筆墨等件向係開單交兩縣坐轅家人
刷印備送應用乃近來任催罔應辦公殊形竭蹶倘一時需
用恐致貽誤惟有仰求
札飭兩縣按月備送寔為公便連具札稿稟送伏候
大人閱判上稟

已核稼

為抄摺咨送事，現據咪唎堅新派夷酋德威士到粵呈遞
國書前來，除將出城接見情形恭摺具
奏外，所有繳出該國原書及譯出漢字，相應抄呈，備文咨送，
為此合咨
軍機大人，請煩查收存核施行。
計粘抄奏摺一件，內咨送咪夷國書及譯出漢字各一件
共貼一面

一咨 軍機處大人

道光二十八年九月 十七 日 費平章 韓立誠 呈

欽差大臣兵部尚書兩廣總督部堂徐

原十五號

九月十六日卯廿日

F.O.682/137/1 (41:A)

A

為

咪酋伯駕來文

照會事本攝理前接

貴大臣四月十六日來文為道台吳所稟上海設法禁止偷漏稅餉一事當經覆知俟飭查駐上海本國領事祁理蘊稟覆到日另為照復等情業將原來文抄白寄查去後現在接據領事稟稱去年十一月十二日接該道台照會只說出口絲茶並無說及進口貨物而在領事當時照復亦非不肯照辦但說必須與本國商人無碍耳至於進口貨物要分別列明何商何貨之艙口簿照抄呈覽一事俾凡到領事衙門及海關衙門之人公衆得見亦復無益是以未允照行蓋領事之意將船上貨物共列明包數又將每包之內開明件數以為清單由領事送與海關俟海關委人驗

41

貨查此清單對與不對若包數有多或每包內之件數有多則將此多出之
貨歸官充公如此清單人人可見此乃現在之情形可以禁止偷漏者若別樣
挽回良法則領事自揣未有然必須海關多委幹員於進口出口各事深明練
達方能有濟至如從前總無幹役不過幾個貪劣之輩迄今俱不盡職領事
曾經頻向道台說宜多擇清廉之員派在進口商人船上飭查貨物上船落船
皆記明數目而該道答以本關廉俸有限不敷請此清廉不受賄囑之員等因
到本攝理據此查本國領事在上海地方不惟無護庇走私之心更常欲協同中
國官力絕偷漏情弊況近日該口走私又太多茲本攝理乘此機會達知
貴大臣在本國國法嚴防稅餉亦甚不願本國人民在別國有犯偷漏情弊是
以本國與中國前定和約內亦有數款為禁偷漏而設其第九款有云合衆國
貿易船隻到口一經引水帶進即由海關酌派妥役隨船管押該役或搭坐商船
或自僱艇隻隨同行走均聽其便其第十款亦載合衆國商船進口將貨色詳
細開明照會海關其十一款則云合衆國商船販貨進口出口均將起貨下貨日
期呈報領事等官由領事等官轉報海關屆期派委官役眼同該船主貨主或
代辦商人等秉公將貨物驗明以便按例徵稅其二十款又云若有影射夾帶

情事經海關查出罰貨入官各等語本攝理因思凡商船到港不論係何時候
及出口進口但查明確有偷漏情弊照各國章程均應罰貨入官此是至公至
當之舉自後彼此肯固守條約而海關派出之人能清廉自矢兼之海關與各
國領事各盡職守認真辦理則偷漏情弊自然杜絕矣為此照會順候
康祺迭晋須至照會者　　八月初四日到

雙銜　　　　　　　　　　　　　　　　　　　　　為

照復事初四日接據
貴署公使來文內稱
貴國駐上海之領事官稟稱一切均閱悉至所引條約各款亦均符合查貨物
偷漏稅餉攸關自應嚴密防範誠如來文內稱但查明確有偷漏情弊照各
國章程均應罰貨入官等語此至公至當之論足見
貴署公使明白曉事嗣後彼此總應各自嚴密稽查海關派出之人固須清廉
自矢而
貴國及各國商人亦當認真辦理庶不受人愚弄致為浮言所惑也為此復候
秋祺佳暢須至照會者　一照復咪酋伯駕　　八月十七行

暎國吱酋來文　為

照會事前據

貴國

欽差大臣徐曾於六月二十三日來文內開即擬公出其在未得回粵之間遇有應行文書事

件皆由

貴部院隨時代辦等語茲查先因本年四月內在本港拿獲藿亞五何亞七等海盜二名

訊供旋據協鎮陳行文求請解交隨於十一日業經押解該犯等前赴九龍巳如陳協府

所請交送去後續接收得覆文在案嗣將本港起有暗與該犯舊夥接濟私通者審察

其中吐露情詞亦有潛往意圖饋銀俾得買放該犯之罪此本公使深為足信而尚未

能指定者也但思現令杜除海盜之弊豈非

貴部院與本公使亦係一律注念既彼此俱有同志莫若權衡執法之中切勿許他人揷

手致使犯人倖免應得罪名合請

貴部院查明該二犯畢竟如何發落立行照復設果卸脫仍在外出遊蕩則本公使一面

嚴令四圍追訪獲回併欲將其行賄救釋情節是否由本港舞弄抑或逕在

貴境作爲必須逐層根究庶得頗清頭緒可也爲此照會順候

秋祺須至照會者　八月初六日到

雙銜　爲

照復事初六日接據來文閱悉卷查五月十一日據大鵬營陳協解到海盜精子有即何

亞有又名何二方白面七即何亞七許亞如沈亞太即鍾亞太陳亞勝共五名當即發交廣州

府審辦訊據何二方何亞七二名各供認在福建洋面行劫商船不諱其許亞如鍾亞太

陳亞勝均係悮拿已分别發交香山新安另行訊究並無藿亞五之名所有何二方何亞

七照例業經嚴辦來文內稱現今杜除海盜之弊彼此俱有同志切勿許他人揷手致使犯人倖免應

得罪名等語足徵

貴公使正派明白不勝忻慰本大臣爵部院嫉惡如仇此等匪犯斷不稍事姑容也爲此復候

時祺順綏須至照會者　一照復英國文酋　八月十七行

P.1

一件

奏稿

事

看稿
對摺

道光　年　月　日

奏

摺弁　賫

硃批

道光　年　月　日奉到

繕摺

奏為接見嘆酋面議情形恭摺由驛馳奏仰祈
聖鑒事竊臣於正月二十日將前赴虎門與嘆酋面
議附片陳明在案二十三日行抵虎門帶同督
糧道柏貴臣標中軍副將崑壽並委辦夷務在
籍候補郎中伍崇曜等連日接見該酋所請各

P.2

條如鴉片開禁照例納稅稅則輕重希冀更張
長洲建造棧房請地方官勒令民人租地及華
人僱嘆船裝貨意欲驀越各關偷漏走私逐層
駁斥該酋均一一聽從惟進城一事則嘵嘵不
已據稱福州江寧上海皆准其進城前督臣耆
於二十七年二月二十一日約定一過兩年
即為嘆國商民進城之日案牘具在中外皆知
各外國現均有人在此探聽倘不能如約不但
難見伊主並無顏以對各國如百姓不願其進
城情願助兵彈壓當告以香港嘆兵不滿數千
省中百姓動輒數十萬豈區區之兵所能壓服
且既欲決裂不必再議刻即回省以待繼則請

官為出示曉諭軍民告以衆怒難犯亦非告示所能禁止旋稱駕火輪船駛往天津詢問京師大臣告以廣東之事總由廣東官辦理京師大臣亦難遙制復以駕兵船駛往江蘇詢問江寧上海如何進城微露阻運截漕之意告以廣東進城能行與否與江蘇何涉何得藉此挾制反覆辯論舌敝唇焦該酋見不受恐嚇惟敎請代奏徧貼謄黄以踐前約連日偵探並面加體察該夷必欲進城非但圖飾外觀實欲藉此以震攝諸夷意圖抽納各國稅餉其各國均有人在此探聽一語如見肺肝是以駁之愈力持之愈堅竊以該酋既鋌而走險藉進城以圖利拒之

過迭難免激成事端若止在廣東滋擾尚可竭力捍禦倘移舟江浙則柔脆之民勢難堪其蹂躪且茫茫巨浸到處可通恐沿海均難免風鶴之警臣受
恩深重雖捐糜無所顧惜惟值此經費支絀之時再生枝節上廑
宵旰為臣子者稍有天良何忍出此查廣東民情浮動與暎夷結怨本深所以前督臣耆　許其進城雖以二年為期而物議已覺沸騰今則為期將屆更難再向民人開導相應據實奏請
皇上指授機宜得有遵循再行察看民夷動静斟酌行之一載以來往返文件當面辯論實已智盡

能索若再由臣相機妥辦則依從排解兩有所
難實在情形如此並非敢稍存推諉也總之進
城一事本係前署臣耆 與之定約甚堅亦難
䜟其嘵瀆臣控馭無方致煩
聖慮跼天蹐地寢饋難安惟有籲懇
天恩將臣交部嚴議以重
朝廷而安百姓臣已於二十七日回省所有接見㖹
酋面議情形謹恭摺由驛馳
奏不勝悚息屏營之至伏乞
皇上聖鑒訓示謹
奏

百七十

伸陳

志

大英欽命駐劄廣州管理英國事務顏　為

伸覆事茲接得

欽差大臣本日劄覆本領事官正月初肆拾叁等
日伸陳緣犯人徐亞進一案查本日劄覆內
開務應交出徐亞進之案內夥犯於斷定該
犯徐亞進決受有害英國人之罪以前并據

欽差大臣以躲匿犯人惟本領事官是問等因本
領事官查此案前准南海縣飭差往拏黃亞
弼因伊脫逃躲匿無從拏獲當時本領事官
曾將所知該犯係屬何縣何村之人一切移
知南海縣俾可及早拏獲惟查黃亞弼仍在
躲匿差役尚未拏獲據劄覆必待本領事官
交出黃亞弼之時方將所斷定犯人徐亞進
辦理及

欽差大臣以該犯惟本領事官是問實未審是何
緣故本領事官未知

欽差大臣是否此後將拏獲害英國人之華民俱
惟本領事官是問若本領事官不能將案內
犯人全行交出

欽差大臣豈將業經訊斷已獲之罪犯停住不辦
乎本領事官合再伸請

欽差大臣飭將業經定罪犯人照本領事官本月
初肆日伸陳所請辦理可也為此伸覆須至

伸陳者

右　伸　陳

大清欽差大臣兵部尚書兩廣總督部堂徐

H.B.M. CONSUL FOR CANTON

正月　拾伍日

John A. T. Meadows
Translator

硃批

道光　年　月　日奉到

奏稿

一件

事

繕摺

奏

摺弁　賫

看稿

對摺

道光廿九年正月廿二日具

奏爲恭摺叩謝

天恩仰祈

聖鑒事本年正月初九日臣齎摺差弁回粵捧到

恩賞

御書福字一方當即恭設香案望

2

闕叩頭祇領欽惟我

皇上健秉乾行

祥凝泰社

化成熙皥

蕃釐叶三祝九疇

治躋雍和

惠闓逮五羊八桂茲以青陽序轉仰叨

紫禁

恩頒

祜自

天申

羲畫燦雲霞之釆

澤如春溥
奎章騰日月之光
寵榮下及夫臣工忭舞彌殷於微悃臣連圻忝任歷
歲月而已周薄植懷慚慮措施之未當惟有勉
循駕乘稍酬
殊眷於涓埃宣布
鴻庥普被
醲膏於海甸所有微臣感激下忱謹繕摺叩謝
天恩伏乞
皇上聖鑒謹
奏

二十九年三月十四日拜

奏為確探夷情恭摺由驛馳奏
奏仰祈
聖鑒事竊臣等於本月初九日以現奉
諭旨不准唊夷進城備文照會去後時加偵探香港
夷商均以

大皇帝推恩保護遠人無非通商便民何必無端尋
釁攪亂貿易頗有怨言省中洋行咪唎呂宋以
及唊國各商亦以堅欲進城必致滋事將所存
貨物開列清帳交唊夷領事囑吐嚧收存將來
如有損失均由該領事賠償囑吐嚧不敢擔承
飛速告知文翰該酋亦大為窘促現因中國既
不受要挾外夷復諸多怨咨勢處兩難正在觀
望徘徊之際復據香港探事密稟該夷於初七
日到兵船一隻初八九等日先後到火輪船兩
隻核計存港夷兵共二千七百餘名復僱閩華
人小艇分往外海可通內河各口測水探路查
各口河窄水淺夷船乘潮始可駛入潮退即淺

P.3

該夷久居此地豈尚不知且果欲偷渡自必詭秘萬分豈肯明目張膽故洩其謀迺其為鬼為蜮特故作聲東擊西之狀以期搖動人心所幸官民固結氣壯心堅婦孺同聲毫無驚畏然防禦之道關時常若遇敵況事當孔亟何敢稍存大意所有虎門外海各炮臺已調集香山協左右營兵二百五十名順德協左右營兵二百五十名水提本標前左兩營兵各一百名分配各臺並僱募附近鄉村壯勇一千名嚴防後路抄襲均由水師提臣洪　相機督飭備禦內河要隘以東固東安各臺為東路大黃滘沙腰各臺為西路東路調集增城營兵三百名新會營

P.4

兵二百五十名提標前營兵一百名僱壯勇二百名以為後路埋伏西路為順德協本汛即調該協兵二百五十名僱勇四百名以為兩翼策應陸路則小北門以東硯塘為東路大北門以西坭城為西路東路調督標兵三百名東平昇平兩社學壯勇一千名西路調東州提標兵五百名潮勇六百名均揀調幹員分起管帶臣等復密飭各路弁兵必度槍砲實可擊賊方准點放倘有張皇先放空砲以至賊來藥盡畏葸爭逃者無論弁兵均以軍法從事總期防範加嚴聲色不動且俟其作何動靜再當隨時奏
聞至於如何照會該酋已於本月初四日隨摺聲敘

P5 end

END

在案茲謹將照會底稿録呈

御覽由四百里恭摺馳

奏伏乞

皇上聖鑒訓示謹

奏

再查五月十二及二十等日先後接據暎嗰吹
喻照會來詢二十九年二月進城一事當經剴
切駁斥曉以廣東百姓不許該夷進城通國皆
知且該夷遠涉重洋原圖通商易貨豈為進城
而來即前督臣耆　許其進城必以二年為期
亦明知進城必不相安姑為一時權宜之計作
事須順輿情中外一理衆怒難犯專欲難成該
嗰當亦揆情量力無煩再為辨論三月以來總
未接其照復密加偵探聞該酋夷目等私相聚議以
前本許其進城今又決計不准無可如何止好
赴天津呈訴等情亦特係傳聞之詞並未准備該酋
文照會溯查舊案二十五年為還舟山二十六
年為西藏定界皆以赴天津呈訴為詞虛聲恫
喝妄圖要挾旋即寂然今殆故智復萌惟尚隱
而未發查香港夷兵本止一千二百五十名今
夏因疫病斃者二百餘名現在存兵不過千人
尚須防守巢穴即欲輕舟遠出恐亦顧此失彼
總之廣東民情剽悍迥殊他省不許外夷進城
國法本不准外夷進城民情亦斷不許外夷進城歸擋同聲
若含糊答應臨時必起爭端別生枝節不但有乖守土之
義抑且大非柔遠之經臣等身膺重寄惟有靜
以制待動保護商民庶期人安中外容俟該嗰續
有照會如何再當相機籌辦隨時奏
聞合將偵探情形先行附片密陳伏乞

P.3 end

聖鑒謹

奏

廿九年二月廿日拜發
再本年二月二十四日准兩江督臣李　咨
開據蘇松太道麟桂等稟報道光二十八年十
二月二十九日探有咈囒哂公使喹唉帶同總
兵嘢𠺝等駕坐兵船一隻駛進吳淞口該道等
赴船查看約有夷兵百餘人據稱由該國派來
查辦五口貿易事件因修理篷索至正月十九
日開行出口并稱將赴寧波福州廈門回至廣
東囑為行知地方官等語該夷並未登岸滋事
亦無別項要求等情咨會前來臣等查咈夷喹唉
坐駕兵船前赴五口查辦貿易事件先未據該
夷酋照會茲准兩江督臣李　來文以該兵
船在吳淞口暫停二十日即經開行出口並未
滋事亦無要求自係專為查看貿易查咈夷向
住澳門在省城不過時常來往現在尚未回至廣
東除飛咨閩浙督臣劉　浙江撫臣吳
查照并札飭興泉永道寧紹台道一體留心防
範外理合附片陳明伏乞
聖鑒謹
奏。

軍機大臣 密寄
廣東巡撫葉 廣州將軍穆 副都統烏 托
水師提督洪 署陸路提督祥 道光二十
九年二月十七日奉
上諭本日據徐廣縉奏𠺌酋堅請入城一摺已密降
諭旨允其入城一遊交徐廣縉妥為辦理矣廣東
民情强悍與𠺌夷積不相能而該夷性類犬羊舉
動尤為叵測所有外海內河各礮臺滿州緑營各
兵丁著該撫及將軍副都統水陸各提督督飭所
屬將弁及地方文武員弁慎密嚴防各將所轄兵
民加意撫戢務要處處周帀不令多事並須互相
鈐制畛域不分毋致顧此失彼設有疎虞兵民或
有滋擾朕必將何人所轄之地所司之事查明致
衅之由嚴行懲治斷不稍加寬貸該撫及將軍等
恐不能當此重咎也懍之將此各密諭知之欽此
遵
旨寄信前來

廿九年二月初四日拜發
內填二十五
附摺差

再省城商民保衛整齊人心鎮定曾於本月十
四日片陳在案查前據香港探事者密禀咉酋
於本月初七日駕火輪船前往上海恐不確實
未敢遽行入
告奏。
茲於二十一日復據禀報咉酋已於十九日駛往回
香港究竟實往上海與否尚難懸定旋據該酋
照會以停貿易為挾制外國保衛為煽惑人心
請為出示禁止當即剴切照覆曉以商賈各有
資本居民具有身家現因咉人堅欲進城深恐
枝節橫生各思保護並不犯法且廣東商民安
則咉人自安此正守望相助之道何云出示禁
止作事須順輿情不能強商民以從己之欲更

2 END

不能違商民以徇人之請連日偵探毫無動靜
惟夷情譎張安知非故示安閒猝圖滋擾惟有
時通聞諜刻加提防固結民心激揚士氣總使
無隙可乘庶幾思所變計所有咉夷現無動作
及嚴密防範情形理合據實密陳伏祈
聖鑒謹
奏

廿九年三月初一日 內填二十五附撫差

再臣於本年正月間接准閩浙督臣劉　咨
會留住琉球國之咈夷咱哆喙等現已撤回惟
唊夷咱嘚吟及所帶眷口通事人等尚未回國
咨請就近相機開導催令迅速撤去等因臣當
前赴虎門接晤唊酋呅翰即以琉球國地瘠
向不與外國通商咱嘚吟等可毋須在彼
久住徒滋驚擾面為開導一面備文照會去後
隨據該酋呅翰覆稱該國船隻現不在琉球灣
泊所言住琉球兩年斷無緣故該船已離是島
殊屬定然等語是唊夷咱嘚吟等自屬已離琉
球除咨覆閩省督撫臣咨行查照外理合附片
陳明伏乞

皇上聖鑒謹
奏

奏稿

道光　年　月　日具
奏
道光　年　月　日奉
硃批

臣葉　臣穆　臣烏　臣托　跪
奏為遵
旨覆奏仰祈
聖鑒事竊臣等於三月初二日承准軍機大臣密寄
道光二十九年二月十七日奉
上諭本日據徐廣縉奏暎酋堅請入城一摺（已密降諭旨）交徐廣縉妥為辦理矣廣東民情強悍與暎夷積不相能而該夷性類犬羊舉動尤為叵測所有外海內河各礮臺滿州綠營各兵丁著該撫及將軍副都統水陸各提督飭所屬將弁及地方文武員弁慎密嚴防各將所轄兵民加意撫戢務要處處周帀不令多事並須互相鈐制畛域不分毋致顧此失彼設有疎虞兵民或有滋擾朕必將何人所轄之地所司之事查明致衅之由嚴行懲治斷不稍加寬貸該撫及將軍等恐不能當此重咎也懍之將此各密諭知之欽此仰見（臣等跪聆之下）
皇上慎重邊防有備無患之至意臣等曷勝欽服竊自正月二十七日督臣徐　由虎門回省後

告知英夷仍欲復妥冀入城難保不滋生事端
務須同心協力固守疆圉臣等當即會商省城
最關緊要礮臺尤須嚴防所有兵丁存城則無
論滿州綠營汛地則不拘水師陸路均須通盤
籌畫因地制宜軍火器械查點齊全鑼鍋帳房
修理完整以備不虞勿稍延緩查軍標存城兵

丁五千七百九十八名督標存城兵丁一千名
撫標存城兵丁一千六百零七名廣州協存城
兵丁七百六十八名共計城內兵丁九千一百
七十三名內城外城共十六門按門添兵把守
城墻周圍共有三千餘丈分段派兵巡邏所有
各署倉庫監獄以及火藥軍裝各庫晝夜防範

勿致疎虞如聞警報必須出城策應緩急足恃
無事即不准寸步擅離有事更不得稍存觀望
並密囑陸路提臣祥　選調兵丁一千名聽候
省中隨時調遣以為準備接應之計至於內河
外海共計三十六臺按礮配兵原設三千五十
九名內河各臺向係撫標左營廣州協等營水

師提標等營順德協等營管理外海各臺向係
水師提標中營（右營）管理前由督臣徐　札調幹
練將弁前往會同妥為經理並飛飭水師各營
選調兵丁添撥各臺隨時調遣二月十九日水
師提臣洪　因公來省臣等均即面囑督率
將弁申明紀律務須聲勢聯絡號令森嚴不可

顧此失彼並添雇壯勇以為各臺後路策應臣
等查嘆夷本稱狡詐舉動尤為叵測若不慎始
要終何以固藩籬而安衽席所有各營將弁以
及地方文武各員弁自當慎密嚴防所轄兵民
尤須加意撫戢斷不准急功好事肇啟衅端尤
不敢稍涉疎虞致干重咎所有遵

旨辦理緣由臣等謹由驛四百里恭摺馳
奏伏乞
皇上聖鑒再水師提臣洪　現駐虎門督飭巡防
未及來省署陸路提臣祥已於二月二十五
日經臣葉　會同督臣徐
奏赴清遠一帶勦辦匪徒在案未及會銜欽奉

寄諭當即一併恭録知會合併陳明謹
奏

F.O.682/112/3(20)

奏稿

二十九年三月初九日拜

附有片奏摺一件

奏為恭摺覆奏仰祈
聖鑒事竊臣於三月初二日承准軍機大臣密寄道
光二十九年正月二十五日奉
上諭徐　奏偵探香港夷情外示懷柔內存防範
等語覽奏均悉現在該夷藉飾務難兼顧猶復駕

2　F.O.682/112/3(20)

駛兵船張大其勢難保非藉此要挾或乞開煙禁
或因前定稅則妄生異議均未可知該督現因夷
酋請裁牌照業經酌為裁革均頗欣感又以吹嗡
來詢進城一節仍遵前旨反覆開導並恐該酋於
文義未能深曉告以不妨俟公務稍暇面為定議
所辦均甚周妥惟馭夷之道間諜雖已常通防範
不容稍懈總在察其虛實動靜俾夷情瞭如指掌
然後操縱有權不致稍失機宜該督惟當密加探
訪務期洞悉情狀時有準備庶防維易周而辦理
愈有把握矣將此密諭知之欽此仰見
聖慮周詳勗勉兼至悚感良深查廣東商民心齊志
定斷難暫准外夷進城緣由已由臣於本月初

3 F.O.682/112/3(20)

四日恭摺由驛馳奏在案近復不時探訪攻首
約齊夷商入公議提銀助費該商以二十一年之
事衆商幫餉八百餘萬至今分文未還貿易亦
從此蕭條現實無力再助查香港夷兵不滿二
千專用夷兵既慮寡難敵衆欲招土匪又苦力
不從心且聞裙帶路一帶爛匪日聚日多異口同聲專候
香港兵船一動即當焚燒夷樓搶掠洋貨該
酋聞此風聲愈覺瞻顧巢穴進退維谷即如二
月二十五日提臣祥　帶兵到省二十七日即
據該酋照會以省城土匪衆多人心驚畏情願
派火輪船停泊洋行幫助彈壓［總求設法以保佑外國商人無虞爲幸］密加查探共載
兵五十名［現已經旬並無動靜彼時當即］照覆告以省城土匪斂戢人心

4 F.O.682/112/3(20)

安定毫無驚畏城廂保衛各顧身家已經嚴切
曉諭止許防匪不准滋事［安內地之民即所以保外國之商］至於提督統兵過省
係爲剿辦清遠一帶匪徒即日進發特此告知以免
誤會該酋始覺釋然是其氣餒情虛已可概見
本日擬即備文照會曉以現奉
大皇帝恩旨設城所以衛民衛民方能保國廣東百
姓既不顧外國人進城
天朝不能拂百姓以順遠人該酋亦當察民情而紓
商力勿乖和好共享太平俟其如何照覆再當
隨時奏
聞事關重大臣惟恪遵
慈訓密加偵探務悉情偽庶幾時有準備得所防維

所有近日夷情理合據實密陳伏乞

皇上聖鑒謹

奏

再臣前准閩浙督臣劉　咨會催令留住琉球之暎夷啪嘚唥等迅速撤去等因即將照會暎酋哎嗡查明該夷已離琉球緣由於本年二月二十五日附片

奏明在案茲復據該酋哎嗡照會內稱現有暎船在琉球地方擱淺由上海調本國師船前往幫助該船若不得除石則接回船上水手等情除飛咨閩浙督臣咨行琉球國查照外理合附片陳明伏乞

聖鑒謹

奏

廿九年二月初九日辦

軍機大臣　字寄

欽差大臣兩廣總督徐　廣東巡撫葉　廣州將軍

穆　副都統烏　托　水師提督洪　署陸路

提督祥　道光二十九年三月二十二日奉

上諭本日據徐廣縉奏熟籌進城一事實屬萬不可行又據葉名琛穆特恩等奏遵旨嚴防並加意撫戢兵民各一摺又據葉名琛片奏進城有害無利斷難隱忍坐視等語覽奏均悉㗰夷進城之約在當日本係一時羈縻現在該酋堅執前約該督等前奏親赴虎門面晤情形但稱該酋狡執不已若再峻拒勢將滋生事端而於進城究竟可行與否未能縷晰陳明是以朕前經降旨令該督酌量辦理若如此次所陳該夷必欲進城其居心實不可問婉阻之未必遽開邊釁輕許之必至立啟兵端屢屢奏明朕始悉其底蘊自應照該督等所議酌辦現在該省兵民互相保衛共有十萬之眾是眾志成城自當勖其同仇何可使之解體且據葉名琛穆特恩等奏稱內河外海現飭一律嚴防不致少有疎虞著徐廣縉等即就現辦情形隨時體察外患固屬堪虞內變尤為可慮務當固結民心激揚士氣以安民為撫夷之本仍飭水陸各營處處防範萬不可稍有疎失方臻妥善惟兵貴精而不在多人數既眾未必人人有勇知方從前有暗釘礮眼私自送信走漏消息鄉民及兵丁內均難免此種叛徒若一味信其甘言恐臨時不免掣肘至於看守礮臺之兵尤當擇其有身家保結者方可信任前車之鑒切宜留心何待諄囑其各省海口應否密為知照令其豫防窺擾之處並著該督等酌量妥辦儻察看夷情尚順無須知照亦在該督等相機而行總之該夷聞風畏懼卑詞厚貌不肯深入受創其暗中含沙射人固在意計之中即心內深恨不能遂願外作好語與粵之兵民故作游移而另圖遠謀為擾我腹心之地其狡詐亦應加意體察該督等同心敵愾深堪嘉尚操縱之法朕絕不為遙制儻使沿海各省皆能如此足食足兵朕無憂矣將此由五百里各諭令知之欽此遵

旨寄信前來

今將前後兩雇商漁船隻每月需支口糧船價數目合就列摺送

覽

計開

三月十五日在電白博賀洋面僱募黃德周等紅单船二隻

每隻每月水勇弁兵連船價銀一百七十六兩五錢自三月十五起至

閏四月十五日止共兩個月兩船該銀七百零陸兩

三月拾五日在電白博賀洋面僱募吳明賢等蝦罟船五隻

每隻每月水勇弁兵連船價銀九十二兩九錢自三月十五日起至閏

四月十五日止共兩個月伍船該銀九百二十九兩

四月初五日在陽江西河僱募梁義合等紅单船二隻

每隻每月水勇弁兵連船價銀一百七十一兩九錢自四月初伍日起

至五月初五止共兩個月兩船該銀六百八十七兩六錢

四月十七日在陳村雇募紅单船一十六隻內

王均和暢船一隻自四月十七起至閏四月十七止計一個月共支水

勇弁兵連船價銀三百三十兩零一錢

麥新萬順船一隻自四月十七起至閏四月十七止計一個月共該水勇

弁兵連船價銀二百九十三兩九錢

王進利船一隻自四月十七起至閏四月十七止計一個月共該水勇

弁兵連船價銀三百一十兩零九錢

莫均和泰船一隻自四月十七起至閏四月十七止計一個月共該水

勇弁兵連船價銀二百二十八兩九錢

區新億合船一隻自四月十七起至閏四月十七止計一個月共該水

勇弁兵連船價銀二百零八兩一錢

曹新創利船一隻自四月十七起至閏四月十七止計一個月共該水勇弁兵連船價銀一百五十八兩一錢

梁均源泰船一隻自四月十七起至閏四月十七止計一個月共該水勇弁兵連船價銀三百四十兩零九錢

羅明利船一隻自四月十七起至閏四月十七止計一個月共該水勇弁兵連船價銀二百三十六兩九錢

林新義合船一隻自四月十七起至閏四月十七止計一個月共該水勇弁兵連船價銀二百兩零零九錢

黃興合船一隻自四月十七起至閏四月十七止計一個月共該水勇弁兵連船價銀二百兩零零九錢

馮新繼利船一隻自四月十七起至閏四月十七止計一個月共該水勇弁兵連船價銀二百兩零零九錢

梁萬利船一隻自四月十七起至閏四月十七止計一個月共該水勇弁兵連船價銀二百零八兩一錢

黃朝合船一隻自四月十七起至閏四月十七止計一個月共該水勇弁兵連船價銀二百零四兩五錢

冼新航盛船一隻自四月十七起至閏肆月十七止計一個月共該水勇弁兵連船價銀一百九十七兩三錢

周勝利船一隻自四月十七起至閏四月十七止計一個月共該水勇弁兵連船價銀一百八十二兩九錢

樊創利船一隻自四月十七起至閏四月十七止計一個月共該水勇弁兵連船價銀一百四十四兩一錢

閏四月初二日在澳門雇募盧其彪等大拖船十隻

每隻每月水勇弁兵連船價共銀一百四十七兩三錢自閏四月初二日起至伍月初二日止計一個月十船該銀一千四百柒十三兩

以上共支過銀柒千四百四十四兩叁錢

p.1

覆
奏稿又片稿

奏為遵
旨覆奏仰祈
聖鑒事竊臣等於四月初六日承准軍機大臣密寄
道光二十九年三月二十二日奉
上諭本日據徐　奏熟籌進城一事實屬萬不可

四月十一日拜發

p.2

行又據葉　等奏遵旨嚴防並加意撫
戢兵民各一摺又據葉　片奏進城有害無利
斷難隱忍坐視等語覽奏均悉𠸄夷進城之約在
當日本係一時羈縻現在該酋堅執前約該督等
前奏親赴虎門面晤情形但稱該酋狡執不已若
再峻拒勢將滋生事端而於進城究竟可行與否
未能縷晰陳明是以朕前經降旨暫准入城一遊
亦不過權宜之計期於少生枝節若如該督等此
次所陳該夷必欲進城其居心實有不可問婉阻之
未必遽開邊釁輕許之必至立啟兵端層層奏明
朕始悉其底蘊自應照該督等所議酌辦現在該
省兵民互相保衛共有十萬之眾是眾志成城自

P3

當勸其同仇何可使之解體且據葉　穆
等奏稱內河外海現飭一律嚴防不致稍有疎虞
着徐　等即就現辦情形隨時體察外患固屬
堪虞內變尤為可慮務當固結民心激揚士氣以
安民為撫夷之本仍飭水陸各營處處防範萬不
可稍有疎失方臻妥善惟兵貴精而不在多人數
既眾未必人人有勇知方從前有暗釘礮眼私自
送信走漏消息鄉民及兵丁內均難免此種叛徒
若一味信其甘言恐臨時不免挫衂至於看守礮
臺之兵尤當擇其有身家保結者方可信任前車
之鑒切宜留心何待諄囑其各省海口應否密為
知照令其豫防窺擾之處並著該督等酌量妥辦

P4

倘察看夷情尚順無須知照亦在該督等相機而
行總之該夷聞風畏懼卑詞厚貌不肯深入受創
其暗中含沙射人固在意計之中即心內深恨不
能~~入~~遂~~城~~願外作好語與粵之兵民故作游移而另圖
遠謀為擾我腹心之地其狡詐亦應加意體察該
督等同心敵愾深堪嘉尚操縱之法朕絕不為遙
制倘使沿海各省皆能如此足食足兵朕無憂矣
將此由五百里各諭令知之欽此仰承
聖明洞鑒策勵靡遺跪誦之下感激涕零伏查咲夷
罷議進城照舊通商已經臣等於三月十四二
十一二十六等日先後由驛奏
聞在案竊以省城團勇雖多至十萬餘人皆係良善

P.5

商民各出丁壯自保身家本非招募之衆自免
遣散之煩兩月以來風聲所樹不特外侮潛消
即城厢内外竊盜之案亦覺甚少可見官之衛
民不若民之自衛其看守礮臺各兵人數既衆
誠如
聖〔訓〕諭未必人人有勇知方早由臣等豫為防閑密飭
選擇申明軍律勉以忠愛如有私自勾通透漏
消息者仍當恪遵前
旨嚴密訪拏現在民氣安恬夷情就範各省海口自
可無庸知照即沿海居民亦皆倣照省城保衛
之法家自為守村各為防昨據探事者密稟香
港米價偶昂該夷即疑斷其接濟有襲取巢穴

P.6

之意疑懼萬分嚴備數日追聞省中切囑紳耆
約束子弟勿涉欺凌始覺釋然是其氣餒情虛
已可概見當亦不致另蓄他謀擾及腹地臣等
惟有固結民心激揚士氣慎之又慎精益求精
以期仰副
聖主安民撫夷之至意所有體察情形臣等謹會同
廣州將軍臣穆特恩副都統臣烏蘭泰臣托恩東
額水師提督臣洪名香署陸路提督臣祥麟合
詞恭摺具
奏伏乞
皇上聖鑒訓示謹
奏

P.7

再查此次防夷水師提督臣洪　知臣等於
三月初九日備文照會咬酋即於初十日移任
請遠礮臺晝夜巡防復以臺兵每月口糧止有
五錢當此有事之秋須加體恤遂自捐廉俸每
名加賞二錢以示激勵所以士皆用命鼓舞不
衰直至夷人罷議進城始於二十三日移回署
本月初一日來省以巡洋事宜面商臣等竊
以夷情甫定外海各臺善後之事甚多必須該
提臣督飭辦理巡洋事小防夷事大自應暫緩
出洋以昭慎重理合附片陳明伏乞
聖鑒謹
奏

二十九年四月二十三日拜發

覆

奏稿

奏為遵

旨覆奏仰祈

聖鑒事竊臣等於四月十八日承准軍機大臣密寄

道光二十九年四月初三日奉

上諭徐　葉　奏確探夷情現在調兵嚴防一

摺覽奏已悉進城之不可行已由該督等備文照

會並探知香港復到有兵船及火輪船隻且有雇

坐小艇分往海口測水探路情事所有虎門外海

各礮臺現經調集香山等營兵丁並雇募壯勇分

飭嚴防所辦尚合機宜倘該夷竟敢肆其豕突狼

貪該督等惟當申諭將弁兵民上下聯為一體出

奇制勝其應如何策應之處必應先有把握一俟

賊勢逼近礮皆有準矢無虛發一鼓作氣方足制

其死命至該督等所稱夷酋吠嚙現因中國不受

要挾外夷復多怨咨勢處兩難較前已似有秉機

轉圜之意等語現在城內居民恨夷切骨惟恐其

不受創該督等所稱乘機轉圜之處似不出於民

P.3

而出於商其如何寢議諒已詳奏在途難以懸揣
大抵該夷受撫之後必仍通商彼時厚貌深情切
須防其猝然內犯該夷伎倆不過如此該督等斷
不可稍涉大意至咪唎等國斷不可藉其力尤不
可招其怨相機善撫是為至要將此由五百里諭
令知之欽此遵查四月初六日恭奉
寄諭曾於十一日恭摺覆
奏在案茲復仰蒙
恩訓以該夷受撫之後必仍通商彼時厚貌深情切
須預防其猝然內犯至咪唎等國斷不可藉其力
尤不可招其怨相機善撫是為至要
聖明洞鑒燭照靡遺臣等欽服之餘彌增悚感伏查

P.4

外夷居心叵測在其本國雖有夙嫌而至內地
則恐物傷其類又未嘗不狼狽為奸何敢開門揖
盜致滋詭謀伏讀
溫諭以現在城內居民恨夷切骨惟恐其不受創該
督等所稱轉圜之處似不出於民而出於商竊惟
廣東之商多係土著其外省來此貿易者不特
租賃棧房以為貯貨之所貨物買齊即運往各
路銷售將次銷完仍回搬運店夥不過時常往來住宿
者並無多人而殷實行店夥伴麕集則皆係本
地之人所謂行貨曰商居貨曰賈商與民固不能
分而為二也且夷人通商雖有五口廣東實為
第一馬頭斷不能舍此地百姓別圖交易而廣

P.5

東生意殷繁所以甲於他省者亦全賴洋貨流
通藉資挹注是民與夷實相輔而行倘該夷竟
敢豕突狼貪原不難制其死命惟可已不已兵
勢一交豈能驟解縱使力爭全勝稱快於目前
難免伏憂於日後審時度勢止可以不戰屈之
知己知彼各留轉圜地步然尤在平日修明武
備固結民心則操縱之權胥由內地庶外夷潛
息鴟張受降臣知受敵方用威不若養威也現
據探事密稟咬酋以香港兵餉半載以來無可
支發特向其富商噸吔借銀七萬二千兩一分
行息報知國王在其本國設措兑還是其窮蹙
難支已可概見當不至另蓄異謀猝圖內犯也

P.6

END

訓諭相機籌辦以保護為籠絡寓羈制於撫綏庶幾
臣等惟有恪遵
仰副
聖主內修外攘之至意所有近日民夷情形臣等謹
會同據實覆
奏伏乞
皇上聖鑒訓示謹
奏

P.1

二十九年四月二十三日拜發

奏為遵
旨覆奏叩謝
天恩仰祈
聖鑒事竊臣等於四月二十三日承准軍機大臣字
寄道光二十九年四月初九日奉

P.2

上諭徐　葉　奏㗇夷不敢進城已見明文並
將各紳士勸導咬啇稿底照錄進呈一摺均已覽
悉所辦可嘉之至卿等讀硃批之語具見朕欣慰
之忱早晚事竣必膺懋賞現在㗇夷之不敢進城
既因省城防衛森嚴並經紳士公函勸導深知衆
怒難犯又因夷商停止貿易尤為大受牽制若非
該督等確有把握安能操縱自如惟夷情詭譎難
保不覬為讋服仍圖猝然內犯或緩圖攻我腹心
亦不可不防所有水陸設伏及城廂保衛自當如
前慎密該夷既不畏兵而畏民則收服民心即可
化其驕而制其命至於各省海口應否隨時知照
防範之處著仍遵前旨相機籌辦務令無隙可乘

P.3

有威可畏則該夷不敢再萌希冀之想夷酋以見
官為轉圜其如何接見受撫之處及照覆如何立
言諒已詳奏在途發去黃辮珊瑚豆大荷包一對
小荷包四箇白玉四喜搬指一箇白玉煙壺一箇
著徐　祇領先嘉汝功以俟後命將此由五百
里諭令知之欽此臣徐　遵即祇領
頒賞黃辮珊瑚豆大荷包一對小荷包四箇白玉四
喜搬指一箇白玉煙壺一箇恭設香案望
闕叩頭謝
恩伏查前據吱酋照覆以既不能進城拜晤伊亦不
入省河擬令其新換領事官來省不論何處可
以接見當覆以向無接見領事官之儀俟其到

P.4

省當飭委員出城與之相晤業經臣等於三月
二十六日由驛奏
聞在案細加訪察該酋實因虎門備禦森嚴城廂保
衛慎密雖由臣等嚴飭兵民毋許輕舉妄動總
覺心懷疑懼是以不敢駛入省河又將三月初
九日臣等照會公文並紳士公啟稿底刊刻新
聞紙散佈各夷分寄回國揣其意特藉此以見
衆怒難犯並非該酋辦事之歉且可為安心貿
易確據以泯各夷寄存貨物如有損失責令賠
償之嫌是其不敢妄萌希冀已屬信而有徵各
省海口自可毋庸知照至於商民保衛存貲尚
多以後止須各出聲頭即可永遠奉行以為有

P.5

備無患之計竊以夷情狡黠無非離間官民藉
逞桀驁今欲馴彼犬羊今（若非）請内（何以）捍外寄（會此亦）别無辦
法仰賴
皇上德威遠播
厚澤深仁至周且渥用能紳庶同心驕夷就範乃蒙
恩注
覈欽不遺壤流以分内應盡之事邀
格外曲逮之施鏤骨銘心莫名悚愧惟有勿懈防閑
倍加敬慎痛定思痛安益求安以期稍答
高厚生成於萬一所有臣等感激下忱並民夷敉静
情形謹合詞恭摺覆
奏叩謝
天恩伏乞

P.6 end

END

皇上聖鑒訓示謹
奏

二十九年閏四月初七拜發

會奏酌辦稅口稿

廣東巡撫臣葉
兩廣總督臣徐
粵海關監督臣基　跪

奏為酌移稅口現在試辦恭摺奏

聞仰祈

聖鑒事竊查大西洋借住澳門二百餘年每年納租

五百兩由香山縣解藩庫安分營生素稱恭順

順所以前督臣耆　奏定澳門貿易章程內開

2

澳門原有額船二十五號應輸船鈔無論新船

舊船均照新章酌減三成所以體恤之者亦較

他國為最優乃因嘆夷連年驕縱亦思乘勢效

尤本年二月正值嘆夷妄冀進城洶洶欲動該

大西洋夷酋啞嗎嘞忽來照會以香港既不設

關澳門關口亦當倣照裁撤並欲在省城添設領

事官一如嘆夷所為當經臣徐等　覆以該國

在省城並無貿易何必設立領事徒飾外觀澳

門稅口歷久相安更何得擾亂舊制該國頻年

窮蹙共見共聞倘再無知妄作中外各商俱抱

不平生理必至愈見消耗切宜熟思勿貽後悔

乃啞酋橫執異常竟於二月十七日突率夷兵

數十人釘閉關門驅逐丁役由前山同知陸孫
鼎稟請查辦前來(臣等逐日)密加偵探啞酋於釘閉關門
之後即赴香港借兵船一隻馬蘆兵四百名助
守(該夷)礮臺顯係唆夷狼狽為奸故使(與之)激怒中國
倘師船(各)(進)勦澳門彼即乘虛(可)入且咪唎呂宋
各夷酋皆在澳租樓居住大兵既到何能區分

必將群起與我為敵況大西洋之作惡者特啞
嗎嘞喹嚷兩酋餘則(皆土著尚屬安分)並不為非縱使戰獲全勝
啞酋等必逃往香港元惡既去所餘(諸)夷何忍
草薙禽獮(而)大兵勢難久住(一經)撤防必仍竄回
是以小醜而牽動全局尤為非策 臣基 諗知
澳門行店以福潮行八家為最大嘉應四家次

之省中皆有棧房夷人現雖無禮而眾商仍暗
向關書呈單納稅是其天良未泯已有明徵再(臣等)
四籌思惟有用商以制夷特由 臣基 會同督
糧道 臣柏 傳到省中福潮嘉應各棧商(諭知)陳說
利害曉以無關口則無稅票無稅票則貨皆為
私貿易如何通行該商等皆深明大義稟稱啞

酋因負窘而橫行既收房租復抽地稅(近年以來)本屬不
勝其擾特因(關口所在)[illegible]重遷權且隱忍今夷人既如
此作耗(酋)等情願另立馬頭其餘零星小鋪亦
當隨(相)遷(從)眾商(既)去則澳門生意全無不必
興師(摩旅)已可坐困(該商等自必現作[illegible])眾口同(聲)斷不敢稍
虧稅課現在查勘離省六十里之黃浦地本適

5

中房間亦頗湊合業經懸立招牌諏吉開市查
該處向本為夷人貨船停泊之所向有小稅口
今商棧既多即將澳門關口丁役移派此處所
有添建稅館房屋應由臣基動款辦理昨據
委辦夷務之紳士伍崇曜來署面稟啞酋見華
商全去深恐搗其巢穴復潛往香港與吱酋借
兵保護該酋以為本非情理現經罷議進
城甫敦和好斷無助伊用兵之理啞酋始悟為
人所愚甚為憂懼所以前未遽明者
奏明者因眾商相度地基尚未定局又值嘆夷覬
覦進城時萌蠢動同時瀆陳恐塵
宸廑
宵旰今嘆之生事者既悔禍而就我範圍則助之為

6

虐者自回心而息彼驕恣其如何轉圜再
當樞機處置福潮各商急公向上殊屬可嘉已
由臣等給與扁額以示激勸該行店均感幸非
常堪以仰慰
聖懷所有酌移稅口現在試辦緣由臣等謹合詞恭
摺具
奏伏乞
皇上聖鑒訓示謹
奏

謝
恩賞雙眼花翎世襲子爵

二十九閏四月初七日拜發 內填初四日

2

奏

奏為恭摺叩謝
天恩仰祈
聖鑒事竊臣 接到道光二十九年四月十五日內閣
奉
上諭夷務之興將十年矣沿海擾累糜餉勞師近年

雖羈縻靜謐而馭之之法剛柔不得其平流弊以
漸而出朕深恐沿海居民有蹂躪之虞故一切隱
忍待之蓋小屈必有大伸理固然也昨因英夷復
申粵東入城之請督臣徐　等連次奏報辦理
悉合機宜本日又由驛馳奏該處商民深明大義
捐資禦侮紳士實力勸勷入城之議已寢該夷照
舊通商中外綏靖不折一兵不發一矢該督撫安
民撫夷處處皆抉根源令該夷馴服無絲毫勉強
可以歷久相安朕嘉悅之忱難以盡述允宜懋賞
以獎殊勳徐　著加恩賞給子爵准其世襲並
賞戴雙眼花翎葉　著加恩賞給男爵准其世
襲並賞戴花翎以昭優眷發去花翎二枝著徐

3

葉　分別祇領穆　烏　托恩　洪
○○祥合力同心各盡厥職均著加恩照軍
功例交部從優議叙候補道許祥光著加恩歸入
新班遇缺前先用不論繁簡道員缺出即選候補
郎中伍崇曜著加恩以道員不論雙單月歸部選
用該二員並賞給三品頂帶所有粵省文武各員
著徐　等擇其在事尤為出力者酌量分別保
舉候朕施恩至我粵東百姓素稱驍勇乃近年深
明大義有勇知方固由化導之神亦係天性之厚
難得十萬之衆利不奪而勢不移朕念其翊戴之
功能無惻然有動於中乎著徐　葉　宣布
朕言俾家喻戶曉益勵急公向上之心共享樂業

4

安居之福其應如何奬勵並分別給與扁額之處
著該督等第其勞勩錫以光榮毋稍屯膏以慰朕意
餘均著照所擬辦理該部知道欽此臣遵即祗領
雙眼花翎於閏四月初一日恭設香案望
闕叩頭謝
恩伏思四月二十二日甫蒙
頒到黃瓣珊瑚豆大荷包一對小荷包四箇白玉四喜
搬指一箇白玉煙壺一箇
殊恩異數已覺
高厚難酬茲以疆事之相安復荷
溫綸之遠被爵列五等之封
賞延於世翎邀雙眼之錫

恩出自天驚懼交縈無言可喻凡此
格外之鴻施既非夢想所敢期抑豈捐糜所能報踰
分溢量感激涕零遵將
恩旨敬謹刊布俾各家喻戶曉並面屬委辦夷務之
紳士許祥光伍崇曜傳集籌辦保衛之各街首
事妥議現條永遠奉行從此金城鞏固鐵案常
留至於城廂內外商民人數衆多業經議定分
建石坊較之給與匾額尤可垂諸長久以期
醲膏普沛
渥澤均霑現在婦孺咸知無不歡聲雷動臣更當宣布
皇仁勤恤民隱修內攘外務須共矢天良益勵急公
向上之心永享樂業安居之福庶幾仰體
聖主嘉惠邊氓有加無已之至意所有微臣榮感下忱
理合恭摺叩謝
天恩伏祈
皇上聖鑒謹
奏

P.1

酌保經理保衛出力紳士清單附

二十九年閏四月初七日拜發

奏

奏為酌保随同經理保衛始終奮勉尤為出力之
紳士分別懇
恩請獎仰祈
聖鑒事竊臣 等欽奉
諭旨以我粵東百姓素稱驍勇乃近年深明大義有

P.2

勇知方固由化導之神亦係天性之厚難得十萬
之衆利不奪而勢不移朕念其翊戴之功能無惻
然有動於中爭著徐 葉 宣布朕言俾家
喻戶曉益勵急公向上之心共享樂業安居之福
其應如何獎勵並分別給與匾額之處著該督等
第其勞勩錫以光榮毋稍屯膏以慰朕意欽此臣
等伏查此次辦理保衛固由候補道許祥光身
肩其事惟地廣事繁即如董率各街置備器械
添建柵欄以及随時分段勸導一身難以兼理
不得不藉資臂助該道已渥荷
天恩而随同出力者若不得仰邀
甄叙既非所以宣布

P.3

皇仁尤不足以服眾論而人數眾多何敢意存見好漫無區分臣等周諮博訪特擇其尤為奮勉者繕列銜名清单恭呈
御覽伏候
欽定所有酌保隨同出力紳士實在情形謹合詞恭摺具奏伏祈
皇上聖鑒訓示謹奏

P.4

謹將粵省經理各街保衛始終奮勉尤為出力紳士擬請奬勵開列清单恭呈
御覽
舉人遇缺即選員外郎金菁茅應請補缺後以郎中歸部儘先選用
進士儘先選用員外郎鮑俊請以郎中不論雙單月儘先選用
儘先選用通判許祖輝應請歸入新班遇缺前先用
舉人高州府教授委管粵秀書院監院羅家政應請加五品銜
副貢生生補澄海縣訓導委管粵秀書院監院

P.5 end

梁廷枏應請加内閣中書銜

舉人候選内閣中書許應鏻應請以主事不論

雙单月歸部選用

舉人委用訓導委管越華書院監院譚瑩應請

歸入新班遇缺前先用

舉人新興縣訓導委管羊城書院監院丁熙應

請加内閣中書銜

舉人候選教諭委管羊城書院監院張應秋應

請加内閣中書銜

奏稿

奏為廣東商民深明大義捐資禦侮成效昭然懇
恩請奬仰祈
聖鑒事竊因暎夷堅欲進城曾於二月十四日將商
民互相保衛情形片陳在案現在暎夷罷議進
城實因省城官民齊心保護防禦森嚴畏葸中

止是聲威遠播已屬信而有徵計自正月廿七
日以後至三月二十日居民則以工人鋪戶則
以伙伴均擇其強壯可靠者充補挨戶註冊不得在
外雇募公同籌備經費置造器械添設柵欄共
團勇至十萬餘人無事則各安工作有事則立
出捍衛明處不見荷戈持戟之人暗中實皆折
衝禦侮之士即至小街僻巷亦皆竭力捍擋爭
先恐後至省城向與外洋交易各行店皆富有
資本安分營生非官所能操縱亦復激於義憤
情願歇業虧資一律停貿聽徇違約者罰知情
報信者賞堅持已幾兩月暎夷商甚為窘促雖誘
以甘言餌以賤值無一應者衆志成城堅逾金

P.3

石用能內戢土匪外讋猾夷在該商民至誠感
發原未稍存望
恩幸澤之心然愈見
皇上厚澤深仁淪肌浹髓所以人思敵愾戶切同仇（氣壯心堅固結莫解）
臣等目覩其踴躍從事不敢沒其急公向上之
忱相應籲懇
天恩渥沛
溫綸優加褒獎（飭知地方官給以匾額）不獨廣東商民益當感
恩圖報抑且他省士庶亦可慕義嚮風臣等為激勸
人心起見理合據實恭摺具
奏伏祈
皇上聖鑒訓示謹

P.4 end

奏

P.1　F.O.682/279B/9(5)

聞粤東夷務綏靖恭紀有作即寄徐仲升前輩
制軍葉崑臣中丞　黄爵滋
聖德包中外臣心去二三風迴滄海鏡日利白雲驂
昨者聞
天簡誰能息代擔劉桑資互用枉直漫相參國以民
為命財原歛所貪善因吾豈費失恃彼何堪嗟爾安
庸予徒資譎怪談遂令[redacted]虎颭虫縱犬羊眈停騎曾
仙覲挈舟屢桂潭登臨賦王粲草木狀嵇含箸擁無
腸蟹盟登有尾蝠悲歌一慷慨惜別幾沈酣時數天
方亟
皇仁理可探鍊材惟衆衛禦侮不須戡
楙賞膺蒲穀英聲冠子男羣公承濟翼萬國走趍趝
島嶼憑開屬閭閻任門鶴鐵船開水陣金瑲靜禪龕
定見三江迴同歸大壑涵要除心腹疾遍灑蜜飴甘
志喜傳江外需才祝斗南腰間有長劍自分鏽生鐔

P2　F.O.682/279B/9(5)

聞粤東夷務綏靖予已作五律三首志喜樹齋
侍郎以其恭紀長律寄徐仲升制軍葉崑臣
中丞屬予奉和　永豐郭儀霄羽可
皇綱尊統一
聖治久登三條讀黄麻
詔遥傳碧海驂雄謀專閫定全粤兩臣擔衆志堅難
奪浮言妄敢參馭寮嚴整密勵俗黜庸貪太息傷財
劇誰云轉戰堪寘心空刼數盛額闇愁談卻喜長城
固能平餓虎眈鯨終安遠島縕已退深潭兵矢何曾
費恩威獨廣含橫波今斂蟹釀酒快餐蝠方岳
褒封懋華夷
愷澤酣
龍顔真仰霽蟻穴不須探易筮高宗伐書陳西伯戡
衛惟崇甲帳兵豈擾丁男比户恬休養妖氛靖走趝
風雲虚驛騎禾黍息雚鶴景福闢
天眷名香謝佛龕從茲羣策出都入

P3 F.O.682/2798/9(5)

聞粤東夷務綏靖恭紀有作謹次家大人寄徐
仲升制軍葉崑臣中丞原韻
宜黄 黄秩林仙樵
向化風吹萬攻心月捷三廟廊
天子筭嶺海使臣膺任重巖疆界才優大事擔宋家
恩恐準漢室倚曹參孰忍民彫㓕猶寬吏沓貪屆信
機倏轉操縱勢都堪振旅倖方叔請軍嗤孟談長城
雄屹屹大廈肅眈眈虎氣銷蒼嶼鷲聲靜白潭燈船
千炬吐香市百花含遠覽收珠翠奇珍集貝蚶但令
蒙覆載莫更飽婪酣悍俗徒輕戰陰謀詎叵探
德數資益贊神告助
湯戢生鎮洵儒將同仇有壯男觀兵犀甲耀擁騎馬
蹄韆潰穴難逃蟻藏林已喋鶴嶮仍周北固濤竝息
南龕殘載紓籌策蒼生快泳涵酬勳先異數
行惠徧分甘運際包荒泰威揚戴日南雲臺如繪像
知不數堅鐔

P.4 end F.O.682/2798/9(5)

帝心涵揩置官民協開誠告語甘星羅皆拱北日永
正依南下士眉長展霜鋒斂鍔鐔

知

FO 931/797
F.O.682/318/3(13)

P1

再臣前赴虎門正在起行間接准咪酋噉吐照會擬稱現有兵船寄碇黃浦可否到其船上藉酬舊年秋間犒勞飲食並可觀其軍容揣其意特因現往虎門接見咦酋伊與之兩不相下亦欲請臣赴船互相誇耀查該夷素稱恭順且所求者不過徒飾外觀自應如其所請藉示羈縻

當於路過黃浦之便率同督糧道柏　等登其兵船該酋放砲擺隊迎接肆筵設席殷殷款勸極爲感悅毫無要求情事已備牛隻茶葉等件犒賞夷兵以昭撫綏之意所有接見咪酋情形理合附片陳明伏乞

聖鑒謹

P2

奏

道光二十九年五月初九日內閣奉

上諭徐廣縉葉名琛奏遵旨查明襄辦夷務尤為出力力之文武各員及隨同保衛始終奮勉之紳士等分分別懇請獎勵開單呈覽各一摺本年春間廣東夷夷務辦理妥速並予文武各員及該省紳士等均屬屬著有微勞自應量予恩施以示獎勵升授廣東按按察使柏貴著賞戴花翎兩廣督標中軍副將崑壽壽著交軍機處紀名以總兵用調署南海縣知縣馮馮沅番禺縣知縣壽祺均著以直隸州知州遇缺即補補先換頂帶南海縣縣丞陳宜之著以知縣遇缺缺即升沙灣司巡檢許文深著以縣丞遇缺即升疊疊順司巡檢何慶齡著以應升之缺升用署督標中軍參將揀發參將懷塔布著俟補缺後遇有副將

缺出即行補用署廣州城守協副將慶宇署撫標右
營遊擊潘山署肇慶協右營參將雷樹勳均著交部
從優議敘試署順德協副將陳安著即實授署
先換頂帶遇缺即選員外郎金菁茅著俟補缺
後以郎中儘先選用儘先選用員外郎鮑俊著以郎
中不論雙單月儘先選用儘先選用通判許祥祖
著歸入新班遇缺儘先用廣州府教授羅家政著
賞加五品銜候補澄海縣訓導梁廷枏著賞加內閣
中書銜候選內閣中書許應鑅著以主事不論雙
單月選用委用訓導譚瑩著歸入新班遇缺儘
先用新興縣訓導丁熙候選教諭孫應秋均著賞
加內閣中書銜餘著照所擬辦理該部知道單二
件併發欽此

二十九年六月十八日拜

奏為遵
旨覆奏仰祈
聖鑒事竊臣等於六月十二日承准軍機大臣字寄
道光二十九年五月初九日奉
上諭徐　葉　等奏酌移稅口現在試辦一摺

2

覽奏已悉澳門稅口前因大西洋夷酋無知擾亂
業經該督等商令基溥柏貴傳到眾商諭知利害
該商等情願另立馬頭議定規條互相稽查眾口
同聲斷不敢稍虧稅課現已勘明黃浦地本適中
即將澳門關口丁役人等移此駐守一遷徙間既
可俯順商情並足使該夷坐困且免靡帑興師籌
計較為周妥著即照議辦理惟該酋等現雖自悔
為人所愚不復譸張而夷性貪詐難保不狼狽為
奸時生枝節澳門縣丞一員恐耳目難周官卑難
恃該督等仍當選派妥員隨時前往訪察一有蠢
動務即相機開導加意防維總期夷情就範而關
稅亦照常徵收乃為妥善將此諭令知之欽此伏

3

查自福潮各行遷徙黃浦以後附近小販營生
之人亦相率各歸鄉里澳門頓覺冷淡該夷向
有額船二十五號專載來往貨物頻年因生計
日蹙已減去十之六七然尚餘船四五隻不等
今則全行變賣入夏後啞酋敬神遊街與唉夷
人爭道當時拏獲監禁旋經吱酋潛遣夷目誘
啞酋到船飲酒將其軟困一面發兵打破夷監
搶出被禁之夷並槍斃西洋兵數名咪咈呂宋
各夷酋出為解圍始將啞酋放回兩夷嫌隙已
成不能再事句結是以啞酋終日株守夷樓不
敢輕出街市不但省中毫無嘵瀆即縣丞近在
咫尺月餘之久亦無片紙隻字往來是其窮蹙

4

情形已可概見再查縣丞一員分駐澳門不過
遇有華夷口角細故排難解紛誠如
聖諭官卑難恃耳目恐有不周惟近處尚有同知都
司駐劄前山距澳門僅二十里稍遠復有香山
縣香山協距澳門亦不過百里足資稽查控制
並非專靠該縣丞之彈壓也至於福潮行商現
在黃浦建造棧房開涌通舟已有四家月內可
以竣工其餘各行約於九十月間亦可一律蕆
事該商省中均有行棧近來貨船絡繹到省城
大關納稅就近起貨入棧照常徵收臣等細加
體察稅餉既不至有虧夷情亦無虞復變堪以
仰慰

5 END

聖懷所有體察妥爲辦理實在情形緣由謹遵
旨恭摺覆
奏伏乞
皇上聖鑒謹
奏

FO.682/318/5(21)

廿九年六月廿日发

奏為恭謝
天恩仰祈
聖鑒事竊臣於六月十八日接准吏部咨開道光二
十九年四月二十二日奉
旨徐　子爵葉　男爵均著准其以一等世襲

2

欽此臣當即恭設香案望
闕叩頭謝
恩竊惟列爵所以酬庸延
賞端由紀績皆武功之
曠典豈文吏所敢邀臣忝領連圻深慚薄植思防邊
而罔本虔秉
宸謨何曲突以徙薪渥蒙
上賞
恩同露湛特遠沛夫
芝綸澤
澤逮雲礽許
榮分於瑴璧凡

3

殊施之逾格實受
寵而若驚茲因請
示襲封復荷
隆恩加等全家共戴膺
黼黻於億萬斯年撫序皆春行箕裘於十有四代方
愧塵輕露細無補
高深乃欣葛庇椒蕃常承
茂對遇原溢分雖鐫心鏤骨而難名
恩出非常益執玉奉盈之滋惕臣惟有駑駘勉策燕
翼思貽家懷由禮之箴世守束身之訓兢兢業
業勿忘
有道之生成繼繼繩繩永祝

END 4

無疆之歲月所有微臣感激下忱謹恭摺叩謝
天恩伏乞
皇上聖鑒謹
奏

照會

大英欽奉全權公使大臣總理香港地方軍務兼領五港英商貿易事宜文 為
照會事本大臣欽奉本
國家上諭將公文轉行照會
貴大臣查覽內稱
貴
國家推辭不肯存守承約准本國人任意進粵城等
情本
國家知悉詫異不悅查道光二十二年七月二十四日
江南和約載明
大皇帝恩准
大英國人民帶同所屬家眷寄居
大清沿海之廣州福州廈門寧波上海等五處港口貿易
通商無碍又查道光二十三年八月十五日在虎門寨所
立善後和約復載在萬年和約內言明允准英人
攜眷赴廣州福州廈門寧波上海五港口居住不相
欺侮不加拘制等約又查於丙午年三月初九日在
虎門寨所畫押之承約言明至進粵城之議中國大憲
奏
大皇帝諭旨可以經久相安方為妥善等因此次地方官難
管束粵城士民故議定一俟時形愈臻妥辦再准

英人進城然此一款雖暫遲延斷不可廢止矣又於丁
未年二月二十一日在粵省議定條款前任
貴大臣者 照會本國
前任公使大臣德 稱云查進城回拜本屬美意
尚須稍遲時日茲議定自今日為始一過兩年即
為英國官民得進粵城之時等語此條約謹肅
錄載今
貴
國家推辭不肯存守惟
主上信守成約列國方可安保泰平
大英
君主存守與

大清
大皇帝所立之承約而
大清
大皇帝不存守與
大英
君主所立之承約却
大皇帝為何而爽約乎或因不願守約耶或因不能
守約耶若不願守約本
國家如何能靠
大皇帝所應許者兩
國家彼此又如何能永存平和耶倘
大皇帝不能守所應許者因民人不遵諭命之故如

何可望外
國家更加恭敬愈於華民所願行耶
大皇帝懦弱不能懲辦外
國家豈非應當懲辦內地民人以彈壓其強悍
乎但行此何得保全中華民人之平安乎
貴
國家宜熟思此情將來兩國彼此凡遇事中華所
不合意者其咎自歸於己是
貴
國家所應牢記也等文為此轉行照會
貴大臣以奏進
貴京內

國家閱覽即俟
履祺日佳須至照會者
右　照　會
大清欽差大臣兵部尚書兩廣總督部堂世襲一等子爵徐
己酉年七月初五日
一千八百四十九年八月二十二日

為照復事初八日送到来文閱悉查本年三月初九日接據
貴公使照會以後再不得辯論進城之事言猶在耳不
但中國人有目共見抑且通商各國有耳皆聞夫前大
臣綏期以相約事涉相欺本大臣推誠以相與言道其實我
大皇帝請內安外不拂中國百姓之欲兼保外國商人之業乃
大仁大義也即
貴公使審時度勢立罷進城之議通商互市綏靖如常
亦可謂深明大略或有以為柔懦者則殊不可解耳若
識時務者必不如是也又何必再請具
奏為此無益之繁文哉請熟思之當曉然於此言之不誣
矣為此照復順候
履祺佳暢須至照會者

一照復暎國文咸

欽差大臣兵部尚書兩廣總督部堂徐

道光二十九年七月初九日 費平章 韓立誠 呈

照復既罷進城之議通商互市綏靖如常何必再請具奏由

七月初十日

P.3 encl.

F.O.682/327/5(25)

為照覆事：照得送到華文一覽，茲查本
年三月十四日接據
貴公使照會，以後再不提進城之事，亦稍（以辯論）
存本年（不但中國之人有目共見，抑且通商各國有耳皆聞）中國大清大臣緩期以相約之
併相欺。本大臣推誠以相與之道，至實我
大皇帝諒內安外，不拂中國百姓之殷望，保全
國商人之生業，乃大仁大義也。即
貴公使當時慶賀立罷進城之議，通商
互市照請如常，亦可謂深明大體，或有
以為柔懦者，則謬不可解，且又再篤識
時務者，亦不必是也。又何必再請具奏為
此是蒙之繁文，都請體恩之曉悟於
此亦之不可證者，為此照覆，順頌
履祺，佳暢須至照會者
照覆英國公使

F.O.682/137/6 (20821)

沈志亮供香山縣人年四十五歲祖父母父母都故並無
弟兄娶妻盧氏生有一子向在望廈村居住（澳門生理）西洋
兵頭啞嗎嘞行為兇暴啞嗎嘞在三巴門外關
閘馬道把附近墳墓概行平毀啞嗎嘞平時又
把澳門各店鋪編列號字勒收租銀船艇每隻
也要勒銀收用如不依允就差兵拘拏鞭打監
禁並藉稱犯夜妄拏民人勒索銀錢闔澳民
人忿忿不平即西洋土兵也因啞嗎嘞勒（派）銀兩
短給兵餉姦淫婦女各有怨言小的祖墳六
穴（因）啞嗎嘞因開馬道今行平毀本年五月

20

內小的外祖墳墓亦心懷忿恨起意乘間把啞嗎嘞
殺死除害七月初五日午間訪聞土美傳說啞嗎
嘞下午欲出關閘跑馬遊玩（帶人無多）小的就身藏尖刀在
那裡路旁等候酉牌時候啞嗎嘞騎馬跑來（過）小
的看見乘他不防把啞嗎嘞拉下馬來拔出身帶
尖刀砍落他頭顱並砍斷他手腕（臂膊）一隻又啞嗎嘞登
時身死小的就把頭顱臂膊一併拿取祭告祖墳
後即逃走隨有訪聞查拿小的害怕逃外桂名雲
躲避今被兵役雜役的啞嗎嘞頭顱臂膊並已上
交小的埋在（土名）桑田地方現當查起解驗小的委因啞

噶嚇爭毀祖墳忍恨將伊殺死並沒別

故只求恩典所供是實

七月廿九日供

廿九年八月十八日拜發

奏為密陳暎夷追溯前年因何許期進城懇乞代
奏緣由恭摺仰祈
聖鑒事竊於七月接據暎酋文翰照會言其國王現
有信來以進城未能如約為人所輕似覺赧顏
懇請轉

奏核其文理甚不明晰悉心體會大致謂其國王
有信以進城本無關緊事惟前大臣者　明與
定約各國皆知自必事屬可行何以將近屆期
又經萬民不願同聲阻止殊與顏面有礙臣等
當即覆以本年三月十九日該酋明明照會以
後再不復辨論進城之事何以忽伸前說並將
情理利害倍加剴切開導旋據該酋照復亦無
可置辦惟諄懇將其國王來意速為具
奏以便回覆等情臣等竊以進城一事當時如果
可行何難立辦嚔吡嗬與前督臣耆　要約以
二年為期未嘗不知民多可畏姑為緩圖藉可
卸責該國王並不能深悉底蘊復加探訪德酋

P.3

回國現尚自以爲功並以不能如約排擠吱嚹
吱酋不得已將萬民不願實情告知國王具見
勢有不能並非彼之不辦即其新領事吧嚹與
委辦夷務之候選道伍崇曜談論廣東民情既
然如此原不始於今日自無怪中國之阻止惟
問當日遽爾輕許是何緣故現在國王既令其
轉求具
奏吱酋不得不再三諄懇以爲自行站脚地步其
實商民共憤斷斷不能進城吱酋俱已深知且
自罷議之後貿易始覺漸旺亦必不肯别生枝
節結怨於華夷各商也除將照會稿底録呈
御覽外所有唤夷再三懇乞代奏緣由臣等謹恭摺

P.4

密
奏伏乞
皇上聖鑒謹
奏

謹將照覆噗酋吱翰稿底録呈

御覽

為照覆事現接貴公使來文已閱悉查本年三月十九日接據來文以後再不復辨論此事之事各國皆知何以忽申前說且既經罷議並非爽約實為保護貴國之商貨深悉廣東之民情何至蓄怨難甘前次具

奏業經明奉

諭旨中外皆知亦並非本大臣之私見豈有再行入

奏故違

聖意之理況自罷議進城以後貿易始覺漸旺若復申前說則商人畏累必皆裹足不前民人同心亦將聞風而起試思貨物流通否却百姓更與何人交易其為貽累孰大焉夫貴國之願意進城者皆不理全權之人能如所願固好即有他變與伊亦無甚關繫貴公使總理五口商人之安危貿易之衰旺皆一身之任當通籌全局慕虛名而損實際智者不為也既敦鄰誼不得不推誠相告尚望留意焉為此照覆

P.1

十月十三日由驛搭發

奏為遵
旨由驛密摺覆
奏仰祈
聖鑒事竊臣等於十月初八日承准軍機大臣密寄
道光二十九年九月十八日奉

P.2 2

上諭本日據徐　葉　密陳暎夷追溯進城約
期一事懇乞代奏並將照覆稿底呈覽一摺覽奏
均悉進城一事本年春間已據該酋照會以後不
復辯論乃現在復以該國王函詢耆英定約各國
皆知何以屆期又經阻止懇將此意速為代奏自
緣進城未能如約懷慚尋釁加以嚇酋回國必藉
口居功歸怨吱翰以致吱酋再三諄懇其情已可
概見業經該督等酌理準情剴切照覆該酋自亦
無可置辯惟將來或再有所請仍須照覆該督等
可作為己意諭以天朝撫馭外藩向以誠實相待
入城之舉揆諸事勢百姓既不相容夷人必受重
創豈肯不以實告臨時反令該國責以相欺況罷

議進城後貿易漸旺已有明徵若復申前說則商人之裹足不前民人之同心共憤又將如今春故事該酋亦何苦自取困累耶至前與定期不過從俗從宜一時行權之語日久相安仍當以時為大該國最重貿易現在貨物流通又何必仍詢前約致令商民疑慮諸多窒礙天朝惟知上順

天心下從民願以懷柔為本斷不任民人稍事欺凌該國亦當體會此意安心貿易勿生枝節上而督撫提鎮下而軍民人等旁及諸國斷無以不進城為羞辱之事否則春間暫停貿易各國何以將積貯貨物全交公使責令賠償即此一節可知諸國之心亦不以進城為然也經此剴諭之後該夷顏面

既轉自必就範而闔城文武軍民戮力同心屹然有不搖之勢朕何憂乎現在情事若何即由驛奏來至新領事咆嚟為人是否曉事一切能否循理並著該督等隨時察看遇便具奏將此各諭令知之欽此竊查嘆酋吱噸自七月求為代奏之後兩月有餘並無隻字再詢進城之事（準該國主前）九月下旬接

據該酋照會以現接其本國來文知廣東闔省士民因不予嘆人進城為督撫議立紀功碑其中詞語竟以嘆人為仇敵似非彼此和好之道應求廣東大憲實力化導省城內外百姓使與嘆人悉敦友睦兩國永享太平之福貿易增盛交相利益並求知照（遵照）（和好條約）京師大臣協力同心永保

和好臣等查閱該酋此次來文頗覺馴擾與從
前桀驁詞氣大不相同當即備文照覆曉以通
商安民兩有裨益止有日敦和好何至視若仇
敵旋據該酋復稱極為喜悅並即寄回本國當
亦無不歡欣等情伏查本年四月恭奉
恩旨獎勵廣東商民雖屬婦孺無不同聲感戴衢歌
巷舞詩頌頗多臣等仰承
指授幸免愆尤綏靖之餘彌增悚惕何敢稍涉沽名
釣譽自蹈危疑之咎是以全未目覩其文而咬
酋輾轉傳抄早已寄回該國總因要約進城嘅
酋發其端而罷議進城伊實主其事所以百計
購求將廣東輿誦抄寄回國以見中國官民一

氣上下同心若果輕舉妄動必至有害無利備
陳底蘊聳動該國王獎其曉事一則先自立於
不敗再則杜嘅酋之排擠此次來文所以見好
於中國者正因前次追詢尚未見信於本國也
臣等復加採訪密購得其新聞紙備悉該國王
見廣東士庶如此急公向上咏蹈
皇仁深為畏服所有前詢進城一節並未提及特寄
信咬嘛中國人民眾多生意要緊並傳知五港
口各全權領事皆要查看各處民情切須留神
毋許多生別端查出治罪是其畏
威懷德不敢狡焉思逞實屬信而有徵其新領事咆
嚧人尚馴順來省已閱半年一切頗為安靜至

於各國因本年三月罷議進城不獨無羞辱該
酋之事且感戴
怙冒之仁即如海關稅務自二十八年十二月至本
年閏四月共計五月徵銀二十五萬兩現任粵
海關臣明　自本年閏四月接印截至九月徵
銀七十五萬兩較前任五箇月多至兩倍亦可
為罷議進城貿易漸旺之確據均堪仰慰
聖懷將來無論是否再有所請總當隨時遇事遵照
訓示相機辦理所有暎夷現在情事並購得該國王
密傳吹酋各實據緣由臣等謹由驛恭摺密陳
並將照會覆稿底錄呈
御覽伏乞

皇上聖鑒謹
奏

安徽學政太僕寺卿臣羅惇衍跪

奏為恭謝
天恩事臣恭閱邸鈔本年四月十五日內閣奉
上諭昨因㖞夷復申粵東入城之請督臣徐廣縉馳
奏該處商民捐貲禦侮紳士實力固勷入城之議
已寢該夷照舊通商中外綏靖不折一兵不發一矢
我粵東百姓素稱驍勇乃近年深明大義有勇知
方固由化導之神亦係天性之厚難得十萬之衆
利不奪而勢不移朕念其翊戴之功能無惻然有
動於中乎著徐廣縉葉名琛宣布朕言俾家喻户
曉益勵急公向上之心共享樂業安居之福其應
如何奬勵並分別給與匾額之處著該督等第其
勞勩錫以光榮毋稍屯膏以慰朕意欽此續於五
月初十日內閣奉

上諭徐廣缙葉名琛奏遵旨查明隨同保衛始終奮
勉之紳士一摺本年春間廣東夷務辦理妥速自
應量予恩施以示奬勵高州府教授羅家政著賞
加五品銜欽此臣跪讀之下感激難名伏思臣父
家政以陷陣之遺孤賴撫成於節母始列孝廉
之榜繼居訓課之班現秉鐸者廿年在籍而不
恩就養應捧
綸於再錫供職而未遠受封屬夷酋要挾之時襄鄉
閭捍禦之舉期勉踊乎忠義俾各盡其性天祇
成保障於協同敢望
寵榮之逾格茲乃光膺
巽命
特予加銜華衮
垂褒梓里共傳盛事
温綸普被椿庭徧荷

洪慈此誠臣父所罕覯之
隆施抑亦人子所難逢之
渥澤幸邀
異數得沐
深仁在衆人銜
國心堅交勵成城之志氣而小臣舉家頂戴益增
望
闕之悃忱鐫泐既殷悚惶彌切素稟教忠之訓雖
螻蟻亦解銜
恩慎承式穀之貽豈駑駘可云圖報所有價感激榮
幸下情理合繕摺恭謝
天恩伏乞
皇上聖鑒謹
奏

閣下與仲升升新府同心壽

國清東蘭之友側探中夏之威聲十年

來之言此以意之事此不獨因譜之光

寶載籍之壽也能不跟躍三百弟

孫以異數每切涉越云壽

懷梅更深額甲無之希論不盡

年伯大人前請安 內子附叩 櫻支人也和外一函乞轉致

再英酋文翰來論進城一事曾於二十八年十
二月十七日將照會該酋約期面議奏
聞在案旋准該酋照覆甚為樂從遂訂期本年正月
二十五日至虎門與之面議臣現定於二十二
日帶同督糧道柏　臣標中軍副將崑壽並委
辦夷務在籍候補郎中伍崇曜前往署中日行
事件委藩司李　代拆代行其緊要者仍包
封遞送舟次核辦議定如何情形俟回省後即
行專摺奏
聞所有臣出省日期理合附片陳明伏祈
聖鑒謹
奏

奏為密陳現在夷務情形恭摺仰祈
聖鑒事竊臣等承准軍機大臣字寄道光二十九年
十一月初六日奉
上諭徐　葉　覆奏暎夷復詢進城一節葉經
曉諭解釋該國頗知畏服一摺覽奏均悉朕嘉悅

之懷筆難盡述此次暎夷復詢進城原不過冀轉
顏面疊經該督撫反覆開導已據該酋將粵民立
碑紀功等情寄知該國王嗣接來文詞意較前頗覺
覺馴擾所有前詢進城一節並未提及該督等又
密購其新聞紙備知該國王寄信吱喻諄諄以生意
要緊並傳知五港領事一體察看民情毋許多生
別端是其畏威懷德信而有徵其新領事吧嚽人
亦馴順安靜從此通商裕課共享安平該督等籌
畫盡心辦理確有把握故能消其桀驁俾就範圍
以後該督等仍當隨時體察聯官民為一氣民心
日固斯夷情益服商民共悅實為永久樂利之計
朕為海疆生民慶不僅為得人慶也勉之勉之將

3

此諭令知之欽此仰見
聖明洞鑒策勵靡遺感佩下忱無言可喻臣等竊查
夷情雖定間諜不容稍疎復加採訪知咪唎各
酋現又約會吱嚹一同致書於唉夷國王以自
罷議進城半年以來貿易漸旺可見不尋嫌隙
利益顯然從此和好日敦生意日盛豈非常年
之利大家之福是安心貿易衆國僉同唉夷形
單勢孤更無所用其覬覦洵足仰慰
聖廑尤當恪遵
恩訓隨時隨事固結民心以安民為撫夷庶靖內而
捍外現在夷情靜謐民氣恬熙臣等謹合詞據
實具

END 4

奏伏祈
皇上聖鑒謹
奏

道光　年　月　日具
奏
道光　年　月　日奉
硃批

奏稿

臣葉　跪
奏竊查㗋夷之欲入城並非僅為偶飾觀瞻藉圖
誇耀其包藏禍心實有不堪設想者兩載以來
明知入城一事萬民不願何以百計要求原思
使官與民强為逼勒之勢致民與官頓起離畔
之心該夷從此收買人心庶幾唾手可得幸而

廣東之士農工商無不同仇共憤切齒裂眥是
以該夷不敢與民為難但思與官為難也至於
虛聲恫喝是其慣技幾於無時無事不以天津
江蘇為詞相率傳聞幾成套語夷性原屬狡詐
難保其不聲東擊西肆意滋擾但外强中乾口
雖大言不懟實則力有不逮近日㗋夷支絀情
形迴非昔比且探聞各夷商亦深知入城一節
必致變生倉猝實於貿易大有妨礙甚不樂從
惟呅翰總因二十七年定約甚堅曉瀆不已未肯
遽爾轉圜者姑先為一時進城之計且豫有異
日窺伺之心若不力為阻止令其覷破機關則
得隴望蜀伊於胡底日甚一日噬臍何及現在

F.O.682/112/3(19)

城廂內外互相保衛各出壯丁已有十萬之衆
均皆良善並非匪徒本係各顧身家非官所能
操縱而各匪徒專盼許其訂期進城得以乘機
煽惑焚燒夷樓刦搶洋貨垂涎已久蓄謀更深
倘或各路匪徒同時並起省城香港勢必同歸於盡
不獨有乖守土之義更何得為柔遠之經固知
撫夷原為保民亦惟安民乃可撫夷也總之該
夷入城一事若果得失參半不妨暫示姑容再
圖補救無如有害無利斷難隱忍坐視墮其術
中臣竊以為外患固屬堪虞內變尤為可慮措
置稍有未協一旦衆民解體將何靦顏當此重
咎臣渥荷

F.O.682/112/3(19)

殊恩忝膺重寄若不披肝瀝膽縷晰陳明則辜
恩昧良莫此為甚所有臣體察近日夷務實在情形
謹附片密
奏伏乞
聖鑒謹
奏

F.O. 682/68/4 (20)

[redacted]

為出示曉諭事照得貿易貨物一闗原應納一闗之稅嗣貿易新章格外體恤夷商所有外洋貨物進口完稅後不合銷售報明查驗實係原色原貨並無拆動抽換情弊准其請領照单以免重征此指洋貨進口復行出口而言並無内地貨物出口請免重征照单之條盖内地貨物斷無夷商販買進

口之理凡内地所産各種貨物與夷商歷來外洋出産所報单貨逈不相同實非難辨之事茲本闗部蒞任以來接據各照會請領照单多係内地貨物並查驗箱件仍註華民字號其為華商之貨不問可知查内地商貨完稅出口運往別省闗口仍應照例納稅並不免征即不應夷商干涉之事乃近日查驗竟多内地貨物顯係内地奸商勾串洋貨店户孖毡買辦人等通同包攬附搭夷船而夷商代報指稱自置希圖請免令華商省納一闗之稅從中分取其利并有查驗後不即納餉討限数

日等候免单或由别港來關亦行請免甚至請
免之貨較納餉之貨更多似此種種取巧朦混影
射情獘若不照例嚴禁何所底止必致關稅無征
即如夷商販來洋鐘洋布等件與華商交易後
華商載運復行出口至外洋地方貿易萬無此
等無情無理之事豈有內地土産貨物夷人在內
地興販貿易並不回國而在內地各口往來之理
且與例制不符其華夷奸商句串貪得無厭不
卜可知除諭飭通事客查指名具禀以便嚴辦
倘有前項情獘并不准代報外合行出示曉諭

為此示仰商客舖戶孖毡買辦人等一體遵照嗣
後華商夷商自守本分各安生業華商如有置
辦貨物運往別口銷售本關斷不能發給照单免
別關之稅或由別關販運至此查係土貨照例納餉
混貨不混单仍應僱用內地船隻裝載以符舊
制不得冒為外國商人之貨請領免单倘敢不
守本分仍然希圖取巧除不准發給免征照单外
仍查究華商何人代報何行即發交地方官照例
從嚴懲辦通事知情朦混代報一併斥革本關部
言出法隨決不姑貸其各凜遵毋違特示

稟遵查承充夷人通事向由洋商遴充嗣因洋行歇業以後承充通事俱係承充之人稟准　海關衙門飭令由縣取結驗看給牌承充合稟

粘連將現在通事姓名開列送

閱

計開

寬和通事蔡華

正和通事吳祥

順和通事蔡俊

和生通事吳泉

興和通事鄒榮泰

再通事共有六名其蔡禧一名前已咸豐元年十月內經粵海關監督咨該通事蔡禧因益記客人報下英夷嗲吐㖃茶葉以多報少將該通事斥革現存五名遵再查明並稟

[redacted]

謹將遵奉前往沙頭堡密查情形開列呈

電

查沙頭堡走私出澳有仁安澳門渡一隻該渡泊在沙頭
韋馱廟前河面置有數百斤以及千餘斤大砲數位約七日
一轉自上年逆夷滋事起出口則載土絲雜貨入口則販鴉
片烟土兼之以些小米石藉以販米利民為詞遂致獲

17

聞

利甚鉅各奸民因之而效尤上年十二月及本年正月竟開
至十餘隻嗣於二月中旬經佛山海關緝私巡船在沙頭
穀埠河面緝獲土絲并厚片銅錢等物連人解辦始各
斂跡惟仁安渡石灣渡佛山渡三隻仍有陽奉陰違其
上落違禁貨物多在沙頭下鯉魚沙或順德扶閭三漕口
等處又查得前月十九日申刻有夷人淺水大輪船一隻
鬼板四隻駛至順德縣屬扶閭鄉河面寄定二十日辰刻又
駛至龍江高滘口即於是日申刻由焦門駛出查該火船係
有內地奸民勾串載運土絲而來現經順德總局出有花紅
單購辦合併稟

此圖係噠嚬國王原為哦囉嘶之屬國於去年秋間叛哦投附嘆咈等國該噠嚬國沿海口岸被哦遣兵焚燬並將嘆咈等寄頓該處糧食碾麥磨房一概焚燒哦軍上岸屠城由東吣咪唎即中國二十一里由西嘝嚬咪唎即中國四十二里該國王恐懼嘆咈以火輪船護送噠嚬國君臣至嘆咈謁見兩國王此係該王至嘆咭唎館驛約期初進嘆國女王門外圖式該王年五十餘形狀不揚長髮披肩三芽鬚鬢長至肩至嘆後執禮甚卑截髮修鬢去王服服短褐褐嫩藍色該國尚藍色故也帽服改如嘆咈兵商制式云

F.O.682/327/4(1)

1

西洋理事官嘍嚓哆　為領回事緣

欽命水師協鎮王室大臣總督澳門地捫棧羅等處地方咉嗎喇啞啡喱啦啞嗎嘞大人於本年七月

初五日酉時被華人殺害斬取頭手今香山縣軍民府左堂差三街地保送還收回

道光二十九年十二月初四　日

百九十六號

F.O.682/391/2(30)

道光二十九年十二月　十二　日　貴手華韓立誠呈

澳門同知等

一件稟繳接取啞酋頭手領狀由

批

據稟及附繳夷領狀一紙均已閱悉此繳領狀存

十二月　十二　日

十二月十二日到

廿九年十二月六日出奏

奏為遵
旨覆奏仰祈
聖鑒事竊臣承准軍機大臣字寄道光二十九年十
一月十七日奉
上諭劉　等奏接據琉球國來文密咨兩廣總督

2

查辦等語暎夷咱嘚吟等前往琉球已歷四載仍
未撤回屢經該國懇請轉飭查辦並據稱如得暎
酋文翰一言該夷斷難推托著徐　即查照該
督等所奏再向文翰相機開導設法婉諭能將咱
嘚吟等趕緊撤回方足以恤藩封而免驚擾劉
等原片著抄給閱看將此諭令知之欽此臣檢
查舊案前督臣耆　接據福建來咨曾於道光
二十六年二十七年兩次照會嘚酋大致謂咱
嘚吟本係行醫琉球僻處一隅不足為名醫駐
足之所且招惹該國人驚疑必不肯前來醫病
似屬徒勞應以撤回為妙等語嘚酋含糊其詞
總未照辦臣莅任後於二十八年二月接據福

3

建來洛曾在虎門面囑吠酋將咱夷撤回以免
驚擾旋據照覆以咱嚧吟在琉球兩年斷無緣
故已離是島殊屬定然當未奉
寄諭之先已於十一月十二日接據閩浙督臣劉
洛稱咱夷尚未回國請再照會吠酋速行撤
回當經據情照會去後旱據吠酋照覆以咱嚧
吟前往琉球係在該酋未充兵頭以前底裏本
未盡知且通商五口伊尚可呼應若琉球遠在
海外迥非內地五港可比何以屢次照會獨責
成該酋一人將其撤回察其詞意寓愧怍於推
諉竟有號令不行之勢閩浙督臣劉　謂若
得吠嗡一言該夷斷難推託特係懸揣情形尚

END 4

未深悉此間底蘊也容俟隨時察看相機開導
能否將咱嚧吟撤回再行隨時奏
聞所有始末緣由理合據實覆
奏伏祈
皇上聖鑒謹
奏

P.1

敬稟者竊卑職等於初五日將近日夷情安靜如常議請先撤新順

兩營弁兵及看守各勇蓬帳壯勇緣由稟請

憲示在案卑職等於初九日奉

批示飭將啞酋頭手屆期送至南灣點驗明白交還仍取該夷領狀稟

繳等因卑職等先於初四日將啞酋頭手備文飭令差保送至該處

點交該夷認明具領領回業經具稟並抄呈領狀在案漏未將該夷

原領呈繳茲遵稟繳

P.2 end.

憲臺察核肅此具稟伏祈

鈞鑒卑職玉堂常春滑趙凡政謹稟

計呈繳西夷領狀一紙

查道光三十年正月二十五日准暎咭唎國包領事照會據英商合麽
治法倫治稟稱聯興街同榮店崔亞禧賣去該商等寄棧棉花清
伊所欠華人之賬該商等向問崔亞禧閉鋪不見該棉花值銀四千
九百零九元九毫七等情請傳訊追等由過縣當經前縣馮令飭差傳
訊復准該領事以該商等查有前在同榮店内同夥之倫亞技現在鷄
欄冼基口關張金昌枝記洋貨店照會一併傳訊迭經前縣比差查
傳未到節准該領事文催亦經先後照覆在案前縣馮令旋值卸
事移交卑職照案勒催傳訊一俟到案即行確審究追理合開具
節畧呈
電

F.O. 682/112/3 (38)

運司銜江蘇即補道吳健彰 知府銜江蘇松江府海防同知藍蔚雯
江蘇蘇松太道薛[illegible] 署上海縣知縣[illegible]用同知平翰 謹
稟
爵憲大人閣下敬稟者竊照暎咭唎公使呅咹欲赴天津投遞公文當經攔阻并接收
公文請
兩江督憲代遞於四月初五日稟明
憲鑒在案茲於初七日該國火輪船到滬阿利國以呅酋傳語由內地轉遞公文須月餘
之久不能等候照會到道即經職道照覆內地公文驛站例有定限即兼程行走亦
須四十日并面諭該繙譯麥華陀轉為開導該酋仍以日久為詞并稱定於三日
後遣繙譯官麥華陀武官第吐噓爾赴津呈遞公文當詢以公文已經遞交
督憲不能取回該酋答以尚有一分預備如麥華陀前往辦理不妥我尚欲親往
如二十日內可有回音則不赴津等語察看該酋詞色立意甚堅形踪詭秘
日前既已交文今復稱尚有一分其反復已可概見即許以二十日可有回音亦必另
有飾詞當火輪船未來之先肯以公文交遞既來之後又復藉詞欲往職道復

於初九日親往與該酋面為開導仍復固執並稱此次船到另有要事不能不
遣人赴津等語職道知該酋勢在必行不能阻遏當經稟請
兩江督憲飛咨沿海各省茲於四月十一日據報該夷火輪船已於本日未刻開行
理合肅稟
鈞鑒恭請
崇安除稟
廣東撫憲
兩江督憲
江蘇撫憲 外
職道健彰麟桂 卑職蔚雯翰
謹稟

道光三十年四月 十一 日稟

page 1

F.O.682/112/3 (15)

一件

奏稿

旨　　事

道光　年　月　日具

奏

摺弁　賫

道光　年　月　日奉到

硃批

P.2

奏為遵
旨覆奏仰祈
聖鑒事竊臣等承准軍機大臣密寄道光三十年四
月十八日奉
上諭咦夷進城之說上年經該督等盡心籌畫聯官

P.3

F.O.682/112/3 (15)

民為一氣故能消其桀驁俾就範圍年餘以來頗
覺安靜茲據陸建瀛奏咦酋以該國呈投大學士
穆彰阿耆英及該酋自投耆英公文二角並鈔錄
前次照會該督等底稿求為代遞復稱轉遞日久
不能等候須遣人赴天津呈遞候覆等語已諭知
陸建瀛詳細開導據理回覆矣該督等辦理海疆

P.4

諸務頗有定見此次該夷潛赴上海呈遞公文恐
有反間之計經陸建瀛遵旨曉諭後自必駛回粵
東著該督等仍與該酋堅明約束如有商辦之件
即由該督等相機妥辦不得於成約之外潛往他
處致滋疑擾總須折其虛憍破其要挾俾華夷共
享安平朕實有厚望焉陸建瀛原摺二件及該國

公文二角並本日所發穆彰阿耆英致陸建瀛底
稿均著鈔給閱看將此由四百里諭令知之欽此
仰見
聖謨廣運洞燭隱微臣等曷勝欽服查咦夷輕浮躁
妄竟若性成恃其火輪船駕駛便捷於海外各
國動輒肆意遊行無端窺伺二十九年曾出沒
於孟卡拉孟美拉峨羅斯各邊境其始原不無
希冀及靜與相持遂亦廢然思返此次吱噏於
於五月十六日駛往上海前數日備文照會據
稱現往各海口查看貿易往返不過數旬在粵
商人求為保護當覆以既敦和好自應保護毋
庸過慮其實為鬼為蜮不但臣等悉其情偽即

廣東商民亦多知其虛詞誑語假以巡查海口
為名實則別有覬覦僉稱此去不過徒勞往返
自尋無趣毫不驚疑該酋現尚未回香港俟其
回時如有商辦之件必當恪遵
指授與之堅明約束折以情理破其要挾不得於成
約之外別有請求倘不復饒舌則亦竟可置之
不論不議該夷性情如是伎倆亦止如是惟有
靜以待動當不慮其狡焉思逞也所有遵辦情
形臣等謹恭摺密陳伏祈
皇上聖鑒訓示謹
奏

P.1

奏為吱首駛回香港一切安靜如常恭摺仰祈
聖鑒事竊臣等於五月兩次恭奏
訓諭疊將唤夷從前現在切實情形並聲明俟吱首
回港隨時察看於五月二十二二十七等日先
後奏

P.2

聞在案茲查吱首於六月初十日由上海回港十四
日接其照會不過尋常貿易事件並未述及赴
津投文臣等就事照覆亦無隻字提及前事竊
查夷性有似犬羊喜則人怒則獸桀驁竟若性
成恫喝是其故智臣等上年激勸商民互相保
衛力阻進城未嘗不慮及狡詐靡常出沒他處
藉圖挾制惟念良民憤激土匪伺彼時倘有
游移必至禍且不測是以不敢不慎勉籌防力
為補救且五口既准通商茫茫巨津（浸）到處可通
斷難遏其去路況夷情狡黠若慮其駛往他處
極力商阻則彼轉謂示之以弱勢必要挾愈甚
枝節叢生檢查前數年舊案該夷動輒借（藉）事生

P.3

波稍不遂其所欲即以駛往天津為詞肆性(情)狂吠深為憤懣伏思廣東向為諸夷(他族信服國)各(廣集)貿易之區而江蘇閩浙等省亦為後設(設立夷目交涉公文)通商之地廣東稍有動搖則各省倍難捍禦倘各省稍涉鬆勁則廣東亦大費支持仰賴

宸謨鎮定洞燭其奸並

飭沿海文武各專責成不動聲色節節嚴防該夷無可覬覦遂亦頹然自阻是其蜷蜮伎倆情見勢絀洵為信而有徵今既識破其虛聲當可永絕其妄念金湯鞏固基諸此矣臣等忝膺重寄撫夷安民責無旁貸固不得以狡夷目前綏靜(靖)遽忘警備之心更不敢因沿海分任籌防(維)稍萌畛

P.4

域之見惟有竭情盡慎杜漸防微設法羈縻相機妥辦以期仰副

聖主柔遠綏疆之至意所有吠酋回港照常安靜緣由謹據實恭摺具

奏伏祈

皇上聖鑒訓示謹

奏

FO.682/112/3(1)

P.1

奏為遵

旨覆奏仰祈

聖鑒事竊臣等承准軍機大臣字寄道光三十年六月

初三日奉

上諭陸建瀛傅繩勳馳奏天津夷船已回上海即日

P.2

2

起椗回粵一摺據稱夷目嘐嗶吔於五月十六日

由天津駛回上海經蘇松太道等開導現已情願

回粵定於五月二十七八日起椗等語是該夷徒

勞往返其技已窮惟夷性叵測難保其不竄赴沿

海各岸遊奕著該將軍督撫等密飭各海口文武

員弁隨時偵探加意防守不可稍涉張皇如遇該

夷船駛近口岸仍當妥為曉諭勸令迅速回粵不

得違約恣行設該夷因船隻未齊起程遲緩陸建

瀛等尤當飭屬嚴防該督現在前赴江陰一帶距

海口甚近務須隨時察看情形妥為防制毋稍疎

虞該夷起椗出洋即行奏報並著徐廣縉葉名琛

於該夷船回粵後具摺奏聞仍遵前旨持以鎮靜

俾其安心貿易不致更萌妄念是為至要陸建瀛

等摺片均著鈔給閱看將此各密諭知之欽此查

呅酋回粵一切照常業經臣等於六月二十日

恭摺奏

聞在案迄今又越十餘日依然安靜並無要求惟夷

情反覆不得因此件已完遽謂別無嘵瀆則所

以處置之者更不敢以目前無事遂致稍懈防

閑惟有察其虛實持以鎮靜以貿易為羈縻寓

撫綏於限制庶幾有所繫戀不致妄念循生所

有遵辦緣由理合恭摺覆

奏伏祈

皇上聖鑒謹

奏

1

道光三十年八月十九日具
奏
道光　年　月　日奉
硃批

P.1

奏稿

兩廣總督臣徐
廣東巡撫臣葉　跪
奏為遵
旨覆奏仰祈聖鑒事竊臣等於八月十七日承准軍機大臣字密
寄道光三十年七月二十六日奉
上諭徐　葉　奏夷酋回港安靜一摺又另片
密陳購得新聞紙實在情形等語覽奏均悉昨據

P.2

2

劉韻珂等奏接到夷酋吱喽照會欲求採購臺灣
雞籠山煤炭以備火輪船之用經劉韻珂等正詞
拒絕已降旨密諭嚴飭文武加意防備矣茲復據
該督等奏稱夷酋吱喽連日在港招請商人言福建
港口虧折甚多欲換臺灣地方作為港口是該夷
窺伺臺灣生心已久在粵雖甫有此議究不可不
豫為籌防本日已密諭劉韻珂等仍遵前旨嚴密
防備該督等如接到該夷求換臺灣港口照會即
行查照成約臺灣不在五口通商之內據理斥駁
妥為曉諭絕其妄念並隨時偵探情形如有潛往
臺灣窺伺之信即一面奏聞一面飛咨閩浙總督
趕緊防範該督等總宜慎守成約示以鎮靜勿致別

P.3 3

生枝節是為至要將此密諭知之欽此臣等查本
年正月內曾據呅酋照會內稱彼國火輪船需
用煤炭聞臺灣雞籠山有此出產或勸諭民人
自行裝運來港售賣抑或預行挖掘俟我國船
到彼買運等語臣等當經照復以臺灣係屬隔省本
非所轄斷難允行煤炭為日用所需五口皆可
隨時採買力行文所駁去後該酋在粵並未續陳
此事嗣於五月內復接閩浙督臣劉韻珂來咨
呅酋現有照會寄交在閩領事官轉遞亦係往
詢此事業經備文照復閩省向不產煤臺灣雞
籠山似露煤苗該處紳民屢次稟請封禁萬難
相強早經正詞拒絕之後亦未聞在閩復申前

P.4 4

說大抵該夷情每因覬覦生心輒欲先為嘗
試如果事有難行亟應剴切開導自知理屈事有難
窮未嘗不廢然思返臣等前次所奏購得新聞
紙內載福建港口虧折甚多欲換臺灣地方作為
港口本係呅酋與眾商私相密議游移恐人知因
係潛謀詭計不敢不豫為陳明數月以來並未
接據照會隨時查探亦未聞該夷果有動靜因
思咲夷先於道光二十一年間直至臺灣窺伺經
前任總兵達洪阿與前道姚瑩督率義民大加
懲創該處民情素悍隨時皆可禦侮本屬信而
有徵咲夷雖覺甘餌之可貪究有前車之可鑒
恐亦未必遽爾輕舉妄動復甘蹈危機然弭患貴密於幾先

P.5　5

設防常周於事後仰蒙
皇上思深慮遠疊次奏
密諭閩浙督臣嚴飭文武加意防備該夷船隻往來
五口聲息無不相通彼既知豫有警備似可妄念
潛消臣等惟有恪遵堅持定見
訓諭慎守成約不准有任意之要求偵探情形必常
得隨時之底蘊妥為曉諭方可總期合當事之機宜
如該夷人在粵有潛往臺灣之信即行馳
奏一面飛咨閩浙督臣趕緊防範尤當示以鎮靜
不致別生枝節以期仰副
聖主綏靖海疆之至意臣等謹合詞恭摺覆
奏伏乞

P.6 end　6 END

皇上聖鑒謹
奏

一

抄

F.O.682/112/3(27) 1

道光三十年九月初一日具　由驛三百

奏

道光　年　月　日奉

硃批

P.1

奏稿

兩廣總督臣徐　跪

奏為遵

旨密奏事竊臣於八月二十七日由軍機處封咨遞到

七月初七日覆奏夷務情形一摺欽奉

硃批知道了諭徐　知悉現在該夷貿易情形如

何再鴉片之銷售情形如何隨時察訪順便隨摺

二

P.2　2

密奏再廣州都統烏蘭泰今年入覲時朕觀其人

頗實明白訪之以夷務情形亦屬應對通暢頗有

自效之心未知其行與言符抑或有小才而無大

志爾雖與該員不常共事但究屬同城自必知之

最悉爾可密訪與論至公至當密奏以聞慎之欽

此竊查暎夷在粵貿易情形與歷年尚屬相等惟

聞該國王現在通盤比較入不敷出似與未分

五口通商以前貿易轉多虧折亦不可解容俟

再行確探密訪至於鴉片為害日深中外皆知

為犯禁之物潛匿銷售在所不免現在各國皆

然又非暎夷獨能引為己利但聞其配製工料

未能如前故價值較輕其毒味亦覺稍減仍當

察訪情形遵
旨隨時密奏至廣州都統烏蘭泰臣在粵同城已幾
四載時相接見晤談深悉其製造火器極為精
良遇事能知用心亦頗相為期許即上年二月
防夷之際臣與之面商城內滿營兵丁作何調
度後閱章程備而未用已覺井井有條誠如
訓諭人實明白夷務情形亦屬明暢惟馭夷之法仍
在於治民民心固則夷務自安每當遇變方見
軍旅之奮興隨在處常全賴地方之熟悉且局
中自領與局外旁觀者難易迥不相同至事後
追思與事前逆料者從違究何由先定臣與烏
蘭泰相處以來觀其急公向上之忱時覺流露
於外既未常與共事平日議論究係托諸空言
尚未徵諸實效至於滿營事務多係將軍主政
該都統偶爾旁參未議與論亦無不合惟此次
疊蒙
召見其聰明才力早在
聖明洞鑒之中渥荷
垂詢下逮以臣平日管見所及該都統精明素裕尚
須加以歷練之功始定歷久不渝之志臣愚昧
之見是否有當謹繕摺據實密
奏伏乞
皇上聖鑒謹
奏

為照復事十四日接據來文驚悉
貴國
大伯理璽天德於本年六月初一日仙逝兩國和好同深傷感在
貴公使渥受
大伯理璽天德恩崇自必哀悼異常惟
大伯理璽天德安全福壽遠近知聞九京應無遺憾尚望
貴公使勉節哀忱勤勞事務用以報
貴國主而興貿易是則本大臣所在念者耳為此復啟並候
素祺日佳須至照會者
一照復咪酉伯駕

道光三十年九月十五日

照復米國主仙逝兩國和好同深傷感由

贊平 韓立

2 F.O.682/279A/5(14)

銜

為照復事十四日接據[illegible]來文驚悉 貴國

大伯理璽天德於本年六月初一日仙逝兩國和好同深傷感

在 貴副使渥受

大伯理璽天德恩崇自必哀悼異常惟

大伯理璽天德[illegible]遠近[illegible]知聞[illegible]

福[illegible]人間九京應無遺憾尚望 貴副使勉

節哀忱勤勞事務用以報

貴國主而興貿易是則 本大臣所在念者耳為此復唁並候

素祺日佳須至照會者

萬合

一照復咪酋伯駕

九月十五日

Legation of the United States.
Canton, 17. Oct: 1850.

Sir.
A despatch from the Secretary of State, Honorable John M. Clayton, has reached this Legation, announcing the afflicting intelligence of the decease of Zachary Taylor, late President of the United States, at the Executive Mansion in the city of Washington, July 9th, at thirty minutes after ten o'clock in the evening.

On the following day at 12 o'c. M. the Vice President, Millard Fillmore, in conformity to law, & in the Hall of Representatives, in presence of both Houses of Congress, took the oath

E. Seu, Imperial Comr.

[illegible]

prescribed by the Constitution, and assumed the office of President of the United States.

The Undersigned Chargé d'Affaires, ad interim, as behoves him, looses no time in informing Your Excellency of this unexpected and afflictive event which has shrouded a nation in mourning, and requests Your Excellency to announce the same to the Imperial Court of China, to the manifestation of the mutual friendship & sympathy existing between the two nations.

The Undersigned, avails himself of the occasion to present Your Excellency his compliments & high regards.

Peter Parker

照會

亞美理駕合衆國攝理駐中國欽差大臣事務副使伯駕　為照會
事本署現接本國
大學士吔哩頓訃音內稱近日合衆國
大伯理璽天德姓嗹羅名喼咫咧慘於本年六月初一日亥時在華盛頓
宮中崩逝次日午時
副伯理璽天德姓啡咧嗜名咲喇吔依例親到
萬民長老公會之所仰對
神誓所有辦理國政悉照典章毋有紊亂乃受合衆國
大伯理璽天德之任等因本攝理相應即為照知
貴大臣合衆國忽遭此慘事舉國臣民哀傷成服懇請代訃
中國
朝廷以表兩國憂戚相關之意為此照會順候
多福永膺須至照會者

右　照　會

大清欽差大臣兵部尚書兩廣總督部堂世襲一等子爵徐

道光三十年九月　十三　日
一千八百五十年十月　十七　日

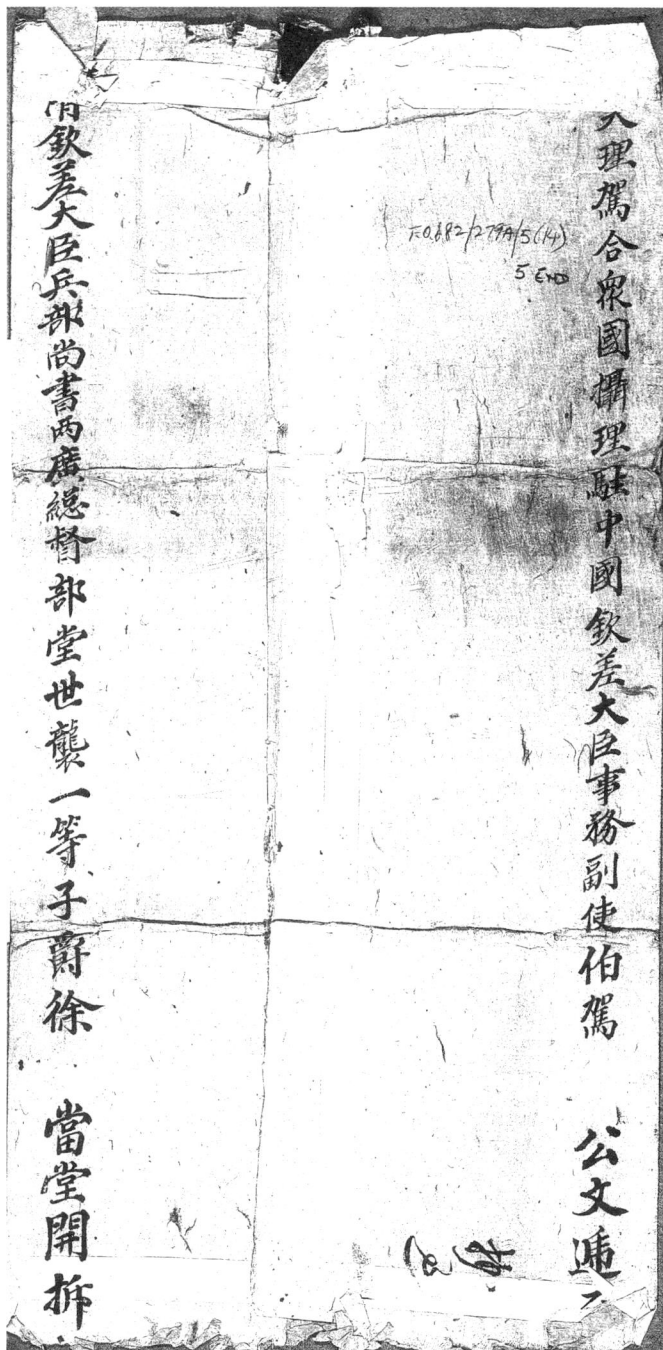

[illegible]理駕合衆國攝理駐中國欽差大臣事務副使伯駕　公文逓[illegible]

FO.682/279A/5(14)

[illegible]欽差大臣兵部尚書兩廣總督部堂世襲一等子爵徐　當堂開拆

內一件

道光三十年九月十三日

一千八百五十年十月十七日

三十年九月二十一日由驛三百里發

兩廣總督臣徐
廣東巡撫臣葉　跪

奏為遵
旨確查據實密覆奏仰祈
聖鑒事竊臣等於九月二十一日承准軍機大臣密
寄道光三十年八月十七日奉
上諭據刑部奏審擬民人丁光明赴大學士耆英宅

內呈遞稟函一案已照議將該民人發遣矣惟該
犯供稱有大西洋國羅瑪府人羅類思曾至山東
泰安府城外店內住宿該犯與同教人郭四投往
服役羅類思在廣東隨耆英辦理夷務有功後自
山東赴上海修蓋房屋居住並於二十九年三月
間遣手下人高姓來京探聽旋即出京等語着該各
該督撫密委妥員詳加查訪有無羅類思及高姓
其人是否在內地居住何時到過上海及泰安府
逐一查訪明確據實密奏毋稍張皇漏洩將此各
密諭知之欽此查九月中旬廣東紳士由京寄到
家信即徧哄傳有民人丁光明赴大學士耆宅
內投遞稟函之事並言羅類思既隨同耆辦

4

理夷務何以數年之久竟廣東毫無見聞等語茲恭
奉
密諭復面詢委辦夷務之紳士候選道伍崇曜據稱
大西洋並無羅類恩其人且耆　在此辦理夷
務數年委用皆係官紳外夷百般要挾焉肯為
其所用至於該夷人曾否前赴山東上海廣東
亦絕無所聞旁參互證衆口僉同是羅類恩並
未隨同耆　辦理夷務似屬可信所有遵
旨查明緣由臣等謹據實覆
奏伏祈
皇上聖鑒謹
奏

道光三十年十月二十四日具
奏
道光　年　月　日奉
硃批
督標差弁倫傑賫

奏稿

兩廣總督臣徐
廣東巡撫臣葉　跪
奏為遵
旨覆奏事竊臣等承准軍機大臣字寄道光三十年七
月初一日奉
上諭安徽布政使蔣文慶奏夷務仍宜修備等語海
疆防範不容少〔稍〕疎如該藩司所奏無事之時沿海

各營將備弁兵於海洋必親習風濤於礮火必親
習熟放於船隻器械〔火藥〕必力求堅緻精〔利〕日日訓練講
求而其最要尤在沿海各郡守牧令平時與紳民
講求聯絡力行團練之法並稱各省巡道似可仿
照臺灣定制凡海彊道府皆得與聞兵事以期緩
急易於措手等語著各該督撫按照該藩司原利
奏各就地方情形悉心體察認真籌辦總期海防
嚴密民氣奮興無事則相安有事則相衛先聲可
奪衆志成城方為克盡職守其各該省如何酌覈
妥辦並道府與聞兵事果否可行之處著一併籌
議具奏原片均鈔給閱看將此各諭令知之欽此
欽遵臣等竊思馭夷之道〔其因應也無方其操縱也有主要總〕不外於固民心而衛

3

民之方原在於强兵力而順民之情尤在於肅吏治上下之志同彼此之理得未有不知安内而知捍外者亦未有不能處常而能禦變者查廣東水師一提四鎮於洋面則分為三路提督駐扎虎門為中路陽江瓊州兩鎮為西路碣石南澳兩鎮為東路所屬各協營亦即分駐其間

舉凡諸夷聚處以及夷船出入停泊皆在中路且距省城為最近故為扼要之所碣石南澳直達閩浙亦為往來必經之路惟陽江瓊州兩處多係越南暹羅諸國商販必通而嘆咪唎等國夷船到此者較少原在各營將備弁兵時加偵探風濤應所慣習礮火熟於點放船隻長於

4

駕駛器械極於精良訓練講求皆分内應辦之事非在有事在賴於防夷無事可期於捕盗惟在隨時勸懲庶可漸收得人之效至於省城為華夷雜處之地全在隨時控馭得宜使之無可藉口亦在自固不動使之無從生心此外如番禺之黃埔東莞之虎門香山之澳門新安之

香港各該縣果能深知大體操守廉潔又能實心任事該夷不獨無戲侮之心並且有悦服之意早有所聞臣等明察暗訪覆無異即如上年嘆夷復有進城之請未及一月城廂内外已有十萬之衆其附近各縣村鄉無不勃興義憤齒切同仇是團練已有成規其在隨時可循正

5

所謂無事則安有事則相衛也查臺灣道遠隔
重洋距省甚遠設有緩急實恐鞭長莫及是以
定制各省巡道迴不相同至於廣東州縣凡遇
下鄉辦案無論緝兇捕盜皆須請兵而行營中習以爲常
隨時皆可立應並非僅道府可以與聞兵事若闕
涉吏務重大一切籌調機宜又恐非道府得以
自專且逼近省垣自應仍由臣等相時行事又
非可諉之道府牧令經司其事總之吏務先守
一定不易之見常求隨在可恃之圖自先聲可
奪而後患漸弭矣所有遵
旨覆奏緣由謹合詞恭摺具
奏伏乞

END
6

皇上聖鑒訓示謹
奏

道光三十年十月二十四日具
奏
道光　年　月　日奉
硃批
督標差弁倫傑賫

奏稿

兩廣總督臣徐
廣東巡撫臣葉　跪
奏為遵
旨密奏事竊臣等承准軍機大臣密寄道光三十年
八月初四日奉
上諭福建學政黃贊湯奏豫籌防夷一摺又片奏華
夷相安總在地方官能服夷心等語著沿海各督

2

撫按照該學政所奏悉心體察總期於安撫之中
寓防維之策不得以暫時無事稍涉懈弛是為至
要原摺片均著鈔給閱看將此各密諭知之欽此
竊思畏威懷德本自古綏遠之常經攘外安內
尤當今馭夷之切務夫夷酋性雖桀驁難馴未
始不可以理喻不可以情通而事多尨雜莫定尤
必先有以力制更有以術化也該夷之所以貪
戀者惟貿易在我所以羈縻者亦惟貿易使彼之理
屈而我之理伸彼尚未遽敢以自逞若我略有
有所短而彼轉恃其所長我反無以相應此正所
謂銷患於未萌察微於將至也惟是變出不虞
事期有備原在於平日之得人徒勇者每以僨

3

事為嫵多謀者又以寡斷為慮欲求其經權悉
貫體用兼賅者一時殊難其選祇可因材器使
量能節録先期臂指之堪憑再望干城之備選
若遽稱屈敵摧強之能出奇制勝之略揆之今
日豈易多得哉至於漢奸之在他省者無由得
知若粵省並非真有奇才異能出人意表多係
沿海游手好利之徒貪其貨財供其指使一旦
不遂其欲並可毆辱相加乘竊以走本當隨時
查禁無從設法招徠但恐間有刁生劣監伏處
其中主謀援引亦未可定自應廣寄耳目究有
根據立即嚴加懲辦廣東民情素稱驍勇原可
濟兵力之不足地方官果能深得民心亦即可

4 END

服夷心所謂蠻貊可行豚魚可格要之安不忘
危利當思害戢悍頑之類平其氣而後可以閑
其心固根本之防保乎常則而自可以應乎變是
在臣等剛柔並用酌乎正而不趨於偏華夷相
安使之離而不願其合祇承
訓諭悉心體察斷不敢以暫時無事稍涉懈弛斯安
撫之得宜而防維之策寓焉已所有遵
旨覆奏緣由謹合詞恭摺具
奏伏乞
皇上聖鑒訓示謹
奏

一

1

P.1

F.O.682/112/3(25)

二

2

P.2

再查㕭首回港照常安靜特就現在行事觀之其中實在情形必須覓有確據方可相機操縱茲特於本月十九日密購其新聞紙內開㖟國女王有書到港傳知大兵頭㕭喻據稱定日前往上海天津察聽中國新政採訪各省情形若何並要用計將徐總督落職方可進城該兵頭甚為留心真係我國能人務使國計有餘大有益處尤須和合中國百姓見機行事亦不可勉強有失國體等語各國夷人議論㕭喻前到上海無法入手遣人赴津又不敢真正鬧事現已回港甚屬無味聞天津港口外沙線甚多竟將其火輪船擱淺壞其去右輪船主喊吧索銀修補

三

3

P3

吱喻允給二千圓在上海爲之修好並聞天津口內藏兵二萬乃中國最利害之兵想係徐總督飛信安排豫備打仗又聞廣東駐省之兵操演槍礮甚嚴葉巡撫與徐總督時常在公議堂暗中設計必有豫防之策吱喻連日在港招請商人言福建港口不好虧折甚多因思另換臺灣地方作爲港口各國夷人又言此事固好惟未審能否相安且徐總督與葉巡撫時常密謀定計此事恐亦大費周章若要用兵又無兵餉而徐總督葉巡撫未知何日始能調去實在爲難也爲鬼爲蜮如見肺肝與臣等疊次具奏情形多相符合竊查吱喻人頗深沈豈尚不知

四

H END

P4 ...d

進城之勢有不可所以勉强爲此者無非虛張聲勢做成竭力盡心之狀見好與其國王以冤（免）嗹噫酋吧酋之排擠即思換臺灣爲港口亦不過私與夷商甫有此議並未接據照會殊不知各國夷人先已共料其勢有難行也合將購得新聞紙實在情形附片縷晰密陳伏祈

聖鑒謹

奏

何

F.O. 682/112/3 (7)

道光三十年十一月十六日奏

奏

道光　年　月　日奉

硃批

借報差弁胡永和賫

奏摺

1
P.1

兩廣總督臣徐
廣東巡撫臣葉　跪

奏為遵

旨覆奏並近日廣東夷情安靜訪有確據恭摺密陳

仰祈

聖鑒事竊臣等於十一月初五日承准軍機大臣字

寄道光三十年九月二十七日奉

2
P.2

上諭徐　葉　奏遵查夷人情形一摺夷酋吱

吱前求採購臺灣雞籠山煤炭該督接據照會即

力行斥駁該酋在粵並未續陳亦未開在閩復申

前說其欲換臺灣地方作為港口現亦並無動靜

惟夷情叵測於成約之外稍准通融此端一開勢

必妄生覬覦昨已諭知劉韻珂豫為籌防該督撫

仍當嚴飭文武加意防備持以鎮靜勿致別生枝

節是為至要將此諭令知之欽此查前因吱酋與

其商人私相議論連年福建貿易虧折欲換臺

灣地方作為港口已閱數月之久並未據該酋

照會議及此事臣等復於十月二十六日密購

得新聞紙該國王有書到港交與吱嘛內稱所

3

P.3

陳中國天津並五港口各情形均已知道該大
兵頭竟能知機理事且知徐總督葉巡撫暗中
出計天津早有防備我兵船不能攏進口岸吱
嗡尚知我國體制亦深曉中國規矩此次前往
各港口不過察探新政原無他意可見吱嗡理
事妥好斷無意外之虞甚屬可愛應賞加喊哩

吧號等語查此次新聞紙該國王既深以吱嗡
兵船不進天津口岸為然總在意存試探其非
必欲滋事已可概見現在又經數月不但換臺
灣為港口並無隻字言及即前求採購雞籠山
煤炭亦未提起可見欲換港口不過吱酋與其
商人作為閑談姑設是想並非真欲嘵瀆且採

4 END

P.4 end

購雞籠山煤炭之心更早已寢息總之夷情叵
測誠如
聖諭倘於成約之外稍准通融此端一開勢必妄生
覬覦臣等惟有謹遵
指授機宜持以鎮靜諒不至別生枝節也所有購得
新聞紙確據緣由理合恭摺密

奏伏祈
皇上聖鑒謹
奏

P1　F.O. 682/327/5(96)

奏為遵
旨覆奏（並查明目下廣東夷情安靜該有礙處恭摺密陳）仰祈
聖鑒事竊臣等於十一月初五日承准軍機大臣字
寄道光三十年九月二十七日奉
上諭徐　葉　奏遵查夷人情形一摺夷酋吱

道光三十年十一月十六日

P2

吱前求採購臺灣雞籠山煤炭該督接據照會即
力行斥駁該酋在粵並未續陳亦未聞在閩復申
前說其欲換臺灣地方作為港口現亦並無動靜
惟夷情叵測於成約之外稍准通融此端一開勢
必妄生覬覦昨已諭知劉韻珂豫為籌防該督撫
仍當嚴飭文武加意防備持以鎮靜勿致別生枝
節是為至要將此諭令知之欽此查前因吱酋與
其商人私相議論連年福建貿易虧折欲換臺
灣地方作為港口已閱數月之久並未據（該酋照會）備文
請求（議及此事）臣等復於十月二十六日密購得其新聞
紙其（該）國王有書到港交與吱嚹內稱所陳（中）天國
天津並五港（口）各情形均已知道該大兵頭果（竟）能

知機理事且知徐總督葉巡撫暗中出計天津
早有防備我兵船不能攏進口岸吱𠰷深曉中
國規矩此次前往各港口不過察採新政並無
他意可見吱𠰷理事妥好斷無意外之虞甚屬
可愛應賞加喊哩吧號等情不但換臺灣為港
口並無隻字言及即前求採購雞籠山煤炭亦
未提起可見欲換港口不過吱啇與其商人㑭
爾為閒談並非真欲嘵瀆且採購雞籠山煤炭之
心亦早已寢息矣揔之夷情叵測誠如
聖諭倘於成約之外稍准通融此端一開勢必妄生
覬覦臣等惟有遵照
指授機宜持以鎮靜諒不至別生枝節也所有購得
新聞紙確據緣由理合恭摺會
奏伏祈
皇上聖鑒謹
奏

Page 1

1

F.O. 682/112/3(21)

硃批遵
旨密查覆奏福建大概夷情

道光三十年十二月十八日具

奏稿

奏

摺弁 賫

道光 年 月 日奉到

硃批

2

F.O. 682/112/3(21)

兩廣總督臣徐 跪

奏為遵
旨密查覆奏仰祈
聖鑒事竊臣於十一月初八日承准軍機大臣密寄
道光三十年十月十八日奉
上諭有人奏閩省夷情叵測漸至蔓延霸佔省城內

P.3.

3　F.O. 682/112/3 (21)

外各寺強買民房起造樓屋並釘塞礮眼騎馬夷人四處踏勘經各鄉民驅斥地方官反為出示禁阻又片奏閩浙商船多雇夷船護送該督反謂水師巡緝之功又夷人用鳥槍打傷幼孩該督委員查驗含糊稟復賄和了事各等語若如所奏該省民夷既不相安官民又復不協劉韻珂等身任疆寄何以聽其滋擾毫無辦理之法徐廣縉總理五口通商事務且閩粵接壤必有見聞著即按照摺內所指各情逐加訪查果否實有其事並該督撫現在能否設法撫馭之處據實具奏毋稍瞻顧倘該省夷情日肆民怨已深此時控馭之方亟應相機熟計夷酋吹噏亦必與在閩夷人暗通信息現

P4

4　F.O. 682/112/3 (21)

在情形究竟如何著即確查具奏倘稍有齟齬當先思釜底抽薪之法勿令轉生枝節是為至要原摺片並公稟均著鈔給閱看將此密諭知之欽此

查廣東省城與福建省城雖稱鄰近而相距二十九站道里遼遠聲息不能時通其有籍隸福建現在服官廣東者往往接見之餘詢以該省民夷情形僉稱督撫但知將就夷人不思固結百姓動輒抑民以順夷以致夷情愈驕民心日離詞色之間頗露憤懣惟究係得之傳聞不敢信為確實現將摺內所指各情逐一開列由內署繕札密委妥員前往確查俟其稟覆到時再行據實具

奏核計往返程途總須兩月有餘恭讀
聖諭該省民夷既不相安官民又復不協誠恐別生
枝節相應請
旨將該督撫先予薄懲一面責成撫夷原為安民民
皆譁然其所謂設法撫夷者安在況柔遠本體
國之大經何得漫無限制總期先得民心民心
既不動搖夷情自歸馴順倘再飾延即予嚴譴
似當知所奮興若思釜底抽薪之法凡夷酋之
强佔勒租總恐有內地奸民為之勾引果先密
訪嚴辦該酋亦未嘗不旁觀知警至於吱酋數
月以來毫無曉瀆其與在閩夷人有無暗通信
息容再密查具

奏所有遵
旨查辦大概情形先行恭摺密
奏伏乞
皇上聖鑒訓示謹
奏

1
P.1

國

F.O.682/324/4(2)

為照復事六月二十八日接據來文閱悉查茶棧抽
用一節係循照舊章[illegible]彌補公項之舉並[illegible]有違係
約之義前曾屢經明白照復 貴公使諒必了然乃
仍感於人言再行備文駁論本大臣亦不得不將此
事之始終原委再為剴切言之來文云洋行商祇有
幾人自盡數裁撤之後華商各開棧房甚多洋商舊
有棧用五錢一項乃按本公使查明近已減去二三
錢不等又[illegible]內客支出此款費用不論若干於裁撤
洋商以來未聞
家欲向新棧征取即此可見該項無非歸入該新棧
自得之利等語查[illegible]商借用公項歸還欠款彼時該
商即撥[illegible]茶[illegible]款並未料及裁撤以致散漫無

[illegible]後洋商既裁而茶棧總有是以斟酌仍於舊章數
內[illegible][illegible]補[illegible]是有洋行始有茶棧有茶棧即有茶用
現今茶棧原係分洋行之利豈能任其自得不許其
撥出歸公于至於洋商舊有用五錢近已減去二三
錢不等無論是從前現在是茶棧之有用費久已如
此辦理並非因[illegible][illegible]歸公增添可知且或五錢或減
去二三錢較之歸[illegible]二錢總屬有盈無絀並無着令
改從[illegible][illegible]來文[illegible][illegible]推求其故並無利眾之意將止
勉為協助彌補舊洋行數家欠帑之計來文所稱無
不樂從此理實所難解等語查洋商借用公項擬[illegible]
茶棧用項內撥補是道光二十十年[illegible][illegible][illegible]因洋商
裁撤[illegible][illegible]二十六七八九等年各茶棧陸續歸補公

項者甚多是本大臣未到粵以前茶棧中業經照此
辦理所以上年先在本大臣處稟請申明舊章本年
又復在南番二縣稟請出示曉諭總由於正派商人
出於本心非官所能強勒亦非舊洋商所能挾制豈
非無不樂從之明效大驗乎來文又云茶葉最是通
商之大宗復設該洋商特操管理之權背違條約又
各棧主未欠公項嗣必遵照納銀彌補似此於其自
已應得利中添出前項未徵之費不免向外商一律
抬高茶價始得補償新費虧缺等語查前設洋行
賣交易均由洋商定價今則買主賣主各聽其便舊
洋商從無過問之理豈能操權與條約並無違背至
恐於自已應得利中添出未徵之費茶棧向有抽用

前言既知舊有又經查明此處何得復云添出至於
茶價之高低總由華商成本之貴賤茶用乃議定之
成規並不[illegible]其長落與茶價毫無干涉即如道光二
十七年頭盤茶價係二十八兩三十兩二十八年頭
盤茶價係二十四兩至二十六兩二十九年頭盤茶
價係二十九兩至三十二兩可見茶價因時不同而
茶用並無增減何能一律抬高茶價乎況茶用提出
二錢歸公不但本無絲毫損累外商並且與內地商
人亦無甚枝殊不知此項原出於茶棧中向來自有
之用費也來文又云如果茶葉出口漏稅在本國各
官員原不教使作為亦無狥縱之處此語誠然貴
國商人素稱體面諒無走私之理該領事官辦理自

3END

P.3 end

國

F.O.682/324/4(2)

必妥適若內地商民究係不免此弊乃本大臣應辦
之事原可無庸委員會議也以上各情特因 貴公
使來文剴切詳言閱之諒無不釋然也總之此事有洋
商則茶棧可分帑欠在此償還無洋商則茶棧自在
帑欠同一歸着且當年數百萬
帑所以借給洋商者一為交 貴國之款一為成當
年之好原因洋商雖撤而茶棧可歸今 貴公使轉
以早議之章程程為後來之改設明知舊有之用費
故作新添之補償揆諸情理均有不合本大臣一秉
大公毫無偏倚內外各商謀利營生無不曲為體護
總期貿易日臻興旺此次所以明定章程者正所以
宣示中外使人不疑祇准在於舊有茶用內酌提二

奏國

錢並不准額外多增致有擾累可以共鑒此衷況於
內外各商毫無干礙既係遵[illegible]為歸還
帑之事迥非尋常他事可比況屢經前任
明在案試行已有數年更非本大臣自為固執即非
貴公使所能阻撓也 貴公使其細思之為此復
候 履祺佳勝須至照會者

三四送錦

F.O.682/391/2(5)

咸豐元年正月初四日 費平章 韓立誠 呈

蘇松太道

一件稟夷商完納稅餉照章兼用洋錢由

批 覽

據稟夷商完納稅餉兼用洋銀緣由已悉，仰即循照前議兼用洋錢加納補水足收，仍候

兩江督部堂
江蘇撫部院 批示繳

正月

正月初五日發

1

P.1　F.O.682/391/2(11)

一件覆奏未便再照會令住琉球之咱夷撤回等由　事

看稿

對摺

咸豐元年正月十日具

奏稿

咸豐元年　月　日奉

繕摺

奏為遵
旨覆奏仰祈
聖鑒事竊臣承准軍機大臣字寄道光三十年十二
月初八日奉
上諭劉韻珂徐繼畬奏接據琉球國來文咦夷咱嚧

P.2　2

吟尚未撤回仍咨兩廣總督查辦等語咦夷咱嚧
吟住居琉球已閱數年該國以有咦夷船隻到彼
仍未載回且出恐嚇之言致該國甚為憂慮復行
籲請查辦前經徐　奏稱該酋吱嚹設詞推諉
自係意存逗留惟琉球以海島藩封頻來呼籲未
便置之不問著徐　再向吱嚹設法開導妥為
勸諭務令將咱嚧吟等及早撤回免致琉球驚擾
又據劉韻珂等奏有大西洋葡萄牙國黑夷上岸
用刀戳傷民人林舉為一案福州並無該國領事
官現已移咨該督並將兇夷唵波囉吐啥噬二名
解送廣東等語夷人領事官住居澳門著俟解到
後即飭發交該領事官查照章程秉公辦理以符

成約將此諭令知之欽此查咦夷咱嚧吟久住琉
球前據閩浙督臣劉韻珂咨請照會吱酋撤咱
夷回國即據吱酋照覆以通五口伊尚可呼應
若琉球遠在海外迥非內地五港口可比曾將
其號令不行設詞推諉緣由於道光二十九年
十二月十八日具
奏在案茲當未奉
寄諭之先又於去年十一月二十七日接據閩浙督
臣劉韻珂福建撫臣徐繼畬抄錄奏片及琉球
國咨文密咨前來竊惟咱嚧吟不過一行醫之
人妻子數口僑寓琉球有何能為若該國之人
不與往來自當廢然思返今住居數年之久顯

有內奸為之勾引接濟是以得遂其盤踞乃不
思自反而惟呼籲中國照會吱酋撤之出境實
屬不曉事體檢閱琉球原咨內稱咦國總辦外
宜宰相巴以咱嚧吟乃彼國所珍重如強用壓
欺驅出境決不能依順等語是巴酋早有成
見吱嗡從何置喙即查福建督臣片陳亦以吱
翰既設詞推諉即使再行照會亦難保其必肯
撤回可見事有難行該督撫臣已早見及此夫
馭夷之道有言必期能行方為無損
國體若明知其不能行而照會之是取侮也且以
後必至遇可行之事彼亦故意刁難尤宜慮也
揆幾度務不得不杜漸防微此未便再行照會

P.5 end

5 END

之實在情形也至究夷唵波囉吐唅⿰口壁二名早據福建委員於上年十二月初九日押解到粤即經轉交大西洋領收據其領事申復已照該國之例懲辦矣合併陳明所有實在緣由理合恭摺覆

奏伏祈

皇上聖鑒訓示謹

奏

1 p.1 F.O.682/391/2(12)

再本年正月初七日准直隸督臣訥 咨開
道光三十年九月二十八日奉
上諭理藩院奏據昭烏達盟長巴林扎薩克多羅郡
王那木濟勒旺楚克呈報該郡王於本年八月內
起程赴京行至翁牛特旂地方盤獲外夷二人攜
有夷書一本及咈囒哂國文憑一紙已將該夷人
轉送熱河都統衙門等語咈囒哂屢遣夷人私赴
內地意圖傳教遠至蒙古游牧地方實違成約著
惟 即將該郡王所交咈夷二人解往直隸並夷
書及鈔錄文凴一併發交訥 派員轉解廣
東並咨明徐 飭交該國領回並向該夷切實
開導嗣後除五口等處不准私遣夷人潛赴遊奕

元年正月二十日拜發

2END

p.2 end F.O 682/391/2(12)

致乖成約等因欽此備文咨會前來並委試用知
縣陳登漢候補縣丞羅才雯押解咈囒哂夷人（於本年正月初七日）
李伸符即安理自艾伸符即方臘隔勒二名及
原帶文凴經卷佛像十字架西洋衫等件到粵
臣 當將解到該夷人二名及文凴各件一并委
員解交咈囒哂夷酋領回一面恭錄
諭旨照會該酋欽遵查照嗣後除貿易五口地方以
外不准私遣夷人潛往致違成約所有遵
旨飭交辦理緣由理合附片具
奏伏祈
聖鑒謹
奏

咸豐元年二月初八日具　四百里

奏

道光　年　月　日奉

硃批

奏稿

奏為遵

旨查明覆奏仰祈

聖鑒事竊臣因密查閩省夷情一摺承准軍機大臣

字寄道光三十年十二月十一日奉

上諭前因有人奏閩省夷情叵測漸至蔓延當降旨

2

交徐　逐加訪查據實奏聞該撫該督奏稱閩

省督撫但知將就夷人不思固結百姓以致夷情

愈驕民心日離現將查去摺內各情據札委員前

往確查等語著徐　於委員查明等覆到日即

將閩省實在情形是否內地奸民為之勾引詳細

繕陳玉咬酉興閩夷有無暗通信息之處著隨時

密查具奏將此諭令知之欽此遵據委員確查稟

覆並閩縣福建省城內外各國夷人住地清單

前來臣面加詢問據稱英奉查咲夷自從占福

建省城南門之內神光寺後復將東門外之鼓

山寺西門外之西禪寺亦行占踞並南門外之

銀湘圍水部門外之路通橋張賈民房起蓋樓

3

屋各情查福建省城於道光二十二年即有暎
國夷官在南门内烏石山之積翠寺居住其餘
各國貿易夷人陸續而來均在城外南臺中洲
等處租賃民房而居上年二月有暎夷教士蕭
杕委委里董兩人占踞南门内神光寺侯官縣
知縣興廉立有印信租約付該教士及寺僧分
執為憑各紳士以該寺乃諸生肄業之所難容
外夷居住公呈驅逐經專辦夷務文武委員郭
學典沙文亮等帶引夷人另擇距南臺三十里
之林浦鄉河邊起造夷樓各鄉居民不依該委
員又帶夷人於水部门外路通橋後之萬壽橋
河邊置買園地民房居民亦不依再擇水部门

4

外水閘口議買古尼庵一所衆民又不依緣此
三處均係咽喉要口為民船裝載糧米柴草入
城之港又兼民居稠密是以各不允從最後該
委員復擇南门外銀湘圃之浦奶山買拆張瑋
元舊屋一所給與該教士起造樓房現在尚未
竣工因有幼孩多人乘該夷出進之時丢擲瓦
片喧嘩驅逐閧物知縣來錫蕃出有告示以該
處係在城外與原約相符不得藉口生端並差
騎馬夷人回處踏勘經各鄉民驅斥地方友反
為出示禁止之事惟該教士先住神光寺後被
諸生驅逐擇地起房又未完工九月間移住西
門外西禪寺因離船遙遠十一月復移住烏石

5

山道山觀係在縣知縣興廉又給有印信租約
為據道山觀右邊為奎光閣又有咲夷之人住
宿亦係興廉立與印信租約至東門外鼓山寺
六月間有夷人四男三女共七人到彼游玩住
宿一夜因嫌山高難行又遂次日即下山而去
現實無夷人居住也又如夷人釘塞礮眼無兵

賠雇銅匠起釘修補妥貼給驗以並未釘塞飾
筆一節查砲臺係在五虎門與閩安營管轄安
放鐵砲二位銅砲一位前有六千斤鉄砲火門
被釘閉係附近幼孩頑耍所為僱該營弁雇匠
起好經給工價該匠不甘在省中汎言其砲乃
夷人所釘該營據閩知縣永春州知州王光鍔

6

閩縣知縣來錫蕃前往看驗並加訪查實係幼
孩所為至南門大樹下乃衙衕大路並無安設
大砲惟校場邊與大樹下相近有廢鉄砲兩截
查係當時製壞所棄別無大砲亦實無夷人釘
塞之事也又如南臺常有火輪船數隻停泊經
過商船索銀三百圓護送至彼商船被害之少

實由夷船獲利之多一節查福州南臺口及五
虎口常有夷板船及夷人之澳門划艇往來停
泊輪流護送裝載杉木赴彼各商船每隻索銀
二十五圓合二十五隻為一幫每幫共銀六百
二十五圓實非火輪船護送間有商船湊不成
幫要其護送隨時講價多寡不等亦無經過商

7

船穿銀三百圓之事再查二十九年以前常有
火輪船一二隻駛入五虎口及省港往來不定
至三十年則並無來省者也又如夷人用鳥槍
打傷幼孩委員查驗含糊全覆賄和了事一節
查上年八月間有中洲福隆棧通事麦光蕭順
皆廣東香港人於十二日兩人携帶鳥槍往三

縣洲田中打雀適該鄉鄭周氏之長子年十五
歲次子年十一歲赴街買米路經該處該通事
放槍打雀傷及鄭周氏長子頭角次子肚腹倒
地經鄉人團獲送交鄭周氏依人傭工家道貧
寒其長子傷輕尚可醫治次子旋即殞命聞有
府經歷鄭學典守備沙文亮與通事鄭江調處

8

給鄭周氏制錢四十千文以為收埋醫調之費
麦光蕭順兩人亦即由交釋放並見其實有
此事以上各條均係親詣確查實在情形不敢
稍涉含混各等情臣竊以福建省城内神光寺
為該生肄業之所僅交該紳豈獨不知何以不預
清議遠為夷人蓋印寫租既經衆紳驅逐搬入

道山觀該紳何以復蹈前轍是其排民順夷已
可概見且經查各夷住処清單除英國夷官蘭
那住城内積翠寺其餘各國夷人俱租住城外
民房何以該處士必須擇地建樓既屢經擇地
居民不允旋即中止是民情之大可用夷情之
不足畏亦可概見又何必由文武委員為之展

9

特卜居務逐其踪而後已種種詢訪殊不可解
至殺人者死律有明條該通事既因打雀傷斃
幼孩經鄉民團獲送官自應按律究辦又何以
任聽委員賄和即將兇手釋放如此將就何以
服民何以讋夷耶復細詢該委員夷情既然如
此驕縱即恐難免復生事端當據實稟稱福州城
外多夷館伊皆親到出省時由廈門附搭海船
回粵該處夷館亦所遍歷密訪夷情僉云連年
福建港口貿夷船本該國王極不願其多事住
粵之收公使現以安靜為他偉為其國王所嘉
獎更願安享太平由此觀之該省督撫若能因
法百姓懾服外夷當不至別生枝節亦可謹收

10

商酋之暗通消息嫌起波瀾也所有遵
旨確查閩省實在情形理合詳細據陳並將各夷住
地清單鈔呈
御覽伏祈
皇上聖鑒訓示謹
奏

11

FO.682/391/2(9)

謹將閩省各國夷人現住處所抄呈

御覽

嘆咭唎國夷官嘓那住城內烏石山積翠寺夷

女一妻一廣东女人一

嘆咭唎國教士蔗枕住城內神光寺現搬住道

山觀

嘆咭唎國教士委里董住城內神光寺現搬道

山觀

嘆咭唎國教士喜利住中洲福隆棧該夷常住

廈斗船中

嘆咭唎國根登棧住南臺横山鋪該夷現住廈

门

12

嘆咭唎國架剌佛棧住中洲尾該夷常住廈斗

船中

咪唎嘡國教士勒節住南臺婆奶山現回廣东

咪唎嘡國教士簡明住南臺大嶺頂妻一

咪唎嘡國教士麦利住南臺埕倉前天安寺

咪唎嘡國教士柘林住南臺埕倉前玻璃倉

咪唎嘡國教士懷佐住中洲街長興號鐵綠店

後

咪唎嘡國教士彌住中洲囉吧行妻一女一

咪唎嘡國教士盛順住中洲林厝衕妻一

咪唎嘡國教士摩林即摩仁住中洲保長衕妻

一女一

13 END

咩唎㗎國者士土里都里即盧力住中屾鄉棧

妻一

蘇哺咲國者士李吉之即呂吉之住悵往棧

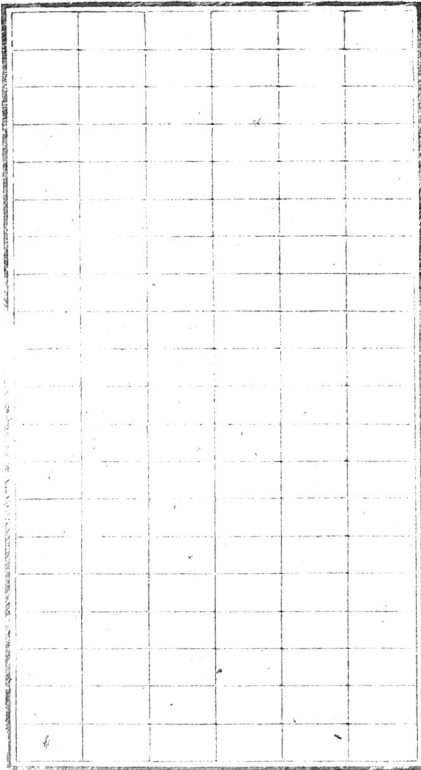

江蘇撫部院來咨

為

咨會事據蘇松太道麟桂稟稱竊於本年五月二十五日准英國領事阿利國函稱據英商李百里稟稱有華商投行願買熟鐵一千餘斤因恐不准販運內地未敢交易等情查通商稅則載明洋生鐵每百斤徵稅一錢洋熟鐵每百斤徵稅一錢五分可知並非違禁貨物應一體聽華商交易合請查明示復以便照飭商人可也等情到道職道查洋鐵一項載在通商稅則原准納稅與內地商民交易案查道光二十五年間有浙江商民姚萬通領執司照來上海販運鉄斤一案奉前撫部院陳　札飭司道議詳當經前官道會同蘇藩司查議內地商民販運鉄斤經由江海者向例呈明地方官查明辦運確數住銷縣分詳司頒填印照詳送撫憲驗掛發司轉給執運到地之後由官驗明督令給烙官鋪分銷按季造報追照繳司彙核詳銷現查上海與西洋各國通商稅則內載明洋生鉄每百斤稅銀一錢洋熟鉄每百斤稅銀一錢五分既准其裝載進口輸稅自應聽其與內地商民貿易惟內地販運鉄斤必須有烙縣分官鋪方准運辦住銷統查蘇省給烙官鋪縣分僅止長洲元和吳縣武進陽湖無錫金匱丹徒等八縣上海向無給烙官鋪而洋鉄載運進口日見囤積應請於定例之中變通辦理嗣後凡有商民赴上海販運洋鉄及以貨易鉄運賣者先赴蘇常鎮三屬有烙官鋪議定斤數及住銷縣分由該官鋪發給驗烙照票一張交商執赴上海縣衙門轉呈海關查驗屬實准其如數販運酌量程途遠近註明限期俟鉄

斤到地即將照票赴地方官衙門呈繳查驗照鉄相符准其銷售將照移還上
海縣核銷以杜奸民囤積私販情事詳奉批飭遵辦在案當即查案函復去後又
據該領事照會內稱查前宮陞道暨江蘇藩司議定稽查洋鉄章程甚碍㗎商
交易與和約不符既稱恐不法奸民混行販運私造違禁器械何不於議立通商
章程時會同賅載或仿照洋硝丁香等項於後議各國條約酌改原立章程既
無賅載且未詳兩國大憲會同酌定有碍鉄貨遍運之弊除詳大㗎公使大臣請示
核辦等情照會前來職道伏查商民販運鉄斤非比尋常貨物可以任從運行前
宮陞道等會議洋鉄一項查明定例稽查杜弊與通商章程並無窒碍茲該領事
因內地商民販運洋鉄須赴有烙官鋪給票呈縣給照販運輾轉稽遲有碍銷
路且以未奉
欽差大臣會同公使議定為詞除照復該領事外伏祈咨明
欽差大臣查核咨復飭遵辦理實為公便等情到本部院據此相應咨會為此合咨
貴大臣請煩查照核復飭遵施行須至咨者　七月十九到

II. 兩江督部堂來咨同前　八月初一到

III. 蘇松太道來稟同前　附另摺　七月三十到

IV. 雙銜批　據稟及另摺均已閱悉查中國向例內地民人販運鉄斤經由江海者
應呈明地方官查明辦運確數住銷縣分詳司頒填印照轉給執運到地之後
由官驗明督令給烙官鋪分銷宮廿道因上海向無給烙官鋪原為申明定例係

專防中國奸民囤積私販情弊所議甚為允協且行之已久與條約所載生鉄熟鉄征稅准其交易者毫無格碍自應照章辦理至稱該領事有向哎酋請示核辦等語迄今數月粵省並未接據哎酋照會更無庸置議并准
兩江督部堂 江蘇撫部院 咨同前因除咨復外仰即知照仍候
兩江督部堂 江蘇撫部院 批示繳摺存

閏八月廿七日行

為

雙銜

V

咨復事咸豐元年八月初一日 七月十九日准
貴部堂 院咨據蘇松太道麟桂稟稱云云 全敘 寔為公便等情到本部堂 院據此相應咨會請煩查照核復飭遵等因并據該道稟同前由各到本大臣 部院准據此
查中國向例內地民人販運鉄斤經由江海者應呈明地方官查明辦運確數住銷縣分詳司頒填印照轉給執運到地之後由官驗明督令給烙官鋪分銷宮井道因上海向無給烙官鋪原為申明定例係專防中國奸民囤積私販情弊所議甚為允協且行之已久與條約所載生鉄熟鉄征稅准其交易者毫無格碍自應照章辦理至該領事照會該道有向哎酋請示核辦等語迄今數月粵省並未接據哎酋照會更可無庸置議除批飭該道遵照外相應咨復為此合咨
貴部堂 院 請煩查照轉飭遵照施行須至咨者

一咨復 兩江督部堂 江蘇撫部院

閏八月廿七日行

為

VI

福州將軍來咨

咨請事七月二十五日據督辦南台夷務協領霍隆武稟稱七月二十三日接准英國署
理通商事務繙譯官星察理照會內開現蒙大英欽差便宜行事大臣文　憲牌照
得遵照江南和約條例通商五口地方各口業經議立章程則例以便英商遵行
貿易輸稅當議由英國衙門協助催令完納不致中國稅課虧少以敦和好等事本
大臣查自開市以來各港馬頭英商無不恪守章程按則輸稅且由英國各衙門
每為查催辦理在案惟查上海廣東兩處所有他國貿易商賈者內中所運
進出各貨多係走私畧輸半稅而中國知情故從庶于英商生理買賣大有
虧損深屬不公蓋英商素稱誠信可靠樂于守法不願欺稅然而見他國商
人從中得利而止我英人照數輸納甚為不便當經奏明茲奉諭旨據奏中國不
收他國稅餉惟止英商輸納若嗣後英商在中國貿易者亦准其按照他國之人
畫一貿易方為公平仰該大臣改立章程飭行辦理欽此本大臣奉此合就欽遵飭
辦為此牌仰通商各該英國領事官遵照嗣後凡有英國商船進口貿易者
該管領事照舊將船號名目通知海關然船內貨物原歸中國海關派役檢查
徵稅英官不便過問仰飭該領事迄今所用進出貨单以後勿行通知且餘外英人
所有報貨輸鈔之處則諭令親赴海關經辦不由英國衙門照會查辦俟英商
稟呈紅单查閱後方交船牌許船出口總之英商凡涉報貨輸稅等事英官
概不預聞俱歸中國官員親自辦理方與他國商人貿易無異等因蒙此理

合通知照辦爲此移諮貴協鎮請煩查照並布此後遵照辦理等因准此職

查更改舊章事關

國課未敢專擅除照復該繙譯官先行遵照舊章辦理外理合據情轉稟伏乞

察照施行等因到關據此查署理通商事務繙譯官照會來文內更改舊章

與通商條例不符如無領事官循照原定舊章催查辦理等事若令英商自報

輸稅誠恐散漫難查而稅課大有關碍相應咨請爲此合咨

貴大臣請煩察奪速賜見復以憑遵辦施行須至咨者　閏八月十三到

雙衙　　爲

VII 咨復事閏八月十三日准

貴將軍來咨內開七月二十五日據南台口協領霍隆武稟稱七月二十三日接准英國

繙譯官星察理照會內開云云全叙而稅課大有關碍咨請察奪速賜見復以憑遵

辦等因到本爵大臣部院准此查各國貿易輸稅向有舊章英國與他國毫無歧異

據英國吱酋牌內稱他國貿易商賈內所運進出各貨多係走私而中國知情故

從等語未據吱酋照會無憑核復自應仍照舊章辦理且粵東並無更易之處

更可無庸置議茲准前因相應咨復為此合咨

貴將軍請煩查照施行本大臣現赴高廉一帶堵剿游匪所有

欽差大臣關防移交本爵部院代辦合併聲明須至咨者

一咨　福州將軍　　閏八月廿三日行

VIII

福州將軍來咨　為

再行咨請核復事照據廈門口委辦夷務委員協領興奎稟稱為稟明事切照
英國繙譯官夏巴於七月末到關聲稱現奉公使札知所有通商口岸嗣後英船進
口按照別國商人自報章程照會內只開船號牌名其船內貨件噸數着令英商自
行開報等語嗣英國徠寧一船進口該夷商即將貨件噸數自行開單來關具
報其照會內只開號數牌名并不循照舊章開列貨單噸數送關備查職當
即面為勸導仍照舊章辦理該領事聲稱奉到公使明文各口一律照辦堅執不
從隨於八月初一日據該領事照會內開案奉欽差全權公使大臣文　札開廈門港口
所有英商交易通商查驗等項無不聽准按照各別國程式辦理等因到本領
事府奉此亟應遵照籌辦嗣後凡英國商船一經進口依舊將船牌投繳本署存
查仍由本領事府將該船號數船名船主商行各件照會貴關查照但船內所
載貨物及噸數等項應准該商繕明自赴貴關投繳察核至於起貨下貨陸
續查驗等事均任該商與貴關書役面同徵辦清楚再候貴關給發完稅紅牌
呈繳本領事府驗明方還船牌准令開行出口倘英商投報噸數等項或遇有
不明可疑之處則本領事府願將船牌送察以憑核辦查從前本署原備起
貨下貨單及出口貨單等件果屬繁冗早已截止本期公便則此時免備進
口貨單到關之事想亦無可介意滋生事端之弊況別國商人至廈通商其間

每有未設領事官員者均准其按照此項程式辦理報關徵驗向來該國商人
自行報驗未聞別有弊竇自應並准英商劃一自行報驗仰見欽差大臣文
札飭准照各別國商人便易之處亦應一體施及英商之議實出平公並無他意
為此照會查照等因准此職查貨税歸商自報官不預聞係屬更改舊章與原
定條約不符以後應如何辦理之處未敢擅便理合據實禀請伏乞察奪施行等情
據此查前據委辦南台口夷務協領霍隆武具禀當以如無領事官循照舊章催
查辦理如今英商自行報徵誠恐散漫難查有碍税課即經咨請
欽差大臣察奪見復在案茲據廈門口具禀前情合再咨請為此合咨
欽差大臣請煩察照先今來咨事理統希核復施行須至咨者　閏八月十八日到
雙銜　　為

IX

再咨復事閏八月十八日又准
貴將軍來咨內開據廈門口委員協領興奎禀稱云云全叙茲據廈門口具禀
前情合再咨請察照先今來咨事理統希核復施行等因到本大臣部院准
此查本案前經咨復在案現未據吱啇照會無憑核復自應仍循舊章辦理
竟可無庸置議茲准前因合再咨復為此合咨
貴將軍請煩查照施行須至咨者
一咨　福州將軍　　閏八月廿六日行

五

為

浙江撫部院來咨

咨請示遵事據護理浙海關印務寧紹台道瑞璸稟稱切本年五月二十二日據

暎國駐寧副領事海酋照會奉該國公使文劄付別國船到五口通商海關納稅

事宜照暎國船一律辦理知會別國船進口商人船主愿請該領事兼辦者遵照

條約章程辦理等因前來職道查寧波口惟暎國設有領事駐劄城外管理該國

通商稅務事件凡有暎商稅餉進出悉照定章稅則辦理又道光二十九年間准

藩司移奉各憲行知咈囒哂公使嘡喑帶同上海領事官敏體呢等來寧查辦

五口通商事務飭令敏體呢兼作寧波領事仍住上海等因嗣後咈國並無商船

進寧賣貨其餘各國間派夷官來寧或稱查看馬頭或稱查辦貿易旋即回

去從無來寧設立領事之事即間有別國夷商船隻裝載零星貨物進寧

銷售應輸稅數因無領事又非暎國夷商能為經理向由該夷商自行具報

照例驗船按則科稅輸納給单徵銀造冊隨時報查此寧口歷來辦理各國稅

務之情形也茲據照會嗣後別國商船來寧納稅事宜由暎國領事兼辦查

與向辦情形不同事關稅務五口通商事宜職道未敢擅便理合抄呈照會

馳稟等情到本部院據此查各國商船進口既向不由英夷領事經手辦理今據

該酋照會所稱該領事兼辦各國稅務不但別國之貨船進出快便即我國亦

便於稽查等語究竟該夷是何意見於五口通商事務有無窒碍難行之處應

否准其所請相應據禀咨明為此合咨
貴大臣謹請查核並祈
示復飭遵施行須至咨者　　計粘抄照會

嘆國駐寧波副領事海　為
照會事照得本副領事近來奉到欽差公使文劄付內開我國家准別外國船着在
貴國各口駐劄領事兼辦如別國船到
貴國五口通商所有海關納稅等事照本國船一律辦理等因相應知會
貴道台如別國船進口或經理商人或船主愿請本副領事兼辦者即當施恩遵照條
約章程不愿者亦不勒令必要經過本署想此恩不但使別國船之貨進出裝卸十分快
便亦免
貴國官稽查不便之處所以該船到本口因無領事既蒙兼辦之恩定必不勝欣喜本副
領事亦欣幸
貴國之便為此合將兼辦緣由備文照會
貴道台煩請查照施行須至照會者
右　照　會
大清欽命護理海關分巡寧紹台海防兵備道瑞
咸豐元年五月二十二日
八月初四日到

XI 寧紹台道來稟同前 附另摺

XII 雙衘批 據稟及粘抄照會一紙均已閱悉查各國船貨進口向由該國商人自行投稅舊章本係照此辦理既據嘆領事所稱着在各口駐劄領事兼辦之處外國彼此自相交涉應聽其便與中國原立章程尚無窒碍自可俯准所請并准浙江撫部院咨同前因除咨復外仰即知照仍候

閩浙督部堂
浙江撫部院 批示繳摺存 閏八月廿七日行

雙衘 為

XIII 咨復事八月初四日准

貴部院咨開據護理寧紹台道瑞璸稟稱切本年五月二十二日據嘆領事海罳照會奉該國公使文劄付云云全叙應否准其所請相應據稟咨明謹請核復並粘抄照會一紙到本爵大臣部院准此查各國船貨進口向由該國商人自行投稅舊章本係照此辦理既據嘆領事所稱着在各口駐劄領事兼辦之處外國彼此自相交涉應聽其便與中國原立章程尚無窒碍自可俯准所請并據該道稟同前由除批飭外相應咨復為此合咨

貴部院請煩查照轉飭遵照施行本大臣現赴高廉一帶堵剿游匪所有

欽差大臣關防移交本爵部院代辦合併聲明須至咨者

一咨 浙江撫部院 閏八月廿七日行

45-A

按察使銜監督海關分巡江南蘇松太道麟桂謹

禀

爵憲大人閣下敬禀者本年六月二十六日准美國領事祁理蘊照會内稱本年二月初八日本國公使

咸豐三年六月十四日到

在廣東議定章程本國商船往五口地方第四条内註明船主在内河要上下岸時須用有字

號艇倘該艇等有行不正事情可查究辦本領事見此章程辦法甚為妥當即照辦船牌

三十張給與小艇倘該艇有行不正事情貴屬縣要拏獲該船户宜先照會本領事將牌

除去然後懲辦兹將所給牌式並各艇花名開單送覽希飭上海縣存案等情照會前

來准此職道伏查上海自通商以來各國商船由吳淞進口駛至黃浦停泊其船離江岸甚近
該商等起岸下船向係隨時雇用小船撑渡聽商自便查本年二月間廣東定議章程
未奉
憲劄行知茲准照會前因除照復該領事飭令各小艇止准在黃浦內撑駕不准駛赴別
處並劄上海縣知照外合肅稟請
憲臺俯賜查明將本年二月間廣東議定章程抄錄行知俾得遵照辦理實為公便恭
請
福安除稟
督撫憲外 職道麟桂謹稟

咸豐元年七月 日稟

奉
諭飭查此案所議章程遍查二月間未據該商照會前
來既據江海關來稟應否叙稿照會咪商之處伏乞
訓示遵辦上稟

[redacted]

(1)

咈酋科的嘉來文

照復事接到

貴大臣部院七月初九日來文內稱文正泰被雲南開化府文山縣拿獲責後越八

十六日斃命現未接到雲南來文其中寔在情節無由得知應俟行文咨查等

因本大臣知

貴大臣部院必將查明照復惟今日久未蒙照復并查地方官所出告示心殊詫異欽

惟

上諭以天主教係勸人為善當在不禁今地方官不獨不遵照

上諭辦理反以天主教為不合妄加毀謗此等告示實為狂妄所以本大臣將告示錄送察

核乃

貴大臣部院卻將別端照復查議立章程欽奉

大皇帝批准
硃筆煌煌彼此均當遵守在章程內載兩國永為和好若所言如此而所行如彼其意何
居查各省地方官從來不以
上諭為意廢格不行如出一轍雖
上諭准令內地民人奉教而地方官故為查辦本大臣奉
命前來辦理公務遇有事件均須各守章程以免有隳和好而生事端
貴大臣爵部院其思之現據上海領事官申稱江蘇松江府婁縣出一告示違背
上諭查辦天主教聞得飭差下鄉緝捕等語今將婁縣告示録送察閱查地方官如
此辦理必滋事端關係不小疇昔本國恭請
大皇帝准予內地民人奉教欽奉
上諭恩准在案在本國大公無我非比別國用兵強取利宜惟以
大皇帝慈祥是用禮意恭請將向來例禁弛免各國聞之並皆頌德亦咸知本國別
無請求惟此一端而各國不能掠為己功設有妄為變更和好且為傾圮
貴國准令內地民人奉教則是兩國和好之明驗
貴大臣爵部院豈不欲兩國和好哉今地方官查辦天主教置之不問是將兩國前任
欽差勠力成立事件毀敗不堪咎將誰歸今地方官如此辦理內有存心不善者為兩國應為
撥障除翳想

(3)

貴大臣（爵部院）公平正直恒存兩國和好之心請為剔除其弊可耳為此照復並候
日祺廷綏須至照會者　計粘抄告示一紙

代理江蘇松江府婁縣岳
查案示禁事案奉　為
府憲札飭查拿妄習邪教傳受斂錢匪徒究辦並出示諭禁等因節經各前縣[illegible]
在案今本縣涖任除弊隨時密訪查拿外合行出示嚴禁為此示仰合邑軍民人等知悉爾
等四民各有恒業務各謹守本分毋聽匪徒煽惑妄稱天主邪教傳徒斂錢聚衆有干
法紀如敢故違一經訪聞或被告發定即嚴拿盡法懲治決不姑寬各宜凜遵毋違特示

八月十六到

雙銜　為
照復事八月十六日接據來文並粘連江蘇婁縣告示一紙均閱悉查雲南文正泰之
案前于七月已據來文轉行雲南咨查惟由廣東至雲南程途甚遠往返每逾數
月之久難以預定乃來文竟稱久未蒙照復等語中國陸路驛站非如外國火輪船在大
洋可比
貴署公使想尚未之知也至來文內稱欽惟
上諭以天主教勸人為善當在不禁等語此說誠是然
上諭原不禁其為善若稍有不善自當嚴懲中國法律具在豈能一概置之不問如傳徒斂錢
聚衆等事亦可謂之善乎且中國近來邪教甚多均假託天主教之名即現在廣西金田

(4)

上帝會謀反叛逆所獲各犯亦稱供奉耶蘇之教

大皇帝命將出師統兵數萬之衆必欲殄滅以除民害此亦可謂爲善遂置諸不辦

理乎兩國既屬和好立論必須持平在中國匪徒假

貴國之教橫行不法於

貴教大有玷辱中國固宜嚴辦

貴國亦當深恨乃不惟不恨而反曲爲護庇揆之和好已覺不情謂之崇教更屬無

理本爵大臣部院殊不可解也爲此復候

時祺順逆須至照會者　一照復咈酋科的嘉　閏八月初二日行

(5)

咪酋伯駕來文　　爲

照會事本攝理前接

貴大臣四月十六日來文所言上海米麥各糧不准出口一案嗣接本國領事與上海地方

官往來一切文書當經細查見吳道台論及康熙年間奏定例禁米穀不能出口并洋

米麥進口免稅以濟民食起見其內地米麥不准出口可知等語又見本國領事堅說照

條約第五款任從本國商人販運各貨出口惟禁金銀硝磺而已條約內總無禁米麥

出口明文且此次米麥出口乃係偶然之事並非長以此爲生意者況豐年農有餘粟

御賣出口則農亦有所益等語到本攝理據此熟查此案彼此各文內有於洋米進

口賞予免稅因畧知中國於內地所產米麥似非有准予出口之意然各國籌備民

食應由自定若中國必不准內地米麥出口在本國允從本攝理可以無疑惟是有一疑

（6）

為
貴大臣陳旨西洋各國近更喜貿易廣通之理若不設立例禁任民方便將見米多始
賤賤乃買去米少方貴貴則帶來必無民食不足之虞至于宮陛道告示所述則
例禁米出口之條原為中國之人而言蓋恐其接濟洋盜但本國商船出口必無如
此之恐茲本攝理敬請
貴大臣詳查此案復知倘此通商之理與
貴大臣相符則本攝理之所喜設
貴大臣意與本攝理不符仍以中國愿禁止粮食出口照復則本攝理即為轉
奏本國定奪[illegible]先飭知本國領事轉諭商人在中國者停止販運米粮出口可也為
此照會順候
康祺暢適須至照會者　　八月十九到

雙銜
為
照復事八月十九日接據
貴署公使來文閱悉查米穀不准出口原恐其接濟洋盜是以中國久經例禁來
文內稱
貴國商船出口必無如此之恐等語本大臣部院固屬信心但既禁中國之人則外國
事同一律應如來文所稱轉諭
貴國商人停止販運米粮出口可也為此復候
時祺佳暢須至照會者　一照復咪酉伯駕　閏八月初二日行

二百七十九號

FO.682/279A/5(25)

咸豐元年閏八月 廿七 日 費平章 韓立誠 呈

閏八月廿七日到

蘇松太道

一件稟夷商雇用小艇廣東曾否給發船牌稟請示遵

批

據稟夷商雇艇曾否給發船牌緣由已悉查此案所議章程

未據咪酋照會無憑查核既據該道照復該領事飭令各小艇止

准在黃浦內撐駕不准駛赴別處辦理甚爲妥善仰即遵照辦

理可也仍候

兩江督部堂

江蘇撫部院批示繳

閏八月

廿九

日

[redacted]

咈囒哂普酋來文　為

照會事照得本大臣奉命前來於閏八月十四日至止濠鏡緬維與

貴國講信修睦以來於今已歷七載茲本大臣前來一以敦和好之誼一以接

欽差大臣關防所有科的嘉大臣署理印務悉交與本大臣接辦惟幸

貴大臣在省俾本大臣得以刻日進晤候安并道達受命之由更幸

貴大臣指日凱旋得以迅晤至本大臣得與

貴大臣相為辦事不勝欣幸久聞

貴大臣德義隆重措之於事定必衡平允協敦篤和好本大臣亦必體

(2)

B

貴大臣雅誼以與共事也毋本大臣官銜稱謂如有照會請飭承办為錯繕
相應照會即候
荃祺吉慶須至照會者
閏八月二十二日到

雙銜　為
照復事閏八月二十二日接據來文得悉
貴公使前來中國接辦各國貿易事務
貴公使明白曉事斷不為浮言所惑本大臣部院素所深悉所有一切自必按照
條約敦和好而昭永久本大臣部院實深欣慰惟本大臣現駐高州辦理軍務遇
有各國往來文件前已
奏明交本爵部院代辦為此復候
時祺綏吉須至照會者
一照復咈國普酋
九月十八日行

C

咪酋伯駕來文　為
照會事現在駐劄厦門之本國領事官裨列利不日要回亞美理駕其領事官
事務已派令其子少裨烈利代理本攝理相應照請
貴大臣部院轉飭該地方官知照俾自後地方官與該領事禮貌往來以同秉公

(3)

D

E

辦事爲此照會順候

康祺迭晉須至照會者　　九月十六日到

雙銜　　爲

照復事十六日接據

貴副公使來文得悉駐劄厦門之領事官禪烈利回國其一切事務派令其子

少禪烈利代理自當轉飭該地方官仍按條約諸事照常

貴副公使亦可轉告知該代理可也爲此復候

時祺增綏須至照會者

一照復咪啇伯駕　　九月十八日行

雙銜　　爲

札知事現據合衆國副公使伯駕照會内稱駐劄厦門之領事官禪烈利不

日要回本國其領事官事務已派令其子少禪烈利代理相應照請飭該地方

官知照俾自後地方官與該領事禮貌往來以同秉公辦事等情到本大臣爵部院據

此合特札飭札到該道仍按條約諸事照常辦理毋違此札

一札興泉永道　　九月十八日行

FO 931/0855-0876

(4)

閩浙督部堂季

遵批核議詳咨事據福建省會報銷總局司道會詳稱奉

宮傅前閩浙總督部堂裕　批據福建興泉永道王東槐稟據漳州府周守稟稱五月間屢有英夷來郡閒遊並據廈防廳來丞面稟查得日前有花旂國領事裨烈利往漳遊玩並上城樓覜望是日即在飯店住宿次日下船各等情當經職道據情照會駐廈英領事蘇理文遵約諭禁業將大概情形具稟在案伏查該酋裨烈利往漳遊玩是否即在周守所稟三次之內抑或另有擅遊之處復經飛飭確查去後茲據該署守稟稱六月十三日酉刻有夷人裨烈利帶同通事由廈駕船來漳上城遊玩並用繩索丈量城墻當即會督文武員弁馳往理阻諭令出城並詰其用繩量城是何意見據稱伊係亞默利駕合衆國駐廈領事裨烈利通事係福州人林景周來漳遊玩見城墻高厚是以丈量並無他意該署守因當日天晚勢難押令出城是夜即在客寓住宿次日辰刻該夷即駕原船回廈等由核與來丞所稟情形相符是在前稟三次之外已無疑義查漳郡非夷人通市馬頭似此屢違和約任意往遊從此各國相率效尤流弊伊於胡底查該酋裨烈利係花旂領事非英國領事所能鈐束即前次照會英領事蘇理文遵約諭禁事件迄今未據照復可見該夷等頑梗性成不知大體

僅止由道照會竟爾視為尋常未甚在意再四熟籌合無仰懇俯賜咨明粵省
欽差大臣照會各該國公使核明和約嚴飭諭禁庶該夷等知所忌憚恪守規條不至更
生事端等由奉批仰閩省總局司道督同委員胡守即速核議詳咨等因奉此并
准該道移同前因本司道遵查漳州府城並非通商馬頭凡有五口居住之外國人民
自未便任性屢往他處遊行致違定約今此次前往漳郡遊行之花旂國領事裨烈利
雖經該處文武員弁馳往理諭出城回厦第恐各該國人頑梗性成視為常事抗違
弗遵勢必無所忌憚應請俯照該道所稟咨明粵省
欽差大臣照會各該國領事官遵守和約嚴行禁止不得越境擅出遊行以免滋生事
端茲奉前因理合遵批核議詳請察核俯賜移咨查照辦理實為公便等情到
前部堂裕　移文本部堂據此除詳批示外相應咨會為此合咨
貴大臣煩請查照希即照會各國領事嗣後務各遵守和約不得越境擅遊以
免滋生事端仍祈將辦理緣由復閩知照施行須至咨者　九月十一到
閩浙督部堂季
據稟轉咨事咸豐元年閏八月初八日據福建興泉永道王東槐稟稱本年五六兩月
內屢有英夷並花旂國領事裨烈利及通事林景周前赴漳州遊玩並用繩索丈
量城墻當經該道照會駐厦之夷領事蘇理文遵約禁止並請移咨粵省照會

為

（6）

各國夷酋一體查禁茲接蘇領事兩次照復據云遊漳不為犯約甚將從前駁飭
諸條援引逞辯合將前後照會同蘇領事兩次照復一併抄錄呈請咨粵查辦等
情到本部堂據此查各國夷人現在五口通商祇准在於通商馬頭來往居住不
准擅入內地遊玩前定各條約內均已詳晰載明漳州府城相距廈門甚遠並非
通商馬頭該夷等屢往遊玩實屬違背成約該道王東槐照會領事查禁
係屬遵約辦理乃領事蘇理文一再飾辯甚將當時未經議准之條牽扯援引若
不堅持力禁流弊伊於胡底前據該道具稟即經本部堂於閏八月初四日據
情轉咨在案茲復據稟前情除仍批飭該道堅執成約相機開導外合將該道
抄呈三次照會及該領事兩次照復一併照錄轉咨為此合咨
貴大臣請煩查照先今來咨希即照會各國夷酋嚴諭各國夷人嗣後務各遵
守條約勿再擅入內地遊玩致違成議仍祈將辦理緣由復閩知照施行須至咨者

計粘抄興泉永道抄呈清摺五件　　九月十一到

雙銜　　為
照會事現准
閩浙督部堂咨據福建興泉永道王東槐稟稱本年五六兩月內屢有英國人並
花旂國領事官禆烈利及通事林景周前赴漳州遊玩並用繩索丈量城墻當

(1)

經該道照會駐廈之英領事官蘇理文遵約禁止並請移咨粵省照會各國公使一體查禁並接蘇領事官兩次照復據云遊漳不為犯約甚將從前駁飭諸條援引逞辯合將前後照會同蘇領事官兩次照復一併抄錄呈請咨粵查辦等情到本部堂據此合將該道抄呈三次照會及該領事官兩次照復一併照錄轉咨查照先令來洛希即照會各國公使嚴諭各口領事官嗣後務各遵守條約勿再擅入內地遊玩致違成議仍祈將辦理緣由復閩知照等因並粘抄與泉永道抄呈清摺五件到本大臣部院准此查外國人現在五口通商祇准在於通商馬頭來往居住不准擅入內地遊玩前定各條約內均已詳晰載明查漳州府城相距廈門甚遠並非通商馬頭該領事官等屢往遊玩實屬有違成約查閱該道王東槐照會蘇領事官查禁係屬遵約辦理乃蘇領事官一味飾辯不守成約若不堅持力禁嗣後必滋事端相應照會

貴公使查照請即嚴諭該領事官嗣後務各遵守條約勿再擅入內地遊玩致違成議以免滋生事端是為至要順候

履祉享嘉須至照會者

一照會 嘆 文翰
咪酉 伯駕

十月十八日行

雙銜

咨復事咸豐元年九月十一日疊准
貴部堂咨據福建興泉永道王東槐禀稱本年五六兩月内屢有暎夷[illegible]一併
照錄轉咨請煩查照先令來咨希即照會各國夷酋嚴諭各國夷人嗣後務各遵
守條約勿再擅入内地遊玩致違成議仍祈將辦理緣由復閩知照等因並粘抄該
道照會各稿一紙到本大臣部院准此除照會該酋外相應咨復為此合咨
貴部堂請煩查照轉飭知照施行須至咨者　　為

一咨　閩浙督部堂

十月十八日行

暎國吱酋來文

照復事接據　　為

貴大臣部院十月十八日發來文移内以駐厦英民往漳遊行一節照會本公使請飭諭
該領事官禁止等因查得凡有英民赴到五口貿易其意見自以通商為要原無
疑義乃于善後和約第六條明載英民乘閒散步中華地方官與英國領事官
議定界址不許踰越等語但緣各口地方官先後無不藉口推托皆不能公同明定
故各領事官自開港迄今八年以來均擬視能于一日往返之路程作為例限使英人出遊
不得違犯遠行是以英民除在粵省一處每由地方官遇有百姓輕漫遠人恒云官

憲力量不及壓服為辭外其他四口遵守出入日久安然不見絲毫生事茲查自漳州抵厦門艇隻祗不過一水相通而已前列條款意已周備且英民在厦開港通商屢經往彼遊玩亦不滋惹事端適值外人攙擾生事按照條約亟應交歸該國領事官查辦如外人未有招非取咎者是地方官亦宜盡心防護毋許匪徒肆欺難為理無二致至所論繩索丈量城墻一層似此詫異集衆聚觀行之跡為未便本公使當即諭知蘇領事官指示英民嗣後切不可仿效惟察看此次用繩丈量者非屬本國民人須向別國是問責任攸分則蘇領事官既非分應管理又何能越俎代庖也為此照復順候

冬祺暢適須至照會者

十月廿七到

咪酋伯駕來文　　為

照復事現接

貴大臣部院十月十八日來文內稱合衆國駐厦門領事裨列利等前赴漳州遊玩并用繩索丈量城墻等因本攝理悉知前經議定章程凡合衆國人在通商五口者准其外出遊行盡一日來往之遠今漳州距厦門路程有無過一日之遠本攝理未曾詳知至丈量城墻一事本攝理信其並無惡心因本國規矩每到別處

地方必將所見所聞詳悉記載俾不到該處之人共知但此次將城墻丈量令中
國人疑其立心不軌即不必有不妥當之處亦不宜為相應本攝理再為嚴諭該
領事及本國在廈門民人務必遵守章程以敦和好為此照復順候
時祺廸康須至照會者

十月廿七到

雙銜　為
咨復事前准
貴部堂咨據福建興泉永道王東槐稟稱本年五六兩月內屢有暎夷並
咪國領事褲烈利等前赴漳州遊玩並用繩索丈量城墻請移咨粵省照
會暎咪二酋一體查禁嗣後務各遵守條約勿再擅入內地遊玩致違成議仍
祈將辦理緣由復閩知照等因即經本爵部院大臣照會暎咪二酋一面咨復在案
茲據暎酋吱嘀咪酋伯駕照復前來相應抄錄該二酋來文合再咨復為此合
咨
貴部堂煩請查照轉飭知照施行須至咨者
計粘抄暎咪二酋來文一紙
一咨　閩浙督部堂

十一月初五日行

唊國吱酉來文

為照會事現據孖拉公司禀稱伊等向在本港居住置有書信艇四隻以便省港往返之用祗因省河距港路遠該艇水手一氣長行力定不及是以分派程站俾節其勞歷來無異路由虎門欖村砲臺經過向年每月每隻需索規銀兩元商等因數無幾隱忍未報不料近有欖村砲臺頭目亞周竟復向索規銀每隻每月規銀六員共艇四隻一月計索銀二十四員似此勒派苛刻勢不得不瀝情禀訴等因到本公使據此茲查該商所禀該砲臺既有名亞周者私將由虎門往來書信艇隻擅自索規亟宜備文移會
貴部院查照煩為嚴飭遏禁以杜弊端為此照會順候
陞祺須至照會者

十月十三日到

雙銜

為照復事十月十三日接據來文內稱虎門欖村砲臺有頭目亞周向
貴國信艇索取規費每隻每月六員之多等語本大臣(爵部院)現已行文查詢該管員弁如果屬實即當嚴行禁止斷不准再行索取規費也為此照復並候
時祺綏吉須至照會者

一照復唊國吱酉

十一月初四日行

雙銜　為
札查事現據嘆咭吱嚹呈稱據孖拉公司稟稱伊等向在本港居住置有書信艇
四隻以便省港往返之用路由虎門欖村砲臺經過向年每月每隻需索規銀兩員
商等因數無幾隱忍未報不料近有欖村砲臺頭目亞周復向索銀每隻每月六
員共艇四隻一月計索銀二十四員似此勒派苛刻勢不得不瀝情稟訴等情為此備
文移會查照煩為嚴飭查禁以杜弊端等由到本爵大臣部院據此除照復該酋外合特
札查札到該參將即便遵照將該酋所呈情節查明該頭目亞周有無向該夷信艇
索取規費每隻每月六員之多如果屬實即當嚴行禁止一面據實稟復毋稍飾延
切切此札　　十一月初五日行
一札水師提標中軍叅府

大西洋哋酋來文　　為
照會事照得現在本大臣奉
大西洋
皇后欽命總督澳門地扪梭羅等處地方事務已於九月二十七日接任視事但本大臣
既奉
敕命前來自必奉

命存心辦理諸務及與
天朝文武各員務在相和用是以得無論唐番之民各獲利益爲此照會
貴大臣知悉須至照會者
十月廿二到
爲
雙銜
照復事十月二十二日接據來文得悉
貴公使辦理澳門事務誠如來文所云存心辦理諸務與
天朝文武各員務在相和本爵大臣部院殊深忻慰
貴公使既明白曉事切勿輕聽旁言以致中國民人不能相安恐又致多事
也爲此照復須至照會者
一照復西洋阸首
十一月初四行
爲
浙江撫部院常
據稟咨明事據署布按二司會稟竊照小西洋人畀絲等圖奸搶犯並民人烏
倌隨同滋事不法一案前經提省委據杭州府訊據畀絲供認在寧波府城内
與在逃之擺帯圍等因福建人烏倌說及鄭陳氏之女少艾起意行奸打門入室
用刀嚇制嗣因烏倌被縣拿獲復又糾同咈蘭西過等搶犯屬實將烏倌
審照兇惡棍徒擬軍畀絲等因係夷人詳請將畀絲咈蘭西過解赴廣東
交該國領事官領回處治嗣據寧波府以江蘇上海地方新設大西洋國領事

官管理艇船事務請將累絲等解赴江蘇蘇松太道轉交該國領事查辦
等情當經本署藩司於署臬司任內函知蘇松太道傳詢該領事能否管束
即日復浙以憑委員起解去後茲准該道函復詢之大西洋領事必理據稱五口地
方向無大小西洋領事伊不過在上海充當大西洋及荷蘭西國領事辦理通商
事務相距浙江甚遠力不能越省管束等情本署司等復思該領事既不能管
束自應仍將累絲等遞解廣東請
欽差大臣飭交小西洋夷目查照條約領回按法處治相應稟請咨明
欽差大臣查照等情到本部院據此查近來艇船夷人屢有不法匪徒勾串內地民
人上岸滋事若不從嚴懲辦誠恐將來別滋事端惟係夷人犯事自應照依條
約解交該領事處治相應抄供抄看咨明為此合咨
貴大臣煩請查照施行須至咨者
計抄粘累絲咈蘭西過烏佗各供併審擬原看　九月初三到
浙江撫部院常　為
詳請事據兼署按察使事溫處道慶康詳稱案查本兼署司會同署藩司
前經稟請將在寧滋事小西洋人累絲等遞解廣東請
欽差大臣飭交小西洋夷目查照條約領回按法處治一案奉批據稟咨解等因奉此

查該西洋人累絲等既解赴廣東辦理自應由司委員管解以昭慎重除飭委
候補未入流李慶元沿途小心管解外理合備文詳請填給咨牌下司以便交給該
委員管解賫投誠為公便等情到本部院據此相應給咨管解為此合咨
貴大臣煩請查照核辦施行須至咨者

計咨解　小西洋人累絲　咈蘭西過

十月廿四到

雙銜

劄發事前准
浙江撫部院咨據署布按二司會稟竊照小西洋人累絲等圖奸搶犯並民人
烏倌隨同滋事不法一案前經提省訊據累絲供認在寧波府城內與在逃之
擺帶圍等因福建人烏倌說及鄭陳氏之女少艾起意行奸打門入室用刀嚇制嗣
因烏倌被縣拿獲復又糾同咈蘭西過等搶犯屬實將烏倌審照兇惡棍徒擬
軍累絲等因係小西洋人詳請將累絲咈蘭西過解赴廣東交西洋理事官領回按
法處治等因咨會前來茲准
浙江撫部院咨派員將小西洋人累絲咈蘭西過二名管解來粵合就劄發為此
劄付該理事官即將發來後開匪犯二名查收訊明起意行奸糾夥搶犯各實情
據實從重治罪勿稍寬縱仍將收到匪犯日期及如何辦理緣由伸陳察核須至劄
付者

計發小西洋匪犯二名　累絲　咈蘭西過

一劄西洋理事官唛嚟哆　　十月廿五日行

為

雙銜

札委管解事案准

浙江撫部院咨稱小西洋人累丝等圖奸搶犯並民人烏倌隨同滋事不法一案已將烏倌審照兇惡棍徒擬軍外所有夷犯二名派員護解到轅合札委解札到該員即便束裝督同兵役管解後開夷犯二名至澳門地方交澳門同知查收轉西洋夷目唛嚟哆收審取具收到夷犯印文回轅銷差毋稍踈虞切切此札

計解夷犯二名　累丝　咈蘭西過

一札委員右營額外洪鳳揚　十月廿五日行

為

雙銜

札飭轉解事案准

浙江撫部院咨稱小西洋人累丝等圖奸搶犯並民人烏倌隨同滋事不法一案已將烏倌審照兇惡棍徒擬軍外所有夷犯二名派員護解到轅即將夷犯札委額外洪鳳揚管解合就札飭札到該丞即便遵照將委員解到後開夷犯二名并行夷目劄付一角刻日轉解西洋理事唛嚟哆查收審辦仍將收到夷犯轉解日期申復察核毋違此札

計解夷犯二名　累絲　咈蘭西過

一札澳門同知　十月廿五日行

雙銜

咨復事。咸豐元年九月初三日准

貴部院咨據署布按二司會稟竊照小西洋人累絲等圖奸搶犯並民人烏倌隨同滋事不法一案，前經提省訊據累絲供認在寧波府城内與在逃之擺帶勇等因福建人烏倌説及鄭陳氏之女少艾，起意行奸，打門入室，用刀嚇制嗣因烏倌被縣拿獲，復又糾同咈蘭西過等搶犯，屬寔將烏倌審照光惡棍徒擬軍，累絲等因係小西洋人，詳請將累絲、咈蘭西過解赴廣東，交該國領事領回處治等因，咨會前來，即經行司轉飭各州縣逐程遞解去後，茲於十月廿四日又准

貴部院咨飭委候補未入流李慶元押解小西洋夷犯累絲、咈蘭西過二名到粵，即經本部堂大臣將解到該夷犯二名委員解交西洋理事嘜嘞吵領回審辦外，相應咨復，為此合咨

貴部院，請煩查照施行。須至咨者。

一咨　浙江撫部院　十月廿六日行

稟

浙江寧波府鄞縣知縣馮翊謹

稟

大人閣下敬稟者竊閏八月初十日據探役稟報有㖞咭唎二枝半桅商船一隻駛至甬江停泊探查船名皇波船主名得依舵水二十餘名炮位四門該船裝載木貨來寧等情據此合肅稟報仰祈

憲臺察核恭請

崇安除稟

督撫憲外 卑職翊謹稟

咸豐元年閏八月 十二 日

百廿五號

咸豐元年十月　二十三　日　費平章 韓立誠　呈

有甚批發

浙江鄞縣

FO.682/112/3 (14)

一件稟暎咭唎二枝半桅商船來寧

批

據稟已悉仍候

閩浙督部堂

浙江撫部院　批示繳

十月　　日

為

唊國顔領事来文

伸陳事十一月十七日有唊人囉由黄埔坐本地小艇来省带有貨二十八箱係染

紅呀蘭米至今未見該唊人到来本副領事官諒係被人將囉殺害在附近

售賣該貨恐未可定如此不難查獲爲此伸陳

貴部院請爲查照飭行該管地方官于附近地方實力查拿該賊務獲

究辦可也爲此伸陳須至伸陳者

十一月廿五日到

雙銜　　爲

劉復事十一月二十五日接據該副領事官伸陳內稱十一月十七日有暎人囉
由黄埔駕艇帶貨来省數日未到恐有被害等情本大臣部院業已飭令該
管地方文武分路密查俟有確實踪跡自當嚴行偵緝務獲究辦也爲此
劉復須至劉者　一劉暎國顔領事

十二月初五日行

咪酋伯駕来文　　爲

照會事現在駐上海本國領事祁理蘊奉准暫回本國茲經派出姓斤令堪
名咽嗶大者署理領事之任相應照知
貴大臣查照爲此照會順候
康祺廸勝須至照會者

十一月十八日到

雙銜　　爲

照復事十一月十八日接據
貴署公使来文知駐上海之領事祁理蘊已回本國所有派出斤令堪咽嗶
大署理自必一切妥協本大臣部院自當札飭上海道查照可也爲此復候
吉祺佳勝須至照會者

一照復咪酋伯駕

十二月初五日行

巳

咈國吾酋來文　　為

照復事接閱

貴大臣爵部院九月十八日來文意在敦篤兩國和好垂之永久本大臣殊深欣

慰又稱本大臣明白曉事斷不為浮言所惑等語叨蒙過獎在本大臣並無

別心祇以兩國信守章程敦尚和好久而益切為懷本大臣前來時帶有署

理內外交涉事務大學士羅巴公文一件應須面送

貴大臣惟

貴大臣公出有日回省未卜何時本大臣欲相會晤未審期在何日大學

士羅巴公文未便久稽應即譯送並將本大臣齎受

大皇帝詔書繙譯送閱其原本暫行留下俟有機會相晤然後送閱本大臣

亟欲會晤惟何日可能相晤請

貴大臣剋期通知為此照復即候

荃祺延綏須至照會者

附羅巴來文　　為

照會事照得本國屢獲

貴大臣厚意相待業有明徵舉國咸相欣慰本大臣見之甚愜於懷茲

大皇帝欲昭和好於
貴國應令明白曉事大臣前來商辦交涉事件俾兩國和好日增所立貿
易及保護法蘭西人身家教會等章程堅固因此
特授勲勞大星晉布倫
欽差大臣關防前來
貴國其晉大臣敦厚和平曉暢事宜將來商辦交涉事件定必和衷
共濟以副本國欣慰之意望
貴大臣亦以敦和好為心在
貴國崇尚禮義本國亦所素知我
大皇帝傾慕
貴國
大皇帝今本大臣得邀
貴大臣俯聽道達實為欣幸將來晉大臣進謁
貴大臣言本大臣祈求上天恭祝
大皇帝於萬斯年
貴大臣福蔭子孫所有道達一切請為見諒為此照會並候

鴻福遞增須至照會者

附詔書

大法蘭西國大皇帝詔曰本國與中國素相親睦情好久敷今欲表章雅誼以敦永久且將向來通商事宜復于道光二十四年穀旦兩國特派大臣會議釐訂重立貿易章程爲之申明及保護本國人身家教會等茲尔勳勞大星普布倫聰慧性成勤謹素著曉暢机宜閱歷世故忠貞可嘉信義堪尚今特授以欽差大臣關防俾前往中國悉心籌辦詳慎措施遇有與中國大臣公文往來覿面相商必須和衷共濟恪守官常所有本國人身家教會須照章程爲之保護依理而行此兩國和好之所由也欽哉

十月廿八日到

F

爲

雙銜

照復事十月二十八日接據照復並

貴公使所奉詔書及

貴國羅巴貴來照會均已閱悉惟本大臣遠在高州辦理軍務回

省日期尚不能預定也爲此復候

近祺綏吉須至照會者

一照復咈酋噃咘喻

十二月初五日行

為

咈國噃酋來文

照會事照得文正泰在雲南被文山縣劉令拿獲監禁越八十六日斃命一案

先經科的嘉署公使倫文照會查辦去後嗣于咸豐元年閏八月初二日接到

貴大臣爵部院來文內稱前于七月已據來文轉行雲南咨查等語是

貴大臣爵部院于七月接到照會即已行雲南咨查惟今已閱五月有餘未見照復本大臣

不知如何歸結查此重案日久未見照復不知何故想

貴大臣爵部院必不以雲南距廣東甚遠爲辭查驛遞公文雖平常事件若往返京都

不至越四月之期人所共知今此案維日已久本大臣來粵未經照會查辦

貴大臣爵部院得無以本大臣不以爲意不復言及將日久時遷不復記憶是則殊失擬議

本大臣奉命前來結好

貴國投刺之下講信修睦是以不將命案關心之事攙入照會本大臣作此舉動係

以禮相處

貴大臣爵部院可想而知在

貴大臣爵部院見此亦必加意辦理不致稽留以兩國敦睦之誼于本國事件自行持平辦理

令不獲所願心殊耿耿前于閏八月初二日照復科的嘉署公使已行文雲南咨查嗣本

大臣來粵至今並未接到一言

貴爵部院大臣于辦理本國事件殊非本大臣願望之意今不得不直為聲明查前照會文辭似于本國事件並非虛心俯聽有請必應俾兩國和好綿綿不絕雖事出公平接到照會亦不過畧為處置不力為任事其于和好如何附之不問本大臣心寔難過今浮文不敘直為聲說在

貴國與本國一如昔日之和好否本國與

貴國素相愛慕今

貴國若無大故豈肯將和好一旦棄置欲固和好首須將兩國所立和好條約信守其次遇有交涉事件盡心辦理前接來文內稱本大臣所有一切自必按照條約敦和好而昭永久等語今按照條約請問文正泰被拿如何被毆被虐監禁數月以致斃命其不守條約辦理之人如何處治本大臣並非為浮言所惑今文正泰斃命其跡係文山縣劉令所致固屬可信惟非確知本大臣亦不實指劉令所為惟確知將文正泰毆打收監越數月斃命查條約第二十三款內載佛蘭西無論何人如有越界或遠入內地聽憑中國官查拿但應解送近口領事官收管中國官民均不得毆打傷害虐待所獲佛蘭西人以傷兩國和好等語今地方官拿獲文正泰不解送近口領事官收領是明犯第二十三款條約查文山縣所出告示辦理不善咎歸該縣恐不獨該縣一人

尚有數人在內

貴國秉公辦理將此不法之人按例懲處本大臣不過將不守條約之處指明懲辦至

辦理不善之人若不懲治則是將道光二十四年兩國議立章程毀棄耳相應照會

貴欽大部院臣請為加意察核將來如何照復本國接閱便知

貴國意在信守條約俾和好綿綿不絕否再此案甚屬重大請為留意即候

辰祺延綏須至照會者

十一月廿一日到

H

雙銜　為

照復事十一月二十日接據來文閱悉查文正泰之案前于七月已行文雲南咨查路途

遙遠迄今尚未回復本欽大部院臣憑何照會中國案牘各省彼此往還不下盈千累萬

何能限以時日仍俟雲查明有文到粵自當知照也為此復候

時祺綏吉須至照會者

一照復咈酋噃咘喻

十二月十一日行

I

西洋理事喓嚟哆嗎嗯吐來伸　為

伸陳事現據澳門嘔囉啦小船管船喱嵋咃嗅稟稱伊船由廈門來澳駛至平海距香

港十七里遇淺不行斯時意以地方官發兵來護不令有失詎無一人隨有賊匪前來將船

內銀貨什物盡行劫去眼見賊匪身穿號衣係該處兵丁串同引水前來搶劫該引水

丁.

故將船遇淺隨即逃去船內所帶銀両係划艇水手寄回澳門交與貪戚之物等語
查此項銀両衣食所需今被刦去日給俱無合將該管船稟詐情由繕具清单伸送
憲台請祈察核便知端的如欲查訊該船水手即令詣省聽質訊查平海營港口汛
有照給該管船照內言該船被風係屬虛揑該船遇淺之時風平浪靜俟水漲便可開
行該管船登岸見汛地衙前有該船火砲在此理合申陳
憲台請飭該汛將什物交還並賠補船隻所有賊匪查拏究辦總兵官欲令划艇往
平海向該汛取回什物惟俟
憲台飭將什物交回原主故未令划艇前往為此申陳
憲台察核施行　計送平海營港口汛給照管船稟詐各一紙　十二月初四日到

雙銜　為
劄復事初四日接據申陳並管船喱冒吔噢稟詐清单及平海營汛照票各一紙均悉
查此案先據該管文武縣營會同稟報當即飭令赶緊會同認真查拏究辦茲閱
申陳當再行嚴飭偵緝務獲以憑盡法懲治可也為此劄復須至劄者
一劄復西洋理事嘍嚟哆　十二月十一日行

FO 931/0878-0892

K

𠸄國呅酋来文　為
照復事　昨據
貴部院大臣十一月初四日復文內以攬村炮台頭目亞周近向孖啦公司僱用華民水手索取規費一事即
行查明禁止等因閱悉今據該商再行稟訴該亞周竟于本月十六日主使將該水手等數
人在穿鼻岸邊平素居住房屋拆毀等詞前來查該亞周似此斷不遵飭發命令反
敢更行玩法先既勒索規復強惡妄為其咎實甚又緣該商重受侵損理合移會
貴部院大臣查照再因該孖啦公司前次稟報索規一層維時本公使當經備文咨會旋據駐粵領
事官仲有初四日回文一件出城距于未到本署之先不知被何人擅自拆開封口等因今見強行拆
毀房屋適值中途拆開公文封皮之際難保兩款無所交關是致本公使未能釋疑矣除逕
劄該領事官立行查詢其間情由伸復外仍應照會
貴部院大臣核辦可也為此照會並候
冬祺佳暢須至照會者

十一月二十二日到

L.

雙衙　為
照復事十一月二十二日接到來文因攬村炮台兵丁亞周索取規費之事業已閱悉查
亞周之案前曾飭令該管地方查辦現據逐細查明稟稱該營所屬並無攬村炮台
名目亦無兵丁頭目亞周其人惟查引水艇有蛋民李亞周一名該蛋民向在虎門海
口之合掌涌駕船往來並無有向信艇索取規費情事現在查明外國信艇設有

四隻又俱雇蛋民在船駕駛內二隻係由裙帶路帶信開行駛至虎門另由信艇二隻
接遞自虎門海口開行駛至黃埔另由黃埔快艇轉遞至省因該信艇水手人多
不敷住宿于上年七月間該信艇曾託武進士王遇春在虎門合掌涌內屯田壆
面蓋有篷寮一間以為各艇水手寄住之所因該處屯田係王遇春承佃其篷寮亦
係他出本搭蓋是以該信艇每隻每月有輸交王遇春租銀一兩另包雇取淡水銀
三錢共計一兩三錢四隻每月共交銀五兩二錢並無二十四員之多亦無有交與亞周
銀兩及有別人勒索之事昔語本大臣部院查此事雖非亞周勒索銀兩而王遇春何
得私蓋篷寮每月向信艇索取規費自應一併嚴行禁止可也為此復候
近祺綏嘉須至照會者

一照復暎酋吱翰　　十二月十一日行

暎國吱酋来文

為

照復事前于十月十六日曾將棧房抽用一節照會
貴大臣部院去後旋據回文展閱之下甚覺不愜查此事實屬大英國視為綦重屢已照
會知悉嗣奉本國欽授東政各大臣來咨着將內有因抽用係屬背約顯致英商受虧
所以因討中國

大憲停止會議咨文一角備錄轉移俾得代遞進京等由到本公使當于五月十五日遵行在案惟此等轉為入奏文件亦是條約詳晰指明如何辦理豈可延擱数月其間諒將各項公務無論繁簡隨時陳達赴都竟有來文聲稱棧房抽用係商稅攸關未便特奏等語照復本公使忖見

貴國恒有公務附奏之摺定不及比本國欽授各大臣指出駁論負約摺奏之緊要輕重不侔斷難倣較勢迫聲明

貴大臣部院查閱再煩即將本年五月十五日公文迅速轉奏可也為此照會並候

升祺暢遂須至照會者

十一月二十二日到

又　　為

再行照復事案據本月二十日復將茶棧抽用一節屢已指係大英欽授各大臣視為綦重務將已奉着行固討停止所以于五月十五日遞行一文再煩速轉進都等因照復

貴大臣部院諒必得收頃奉本國來咨着以在粵固執茶棧章程尚未除廢致英商已被害不少其滋日久不免受虧愈深迫值各英商所有明指缺損實由中國

大憲似此措辦而起各查確據則大英國務得必向

大清國照數追索賠補等由合先移行

欽差大臣徐　知悉等諭准此除于

貴國欲重設抽用舊例係屬背負條約傷耗外商之處本公使曾已數四盡論毋庸

重疊其理外僅以前請進京之文毋煩速行代上至今發會咨

貴大臣部院接閱之下早便照復俾得備錄轉遞本國欽授各大臣查照為幸為此照

會順候

吉祉佳暢須至照會者

十一月二十九日到

雙衙　為

照復事十一月二十二日又二十九日兩次來文因茶棧抽用一事均已閱悉查茶棧抽

用出于中國商人自願彌補公項與外國商人本屬無干有何耗傷更何得謂之背

約本大臣部院屢次照復毋庸重叙外至于此事

大皇帝深知原委此時正屆報稅之期既已具

奏自應俟奉到

硃批恭錄備文知照也為此復候

近祺佳暢須至照會者

一照復暎咭唎文翰

十二月十一日行

稟

F.O.682/112/3 (32)

浙江寧波府鄞縣知縣馮翊謹

稟

大人閣下敬稟者竊閏八月初十日據探役稟報有嘆咭唎二枝半桅商船一隻

咸豐元年十一月十三日到

駛至甬江停泊探查船名皇波船主名得依水手二十餘名炮位四門該船裝載

木貨來寧等情當經稟明

憲鑒在案茲據該役探報該船於十月初三日早晨開放出口等情前來合肅

稟報仰祈

憲臺察核恭請

崇安除稟

督撫憲外卑職翊謹稟

咸豐元年拾月初四日

②

多字七號

F.O.682/112/3 (32)

咸豐元年十一月十三日 費平章 韓立誠 呈

浙江鄞縣

一件稟嘆咭唎二枝半桅船開行由

批

據稟已悉仍候

閩浙督部堂

浙江撫部院批示繳

十一月十三日

十一月十三日批發

1

P.1

F.O.682/391/2(14)

片奏浙江遞解回粵小西洋夷人累絲等臣飭交夷目收審日期一摺

元　十一　十九

硃標　李工進

2

P.2

再臣等接准浙江撫臣常大淳咨會小西洋夷人累絲等在寧波滋事委員遞回廣東飭交夷目領回處治等因於咸豐元年十月二十四日將累絲咈蘭西過二名遞解到粵臣等當即委員解交澳門同知于十月二十九日飭發西洋夷目嘍嚟哆收審在案理合附片奏

聞伏乞

聖鑒謹

奏

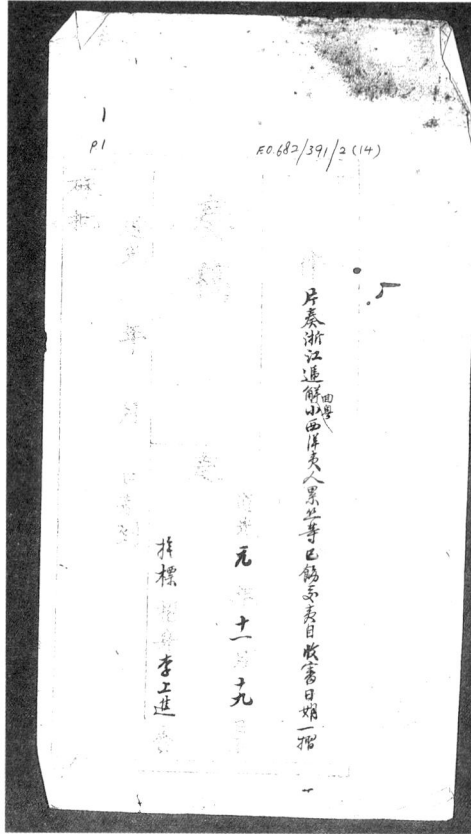

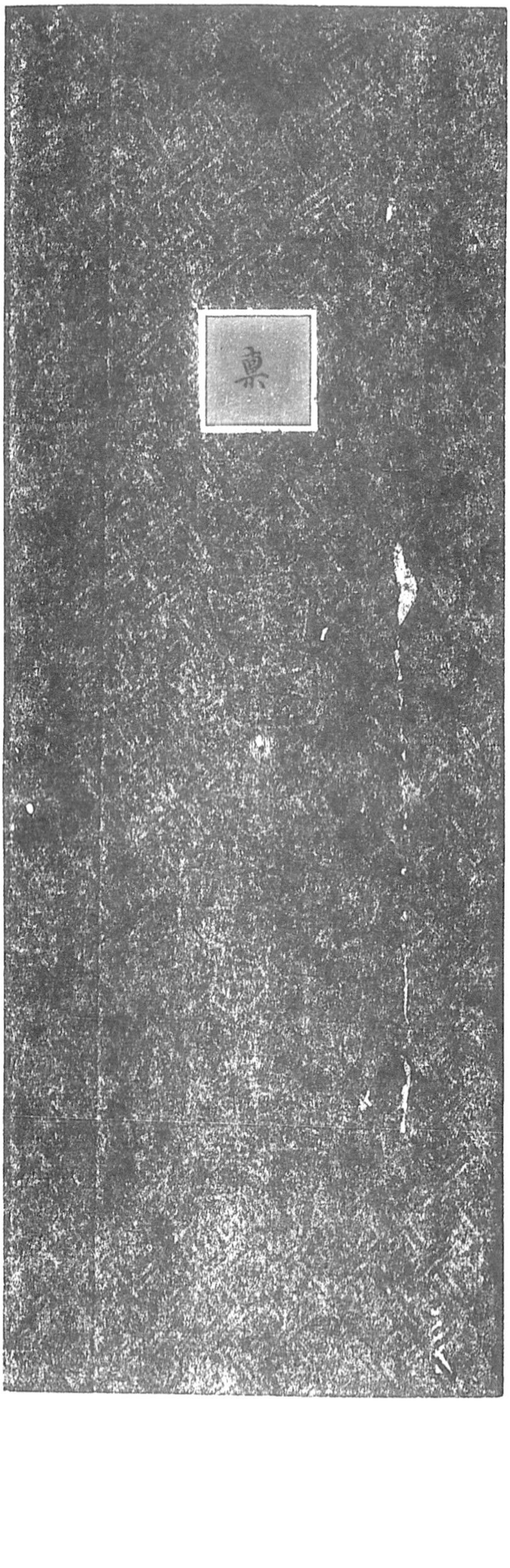
稟

三八九

FO.682/112/3(12)

浙江寧波府知府羅鏞謹

稟

大人閣下敬稟者竊據採役稟報十月初八日有噗咭唎二桅兵船一隻駛至甬江停泊船名康泰四船主名四買四水手百餘名砲位十二門該船送書信來寧等情并據鄞縣稟報前來合肅轉報仰祈

大人察核恭請

勛安除稟

督撫憲外卑府鏞謹稟

咸豐元年十月十六日到

咸豐元年十月初廿日

三八九附

FO.682/112/3(12)

咸豐元年十一月二十日費平章 韓立誠呈

十一月廿日批發

浙江寧波府

一件稟噗咭唎二桅兵船来寧由

批

據稟已悉仍候

閩浙督部堂 浙江撫部院批示繳

十一月廿日

欽差大臣衙門　回稿

稟

百八十八

FO.682/112/3(18)

浙江寧波府知府羅鏞謹

稟

大人閣下敬稟者竊照閏八月十一日有嘆咭唎二桅半商船一隻駛至甬江停泊船名黃波船主名得你水手二十餘名炮位四門裝載木植貨物來寧當經稟報在案茲據鄞縣採報該船於十月初三日開駛出口合肅轉稟仰祈

大人察核恭請

勛安除稟

督撫憲外卑府鏞謹稟

咸豐元年十一月初四日

咸豐三年十一月十六日到

百八十八號

FO.682/112/3(18)

咸豐元年十一月二十日費平章韓立誠呈

浙江寧波府

一件稟嘆咭唎二桅半商船開行由

批

據稟已悉仍候

閩浙督部堂

浙江撫部院批示繳

十一月廿日

十一月廿二日批發

A

瑞典哪嗶國駐廣州領事福　為申陳事現援北閣國領事布士兜移
來公文一套因從前
貴大人未悉該北閣國領事緣由今特將其公文並呈
憲鑒恭請
陞安伏祈
鈞照

十一月二十九日到

[redacted]

B

雙衙　　　　　　　　　　　　　　　　為
劄復事十一月二十九日接援申陳並代呈北閣國布士兜申陳一件均悉
查北閣國向無文件往來布士兜既充該國領事應聽該國自行辦理
本大臣爵部院未便與聞所有布士兜來文仍當發還該領事官即行轉交可
也為此劄復須至劄者
一劄復瑞典哪嗶國領事福

十二月十一日行

FO 931/0899

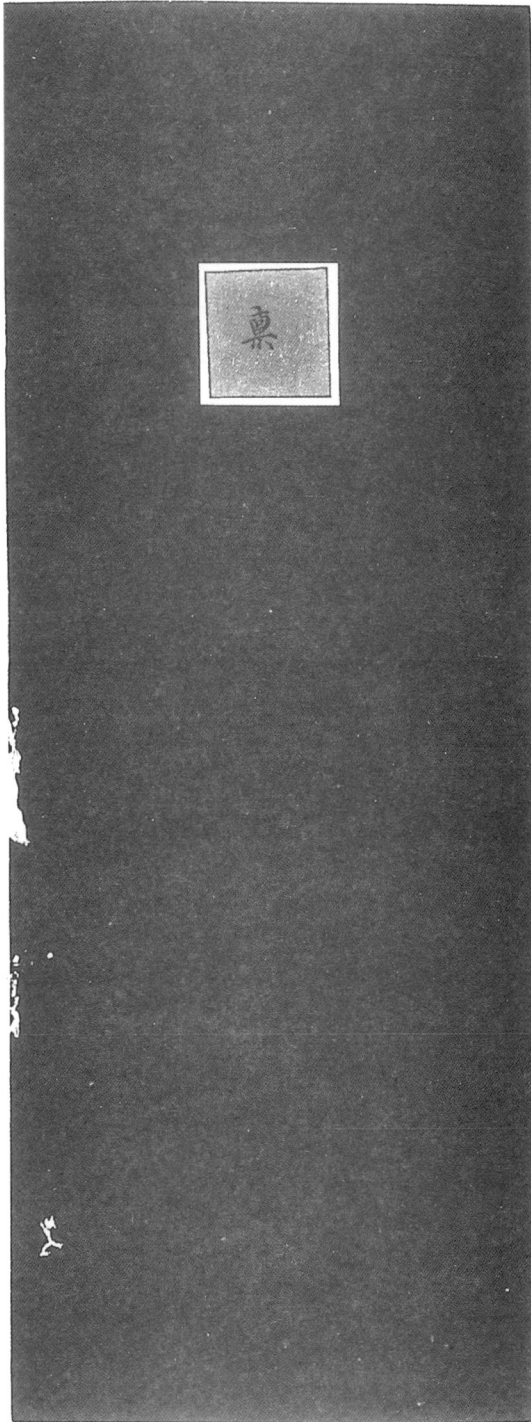

二九十

FO.682/112/3(13)

浙江寧波府鄞縣知縣馮翊謹

咸豐元年十一月廿四日到

稟

大人閣下敬稟者竊十月初八日據探役稟報本日早晨有嘆咭唎二枝桅兵船一隻
駛至甬江三港口停泊探查船名康泰四船主名四買四弍兵水手百餘名炮位十
二門該船送書信來寧等情據此合肅稟報仰祈
憲臺察核恭請
崇安伏乞
督撫憲外卑職翊謹稟

咸豐元年拾月初九日

二百九十號

FO.682/112/3(13)

咸豐元年十二月初五日費平章 韓立誠 呈

十二月初五日批發

浙江鄞縣

一件稟嘆二桅兵船來寧

批

據稟已悉仍候
閩浙督部堂
浙江撫部院批示繳

十二月二十日

(1)

~~FO.682/325/4(16: A—K)~~

FO 931/900-910

[redacted]

A

西洋理事嘜嚟哆嗎嗯吐　　為

伸陳事現據澳門噉囉啦小船管船喱嗎吔噢稟稱伊船由廈門來澳駛至平海距香

港十七里遇淺不行斯時意以地方官發兵來護不令有失詎無一人隨有賊匪前來

將船內銀貨什物盡行刦去眼見賊匪身穿號衣係該處兵丁串同引水前來搶

刦該引水故將船遇淺隨即逃去船內所帶銀両係划艇水手寄回澳門交與貧戚

之物等語查此項銀両衣食所需今被刦去日給俱無合將該管船稟訴情由繕具

清單伸送

憲台請祈察核便知端的如欲查訊該船水手即令詣省聽候訊查平海營港口訊汎有照給該管船照內言該船被風係屬虛捏該船遇淺之時風平浪靜俟水漲便可開行該管船登岸見汎地衙前有該船火砲在此理合伸陳
憲台請飭該汎將什物交還並賠補船隻所有賊匪查拿究辦總兵官欲令划艇往平海向該汎取回什物惟俟
憲台飭將什物交回原主故未令划艇前往為此伸陳
憲台察核施行

十二月初四日到

(2)

B

雙衙　為
劄復事初四日接據伸陳並管船喱嵋哋噢禀訴清单及平海營汎照票各一紙均悉查此案先據該管文武縣營會同禀報當即飭令赶緊會同認真查拿究辦茲閱伸陳自當再行嚴飭偵緝務獲以憑盡法懲治可也為此劄復須至劄者

一劄復西洋理事唦嚓哆

十二月十一日行

C

雙衙　為
咨會
札飭
移付事案據西洋理事唦嚓哆申稱現據管船喱嵋哋噢禀稱云云未令划艇前往等情並繳到該管船供单及平海營汎照票各一紙到本大臣
爵部院據此查此案先據

(3)

該縣營會同禀報當即飭令赶緊查拿究辦在案兹據伸陳前情除劄復該理事及

札該縣營查拿究辦外相應　咨會為此合咨
付知

貴爵部院衙門請煩查照施行

爵督部堂衙門查照可也

除劄復該理事外合特札飭札到該縣
參將即便查明兵丁是否串同引水搶刦情由一面

會同嚴緝賍賊務獲究辦仍將查辦情形隨時禀報毋稍縱延切切此札

一咨　爵部院衙門
移付　總督衙門

札　歸善縣
平海營參將

十二月十二日行

D.

平海營叅將來禀

敬禀者竊本月二十五日有西洋通事呈遞夷信一封據稱小的鄭亞勝香山人新在澳門夷

館充當通事這信是船主嚧剌嘹嚩味地教小的前來呈遞的查此信外用内地尋常往

來封套内用夷紙二張火漆緘記信中皆漢字惟賍单背後係屬夷字觀其語意一味

嚇詐抑且疑竇多端查該國理事官申呈之供单内開事主之船係由厦門至澳則其

引水是厦門僱來明矣豈有千里之遥累隔両省兵丁能串謀之理若引水小艇係從中

途而僱則是自行引盗入室與兵丁何干即或兵丁不肖與該引水小艇串謀則海上船隻

如蟻又安能使該夷之船必僱該小艇引水是兵丁串謀引水一層已屬虛語又查該事主

（4）

供內有天明見岸上多人有穿紅衣黑字如兵丁一樣各等語此明係汛官聞報前來彈壓該事主所見紅衣之兵即是該汛官彈壓之兵可知何得因當場紅衣之兵而遂指為刦搶實據況該夷船既行擱淺如果兵丁不法則船中之貨安肯任兇衆匪分携令謂該汛官彈壓不力自是咎無可辭而謂兵丁串同刦搶恐無是事也是紅衣兵丁一層又屬錯誤且該國理事官所呈供单內贓数僅有一萬八千八百員而此次嚧剌嚓等信內贓单統計四萬三千八百三十員又伍千七百五十両是其可疑者一也再此案前後並無嚧剌嚓嚂味地二夷名字是其可疑者二也況該事主既經稟到該國理事官而又私行寫信前来寫信而又用案外人出名是其可疑者三也惟是事關夷務未便擅專除一面行查一面雇船飭令該通事回澳一面函知歸善縣及稟
督提憲暨碣石鎮外合將該夷嚧剌嚓等原信具稟
憲鑒是否有當伏乞
批示遵行平海巡檢司孫元佐與護叅將意見相同合併聲明 護叅將林鳳儀謹稟

附夷信

大西洋嚧剌嚓
嚂味地致書于華官
大叅戎大人麾下敬稟者十月二十八日有夷船一隻由東洋裝貨駛近貴境平海港

口未諳水性駛近沙灘此不外水淺擱船並無破壞際此傾亡之候號救無門危迫之
秋應宜扶護何乃　鎮下兵民多方誘余至廟各執刀劍酷勒花銀萬両余說除船
所有外別無餘存至二十九辰即將船毀折貨物銀両擄搶一空縱王化不至之地亦無如
此頑冥兩國相隣華夷一體似此藐法欺人不獨失大人體統更非
皇上懷柔之至意數百年內來荷
天朝之深恩一旦兵連禍結儼同仇敵已失兩國忻好復傷天地和平寧不為之寒心因之
彙集公會諸人再四思維僉曰以其逞志對壘何如戢干戈而遵古制以其興師搆怨
何如修聘問而睦隣封故暫羈師舟佇俟明命倘邀垂憐懇即給還所掠贓物余等豈
苐賓服已哉亦感激靡涯矣如其置若罔聞便是欺余莫能爭鋒余雖懦弱斷不肯
便宜了事為他邦羞今與　大人約限十日十日不能至半月半月不能其無悔為此遥
請
大人鈞安並請平海司老爺安好　并附贓单一紙

棺板十四塊七百五十両　牙蘭米十四担計銀三千員
金沙四箱計銀七千元　藥材一箱計銀三百元
布地里圖五張計銀一百廿五元　砲八枝裝田三枝計銀三百五元

滕器并地毡計銀五百元　　洋船一隻并物計銀一萬三千六百五元
水手什物計銀二千五百元　　會銀单五千両
裝貨脚銀一千二百元　　現銀一萬一千元
金連金器計銀三千元　　伙長鏢箱裝計銀四百元
冷熱針計銀一百五十元　　金鏢一隻計銀一百元
量天尺計銀一百五十元　　千里鏡計銀五十元
絨衣服計銀四百元　　正月初五日到

雙衙批

據稟及呈繳大西洋嚏剌嗱哥原信賍单緣由已悉查此案前據西洋理事伸陳已將
嚴飭偵緝務獲以憑盡法懲治剳復該理事并札歸善縣及該叅將即便查明兵丁是
否串同引水搶刦情由一面會同嚴緝賍賊務獲究辦在案茲據來稟仰即遵照前
札辦理此繳夷信賍单附　　正月十八日行

(6)

F.

碣石總兵來稟

敬稟者咸豐二年正月初二日據職屬平海營護叅將林鳳儀稟稱竊十二月二十五日有西
洋通事呈遞夷信一封云云一面函知歸善縣及稟
督撫提憲外合將該夷嚧刺嘹等原信抄稟憲鑒等情到卑職據此竊查本案前據平
海營稟報夷艇悞駛東山海旁擱淺被匪擁搶當經檄飭赶緊會同該地文員拿賊
追贓照例勘報去後嗣歸善縣王令帶同陸路提標官兵民壯抵平會同該營署守備譚蛟
于十一月二十七日帶領該管汛弁及陸路平海各營弁兵民壯在暗街圍拿本案各匪時被拒
捕奪犯傷溺淹斃兵壯復敢招集匪徒一千餘人歸聚平海之潮州街內立柵安砲負嵎抗拒
擁衆攻城卑職聞報登即督帶各營舟師赶赴會商營縣即于十二月初七日親督營拖
併大彩板等船駛入潮州街北邊內港水陸夾攻擊斃截殺殲賊無數生擒首犯高淮及
從賊四十餘名併將賊巢盡行燒拆毀平所獲各犯由縣訊辦通報其黑夜在逃餘匪
亦經札飭營縣及分派船隻委員督帶前往紅杆墟各處搜捕暨劄隣近各縣營一
體堵截務獲淨盡以儆不法均將緣由先後稟報各在案復查生獲各犯昨已押解
惠州不日由縣解省審辦則夷船失贓多寡與營兵有無誘劫自可曉然具稟前
情除即批飭平海營林護叅將刻日移請歸善縣王令即將生獲各犯嚴究贓物若干

銷售何處能否起解徑行稟報併將本案拒捕溺斃兵壯及殺賊斬級生擒名數各犯供由
分別通報毋再稍遲一面飭屬訪緝案內有無餘黨再行拿解外事關夷務理合據由抄
錄夷信肅具稟
聞恭請
鈞安伏乞
垂鑒除通報外卑職何芳謹稟　正月十三日到

雙銜批
據稟及抄呈大西洋嚧剌嘹苛來信賍單緣由已悉查此案前據西洋理事伸陳已
將嚴飭偵緝務獲以憑盡法懲治劄復該理事并札歸善縣及平海營叅將即便
查明兵丁是否串同引水搶刦情由一面會同嚴緝賍賊務獲究辦矣仰即知照此
繳西洋原信賍單附　正月十八日行

為
西洋理事嘍嚟哆嗎嘅吐
伸請嚴追給償事案據澳門西洋人喱嵋哋嗅稟稱伊船由廈門載貨及寄帶銀兩
回澳駛至平海北沙灘詎料引水亞細不良暗將船故意進淺當即逃遁次被該處之人

(8)

白日刦貨拆船一空水手身服均被剝清搭載棺柩亦被打開該官給照一紙撥船一隻

載伊等空身回來各等情已于咸豐元年十一月二十五日錄呈所訴清單各紙伸請飭

追在案伏查刦貨拆船加以開棺依

天朝法律大辟無辭即各西洋國法亦所不容而西洋人與

天朝交涉歷久從未聞有此兇悍所為至管船人等說是官兵將船刦拆及有火船赴平海

衙門起回砲三位砲架四位二者均不能盡信是官兵抑是該鄉之人惟是此船一隻連貨

及銀等項枕近官衙刦拆一空無論是兵是民是匪該管之官均應追償又查此案早已

獲贓並非無下落可比且將三月之久未蒙以贓數劄知況被刦銀兩多是寄回養家緊需

今被清刦日日前來苦切望領尤恐伊等難耐前來赴汎坐取如有不測之事非本哆可

以包管也又據船戶嘦哪吐及管船喱嵋哋嚫說稱尚有金砂三百六十兩價銀七千餘元

隨同被刦前因案煩忘報等語合當伸報

憲台知悉並懇賜嚴飭平海官將所獲該船被刦拆各贓追賠船貨價一併轉解過

哆以憑給發收領不惟遭害各人沾恩則哆亦頌 德不朽矣為此伸陳

憲台大人爵前迅賜施行須至伸陳者 正月十六日到

(9)

工 雙銜 為

劄復事正月十六日接據伸陳閱悉查喱嗎吔嗅船隻被搶一案前據地方各文武稟
報當即札飭嚴拿茲復據平海營叅將歸善縣知縣稟稱實係匪徒搶刦于上
年十二月十二月各帶兵勇數百名前往會拿當場擊斃數十名現又獲犯多名嚴切
訊究其非兵民搶刦可知本爵大臣部院仍飭該文武偵緝夥黨務獲自必按律懲辦也
為此劄復須至劄者

一劄西洋理事嘍嚓哆嗎嗯吐　正月二十日行

J 咪酉伯駕來文　為
照會事本攝理照知
貴爵部院現有本國火輪兵船名咹吐嘖㗅哪已到此口茲本攝理欣將該船之總管
本國在東洋各兵船元帥水師提督姓啊叻名約翰嗌咍欲會
貴國各大臣之意轉致
貴爵部院因
欽差大臣徐大人不在省垣是以恭延

(10)

貴爵部院到該座船面叙其船灣泊黄埔下深井海面乃係第一等大之火輪兵船有
一千馬之力可載三千墪之廣令該提督喜倫崇儀相接藉申慕忱所有本攝理
樂與
貴爵部院在火輪兵船相會日期惟候
貴爵部院自定而已為此照會順候
春祺嘉勝須至照會者　正月十二日到

雙銜　為
照復事十二日接據
貴副公使來文閱悉水師提督啊叻約翰嗌咍現到粵省聞之亦覺欣然惟本大臣
督軍高州未回本爵部院欽奉
諭旨在省辦理一切軍報事件每日無暇既難遠出尤不能暫離也為此復候
春祉迪吉須至照會者
一照復咪酉吣嗎　正月十六日行

(1) ~~FO.682/325/4 (17A-R)~~

F.O.931/911-928

[redacted]

A

雙銜　　　為

咨復事咸豐二年正月十八日准

貴部堂院來咨内開案查本年十二月初八日據兼護福建興泉永道事泉州府中祐稟稱十一月初二日據廈防同知來丞稟稱准英吏管事蘇理文照會該國商人租賃本地行屋過於窄狹勘定廈門島美路頭至新路頭等處海灘約長數十丈俱屬空地以與住廈五家英商建造棧房以為合式請即定租移交以便給商建造等語經該丞查明海灘即在各吏商行後為潮汐往來之處既於民間廬墓毫無干涉即於各項行旅船隻渡載登舟亦無關碍本廳民間赴縣請照承佃為業今該

(2)

商因行屋窄隘情願就此築基造棧頻貸第海灘向隸縣管該商人廹難緩待
稟請勘丈定租等情本護道查通商善後第七條約内原有厦門地方房屋基地
准英人租賃由英國管事官通報地方官轉報立案之語今此海灘既無碍于廬
墓民居自可准其租賃第同安縣劉令將次交卸新任李令尚未到任而卑護道現
在郡城時屆隆冬宵小易于竊發晋江縣汪令又已征粮下鄉委寔不克分身親往查
勘除委馬家巷通判朱倅就近會同朿丞及同安縣勘明議覆另行詳辦外理合稟
明察核示遵等由當經批局查核議詳一面遴委妥員會勘稟奪嗣據福建省會報
銷総局司道呈覆以此案厦門英商因行屋窄狭勘定島美路頭等處海灘建造棧
房頻貸雖據厦防廳朿丞查明無碍民間廬墓房屋但查通商善後條約内祇載有
厦門地方房屋基地准夷人租賃之語並無准其建造房屋之文必得委員前往履勘
地勢察訪輿情方可酌辦茲查有福防同知王江在閩多年明白幹練于厦門情形
極為熟悉現委該員署理厦防同知堪以飭令迅速前往會同署泉州府来丞及
同安縣等確勘辦理除移行興泉永道遵照辦理暨飭王丞迅速赴厦會同勘
辦通稟察奪外具文報明等由續據泉州府中守具稟厦門英商請租海灘一案
先經稟蒙院憲會委接署厦防廳王丞確勘詳辦緣英官急難緩待屢遣繙譯
官夏巴来廳聲言欲行晋省請租婉為勸阻乃王丞尚無啓程確信現欲遣夏巴赴輿

(3)

郡求本道前來定議，又將外番不准登陸行走，縱欲赶辦，亦應由廳轉請，未便擅往
再三開導，無如該英官執意欲行，並聞有十二月初四日起身之言，理合馳禀，俯賜飭令
王丞尅日來廈勘辦，併據委署泉州府事廈防同知來錫蕃禀報，查探夏巴果已私
令僱人夫，啓程前往，聞信之下，不勝駭異，當即選派幹差，飛往截留，頃據回稱，該繙
譯不遵理阻，已逕前進，據寔馳禀，各等由。復經本部堂查通商善後條約第六條，廣州
等五港口英商或常川居住，或不時來往，均不可妄到鄉間任意遊行，更不可遠入內地，
倘有英人違背此條禁約，擅到內地遠遊者，不論係何品級，即聽該地方民人捉拿，交英國管
事官依情處罪等語。今此次廈門繙譯官夏巴不遵條約，私自由陸遠行，殊與條約有違。查
調署廈防同知王丞早已由省起程赴廈，新任興泉永道趙霖亦于十二月初九日由省起程
赴任，該繙譯由廈赴興，計路至泉州途中，該署廳王丞適已抵彼，該署廳與泉州府中
守自必理阻回廈，聽候勘辦，如該繙譯已行抵興化，即由新任趙道與現護道俞守，據
理曉諭，令其回廈，斷勿任其來省，隨經飛札趙道、俞護道、泉州府遵照辦理，各在案。茲據
兼護興泉永道事興化府俞誦芬禀報，十二月初六日申刻，新任署廈防廳王丞行抵興郡，
卑護道即飭其漏夜先行前進，沿途截回。茲于初七日酉刻，據莆田縣馬令面禀，英國繙
譯官夏巴帶同人夫數名來興，寄居客寓，明日欲來求見，並據王丞亦折回興化面禀，行
抵晉江縣途次，遇及該繙譯官夏巴，再三開導，勸其截回廈門，聽候勘辦，乃該英官執

(4)

意欲行不遵理諭刻難硬阻等由臬護道因事關海防既已到郡未便阻見致生事端隨詢據夏巴面稱請租海地一事面見請議等語查該夷欲租海灘一案經前護道中守轉稟蒙憲會委署廈門廳王丞確勘詳辦該夷應遵諭先同王丞回廈查勘再行稟請憲示遵辦乃該夏巴堅執不允據稱聞新任趙道不日可到欲暫守候臬護道復申明條約向不由陸路行走諭令回廈該夷游移未定詞氣尚屬恭順除再咨囑王丞馬令設法開導曉諭外理合馳稟察核並懇咨請粵東

欽差大憲照會該國公使遵守條約嚴行禁止等由前來除稟批示外相應咨會煩請查照希即照會英國公使轉諭廈門領事嗣後務當遵守條約嚴禁該夷官等不得遠入內地違約陸行仍祈移閩以憑飭知施行等因到本爵大臣部院准此查夏巴本非安分之夷前在上海廈門滋事端此次不遵理阻擅入內地實屬有違成約聞該夷近日已離閩省至英酋文翰現已回國粵東現無英國公使無從照會在粵領事亦不能兼理閩省之事夷情貪求無厭惟有遇事察看情形查照條約隨時斟酌辦理務使萬全無弊以免多生枝節若待粵省展轉咨達徒稽時日亦恐緩不濟急也准咨前因相應咨復為此合咨

貴部堂院請煩查照轉飭遵辦施行須至咨者

一咨復 閩浙督部堂 福建撫部院

二月十七行

(57)

咈囒哂晉酋来文　　　　為

照會事現接本國寓香港教主來書内稱有奉教人書禀一件係將天主教来歴行為

及被誣事端歴歴訴明又因近来教内不安求

大皇帝鴻恩諭止查拿等情理合將書禀呈上請為轉送

貴大臣爵部院察核可否代為轉奏

大皇帝御前等因本大臣並非越俎干預

貴國子民之事惟伊等實在無辜被人誣害殊屬可憐祇得將書禀接轉至辭句是

否合式可能進呈

御覧否本大臣不諳合將来禀轉送

貴大臣爵部院請祈代為轉奏將来本國聞知殊深欣慰又見

貴國厚情于本國為此照會即候

鴻禧遞增須至照會者　　計送書禀一件　　元年十二月二十九日到

為敬陳始末緣由寃枉無處可辯懇

天恩求寬事我等無靠孤子今日奔投苦衷于

君父前控訴愚民雖是老成本分之百姓常被妄証無處伸寃有時弛禁有時禁止與賊如

反叛然天主教民人別無罪犯累受非刑而極

(6)

仁慈大皇帝不知許多官員因聽丁役謊言屢奏
萬歲天主教是匪人以為邪教不許安身度日無地可求我等愚民既不能親到
萬歲殿下鳴冤無奈央求咈啷哂國 公使大臣轉奏並無別故因道光二十四年咈啷哂 欽差
𠵹哦呢立約與中國永遠相好後代求
大皇帝因天主教意主勸善懲悪弛禁免罪一經蒙
硃批依議欽此而今官員反有禁止查拿茲因正邪不能自白所以呈幾端發顯天主教
實係誠實百姓並無為悪亂行之處又並非左道惑衆異端生事所被誣賴者總
歸兩端一是邪教二是謀反恐許私通外國仰祈
睿覽審明天主教總目係認造萬物的真神敬之敬之安分守己以死後天主賞罰救己靈
魂天主是造萬物之大父不敢違悖悖者如子殺父如臣殺君一般天主教規誠乃善人當
然之良心我祖宗當日奉康熙之
旨進教今日罪從何而來國家王法當無私情喇嘛僧道等寺廟尚容人曉香行走佛乃西國之
人敬者無數西土回民隨便自行禮拜我教並無違法之處反行禁止似屬不宜愚民敬的
天主非是西神乃天下之總神獨禁天主教理乎天主教自古良善反為不好禁止天主
教恐怕私通外國有謀反之意又怕相連廣西逆匪誣賴謊言翊廣西通省並無天主
教一人無此事無有憑據天主誡內有命在上雖無德該聽其命況且

萬歲定天下之

明君愛民懷柔惟恐一人有不得其所者敢不遵乎我等自古至今並無謀反之事屢為國

家出力報効案內可察俄羅斯與中國打戰之時我等並我傳教之神父為國家盡力製造

軍器火砲後來和好之事差往俄羅斯又嘉慶年間白蓮教造反之際我等愚民同官

兵一齊征伐匪人此時愚民在軍營內通功念經求為

皇上得勝元帥將軍有命不許週圍吵嚷我等先人在白蓮教手中死者無數如今看我與白

蓮教一般前者嘆咭國與中國交兵之時也為國家盡忠無缺無私現在廣西大亂我天主教無不

出力効忠照前而行而今一時一方平定被拿受刑如河南四川湖南等處又在別省平安無事一齊

該寬弛禁免罪天上之日普照天下

(7)

萬歲皇恩普濟萬民為何一省得一省而不得屢次奏我天主教與通商五口嘆咭國人一樣云彼

漁利漁色嘆咭花旗人與我教端行為不同與我無干涉愚民自康熙年間奉

旨入教祖傳以至於今刊印多書可憑若遇見神父傳教與康熙年間一樣並無私倫安分守己而

已還有誣賴之言說我教誆取病人目睛誘污婦女等語皆是仇人楊光先等屈陷以不應得

之罪並無此事亦無憑據誆取病人眼目有何使用恐因教內有此等禮節為病人念經用聖油

擦病人的五官名為傅終油本教之規誡最禁邪淫天主教按期禮拜念經聽道供奉十字

國像念本教的經書並無男女混雜不分之事亦無夜聚明散並不虧心無辜受刑以坐監牢被
兵丁衙役偷壞家業强汚婦女放火燒堂燒房杖枷充軍為奴毒餓絞杖等死未敢暴怨違悖
我等愚民忠心無異以後有悖逆之事甘心認罪立約一般今求
仁慈大皇帝天恩將我等愚民無私可矜之處察明施行頒一
恩諭弛禁免罪則愚民赤子重荷生成生生世世永沐浩蕩之
恩矣匍匐泣陳惶悚待罪

為

(7)

咈唎哂晉酋來文

照會事照得咸豐元年十一月二十七日照送奉教人陳訴天主教書稟一件請
貴大臣代為轉奏
大皇帝在本大臣之意非執定必須代為轉奏惟事非閒文泛牘亦應照復俾知如何歸着
貴大臣雖不若本大臣重視其事然往來交際不有片言答復何以見意令本大臣翹企有
日未獲一言見復朐次殊未釋然相應照會
貴大臣其前送上奉教人書稟一件曾否代為轉奏請為見復茲乘便達本大臣每有照
會輒守候多時不得照復如果故為延緩始終一轍本大臣不得不查照條約別圖照會之所
其勢然也為此照會即候
吉履延綏須至照會者

二月十四到

(9)

雙衙　　為

照復事二月十四日接據來文閱悉查上年十二月二十九日接據來文後數日之間閩省士民紛紛議論現有奸民等圖弛天主教之禁私自具禀並不在中國各衙門投遞聞之均皆忿忿不平且以中國民人向

貴國具禀已屬不合並請代為轉　奏更為誕妄等語本大臣部院以外間公論如此查中國民人例應歸中國辦理

貴公使如果將具禀之中國民人姓名開列並解赴中國衙門訊問方為正辦候至兩月之久尚未見到無從照復昨于二月十四日接據來文內云非執定必須代為轉　奏等語可見

貴公使明白曉事早知此事之必不可行應毋庸議可也為此復候

時祺近吉須至照會者

一照復咈國普酋　　二月十七日行

為

咪酋伯駕來文

照會事本攝理現據在福州城外之本國民人懷德高禮等禀稱去年八月初四日租地一段建造房屋有業主租帖一紙曾呈該地方官查閱以為妥宜已先交兩年地租銀兩又經交承接起造之匠人工銀數百員于九月十三日興工因有惡人欲將自己地段租與我等建屋未能得成遂挾恨出白帖唆令別人不許我等建造我等于九月十四日親赴地方官禀明蒙

地方官諭令不用理他白帖即可興工且云官府亦喜汝等在該處起造房屋等語後忽又轉
令工人不奉告示不得興工及九月廿六日協台沙文亮向對我等說閩縣并福州府定實不准
再在此處建造且說條約所准外國人建屋乃係
皇上所定令百姓不知條約故不遵守等語當此之時該協台以凌辱相加于我等後地方官面見
我等又云該協台之言盡屬虛話但汝等所租之地內有小段係別百姓之業若用銀向他買受
或可興工云云我等即備價交地方官轉交而地方官又不肯即收欲待事妥後方肯接收迨十月
十九日我等到地方官衙門地方官云該處百姓不論大小皆願汝等在此建屋不日便有告示然
日久終不見出有告示我等已經數次欲再見各官乃均以有事推卻遞稟亦不肯收是以只得
將此事稟明懇請設法辦理等情到本攝理據此正當備文照會之際復接懷德等由福州
來稟內稱經前稟出之後又過一月而各官仍未出示辦理此案致我等不能建屋一人並無住處
故迫于懇請早日完此案俾我等能與別國人已經得照條約章程者辦理等因本攝理查
本國民人懷德高禮遵照和約章程于福州租地建屋先交地租兩年其租帖經地方官看明妥當又已
交匠人工銀數百員究竟被各事阻碍閱數月之久不能興工以
皇上所定之條約而百姓不遵守殊為可異且該地方官不惟不照條約又不以禮待合衆國民人本攝理
相應照知辦理五口
貴大臣務為設法令該處地方官遵條約准合衆國民人在所租之地刻日興工建屋寔為公便為

此照會順候
康祺迪吉須至照會者　　　二月初六到
雙銜　　　　　　　　　　　　　　　　為
照復事初六日接據
貴副公使來文內稱民人懷德高禮等在福州城外租地建屋各情節均悉查條約內載在五
口貿易准其租賃民房或租地自行建樓必須與內民公平議定租息內民不得抬價掯勒遠
人勿許強租硬占均須各出情願以昭公允等語懷德高禮等既交地租何以該地民人又不許建造
其中有無別故自應行文咨查福建省核議可耳為此復候
時祺綏吉須至照會者
一照復咪酋伯駕　　　　二月十七行

(11)
G

雙衔　　　　　　　　　　　　　　　　為
咨查事二月初六日接據咪酋伯駕來文內稱云云實為公使等情到本爵大臣部院據此查條
約內載在五口貿易准其租賃民房或租地自行建樓必須與內民公平議定租息內民不得抬價
掯勒遠人勿許強租硬占均須各出情願以昭公允等語懷德高禮等既交地租何以該地民人又不
許建造其中有無別故除照復該酋外相應咨查為此合咨

(12)

貴部堂院請煩查照轉飭確切查明懷德髙禮等于福州租地一事因何地租既交仍不准建造
緣由希即移復以憑照知該酋知照須至咨者

一咨 閩浙督堂 福建撫部院

二月十八日行

為

西洋嘩酋來文

照會事照得前任協鎮已將各口即宜設立領事官緣由剖知
貴大臣在案事尚未成不久奉旨由國本大臣涖任以來查閱前任設立領事緊要緣由
即咸豐元年九月二十三日嘩嘜哆申陳
貴大臣之文本大臣意見亦以為不可刻緩之事茲特照知已經立定本大西洋國為寧
波廈門領事官二員一員名嚥嘛吐哋赴任廈一員名咈啷哂咕㖟嗎㗊吐赴任寧波尤期
貴大臣依和約章程事件札知該省地方官妥為辦理本大臣藉此再為照知既本官于
天朝各口設立大西洋領事為辦本國商人事務寔願貴廣東官于澳門亦設領事一員或委員為
照理
貴國商人省澳往來貿易事務然此事並非一次言及查閱嘩嘜哆申陳再至再三亦非本
大臣獨有此意即如前各任總兵官莫不皆然而大西洋皇后無不欲也本大臣意望誠能
兩國合意若此辦理不惟貿易有利既
貴國亦無不獲益也合併照會

貴大臣爵前查照須至照會者　　二月十五日到

衙　　　　為

書〻王日接據

使来文閱悉查設立領事一節前曾于道光二十九年屢次照復以

國向未設立領事自宜照舊辦理茲来文仍執前議不知

貴國二百餘年来在澳門如何貿易此時必欲添設領事乎至于中國商人往来澳門貿易

本皆設有官員更無須另行委員也為此復候

時祺近吉須至照會者

一照復西洋嗘酋　　二月廿三日行

(13)

丁

浙江撫部院来咨　　為

據稟咨明事案據寧紹台道瑞璸具稟咈囒哂夷酋顧鐸德在定城建設天主教堂有

在定傳教之閩人方安之等在定海佔據庵寺擾害良民以致民心不服聚衆滋鬧方安之

等復告知該國駐劄上海之領事敏體尼来甬多方要挾各等情當經本部院諭令該

道委員會同定海廳姜為開導設法妥辦去後茲據該道稟稱顧鐸德在定海廳城内

建設天主教堂遣閩人方安之前往傳教該廳入教之奸民歷年將城外鹽倉紫薇等

庄內閤庄公共之興善等庵寺陸續獻入教內方安之遣人佔住屢次倚勢欺壓庄民上

(14)

年十一月間住居興善寺內之傳教人等復平毀該寺僧俗墳墓鏟毀捐田碑記致民心不服聚衆滋鬧其餘紫薇等庄亦聞風群起與教中人爭持教中人潛避各庄人將被佔之興善等四寺收歸該國駐劄上海之領事敏體尼來至寧波囑爲查拿究辦逞其桀驁任意要求經職道反覆理諭並向代理定海廳王承楷面授機宜又委候補縣丞高峻府經周慧赴廳查辦業將詳細緣由及辦理情形肅丹稟陳旋又因夷情狡悍庄民聚集甚多恃衆相抗彈壓勸諭在在需員復札委該廳岑港巡檢陸世瀚隨同經理茲據王丞及各委員會稟稱該廳等抵定後敏體尼與顧鐸德亦帶同方安之等接踵前來在城內教堂中居住該廳等與之接晤敏體尼仍持前說嘖有煩言該廳等婉向勸導該領事堅執不從次日各庄民知夷官到定萬餘人不期而集同時入城欲與該領事等評理該廳等恐其擁入教堂與該領事等彼此忿爭勢必愈生枝節收拾爲難當向各庄民妥爲撫諭飭令聽候查辦不得恃衆妄爲並令將歷年所受方安之等欺凌之事開具實跡向該領事投訴俾之知曉庶冀醒悟一面往向敏體尼等指示以民心之洶洶如此若非方安之與入教之人平素結怨于人何至即動公忿囑其詳加體察不可因方安之等膚受之愬曲加庇護多所要求以致益觸衆怒自取禍機其時該領事等見庄民蟻聚頗有悔懼之意該廳等復乘機多方開導該領事等理屈詞窮不復狡辯該廳等又向庄民曉諭以已與夷官說定此案必秉公辦

(15)

理不使伊等受虧令各解散回庄不得羣聚千各庄民亦出城紛紛四散旋有各庄耆民等
將方安之等踞寺詐賍等事開單向教堂投訴該領事等接閱之下向教中人逐加探詢經碩
鐸德續行派往之傳道安告以事皆屬實咎不在民該領事等始知為方安之等所惑續与
該廳等晤商此案矜平躁釋其前此所請將滋閙之民盡行拿究毀失各物全數追賠并
示罰不行援救之旁人查究暗中主唆之紳士各節均不復再言該廳等當諭以十一月間糾
衆滋閙之為首庄民自當酌加懲責教堂及入教各家被搶被毀之食物等項當時曾經
具報有案者亦當分別着賠惟方安之歷年稔惡已久又各庄入教之人內有夏必發等數
名惡跡亦復昭著當一併按律究辦又方安之曾私賣僧普悅寺田弁勒詐張守統等錢
文均須一體追繳給領並將興善寺內被毀各墳由教中人代為修整方足以昭平允否則
民心不服仍恐滋生事端該領事允將方安之撤退由伊帶回上海其餘皆一一領諾該廳
復以此後入教之人如再生事擾民致被指控應地方官查拿審辦主教與傳教者不得仍
前黨庇該領事等亦即遵照惟興善等四庵寺仍請改為教堂該廳等以庵寺本屬各庄
公所前此入教之人逞其私意獻入教中請書內所列生者姓名率係詭捏因此積成衅隙今
各庄既已收回斷不能拂民之欲重令讓給該領事等再三請求連日相持未決各庄民聞
知又復聚衆入城該廳等遂以此事為民心所不願斷難相强之言向諭該領事等見此情
形亦即中止該廳等遂將與該領事等要約各節出示向各庄民曉諭因恐該領事等或有

爽約食言情事亦令其向入教者出示諭知各庄民遂歡忻鼓舞而散敏體尼顧鐸德亦帶
領方安之等分回上海寧波此事業已完結所有與該領事約定查辦諸事由該廳分起
逐一措置等情前來職道伏查方安之與入教諸人歷年在定海佔据庵寺擾害良民
以致民心咸切不平聚衆與之為難其衅寔方安之所自肇乃敏體尼悮聽方安之之言
由滬來甬多方要挾其意欲假地方官之聲勢懲治庄民以為洩忿之計職道知夷
性外强中乾故當其來署謁見之初示之以公諭之以理並授該廳以駕馭機宜飭令馳
回查辦敏體尼等亦即前往見民心固結衆志成城該廳等又再三勸導該夷亦察知
方安之等之劣跡深知悔悟雖未肯將方安之交官究辦其餘皆惟該廳之命是從其
情尚屬馴順且方安之雖未交官該領事等已將其撤退素行兇惡之夏必發等以及
此後如有生事擾民之入教人等均聽地方官分別究辦不加庇護從此教中之不法諸人
該廳均可執法相繩傳習此教之徒自當漸知斂戢奸民之欲圖牟利投入教中者或亦可
異漸減于大局雖未必即有所裨而定海良民自此得免天主教之累地方可期綏靖除
飭該廳將應辦各事宜赶緊措置外所有此案業已完結緣由禀請移咨
欽差大臣兩廣督院照會該國公使知照等情到本部院據此相應咨明為此合咨
貴大臣煩請查照至此案應否照會該國公使知照並祈裁酌示覆須至咨者　二月十九到
為
雙衔

(17)

N M L

咨復事咸豐二年二月十九日准

貴部院咨據寧紹台道瑞璸具稟咈蘭哂吏酋顧鐸德在定城建設天主教堂云云全敘

相應咨明煩請查照至此案應否照會該國公使知照並祈裁酌示復等因到本大臣爵部院

准此查此案既經該道委員前往查辦設法開導使該領事理屈詞窮不復狡辯

所辦甚屬妥善是該領事自知悔懼允將傳教之閩人方安之撤退不復滋生事端惟

地方官總宜以固結民心為主凡遇事件祇須察看情形妥為酌辦必使攘外安內方為計

出萬全此案業經完結尚未據該國公使來文查夷性多疑尤慮反覆一經照會轉恐[1]多

生枝節自可毋庸先行照知俟有來文再行核復准咨前因相應咨復為此合咨

貴部院煩請查照轉飭知照施行須至咨者

一咨浙江撫部院　二月廿三日行

閩浙督部堂來咨案由與上浙撫來咨同　二月廿九日到

雙銜咨復與上咨復浙撫同　三月初二日行

暎國文酋來文　為

照會事現蒙寵命恩准賞假九個月卸任旋國謹將總理香港事務關防移交大英欽

命陸路提督協理香港事務折　暫行署理凡有本港公事應請

貴部院大臣查照移咨辦理至欽奉全權公使總理五港貿易事宜上月經准大英欽授總辦外
務宰相巴　字寄恭述君主心簡擢用粵省管事官包　暫署以敕書文件由下月郵船
賫遞等因原該于正月二十八日到港茲查上月應到郵船延至本月初七日進口未測何由
竟未奉到敕書自應遵照原奉諭旨謹將總理貿易關防一並移交陸路提督折
暫行兼攝俟勅令文件到港後再行調署現擬于本月初十日下午卸事登程由陸路提
督折　當日接印合任受事仍俟勅書到日再行照會
貴部院大臣知照如有五港貿易攸關事務分别咨辦可也為此照會順候
春祺茂介須至照會者

二月十三日到

咲國折酋來文　為
照會事照得今據本港舖民南豐等共四十餘戶聯名禀稱民等在本港貿易皆由省渡
駁貨往來近因海賊猖狂專在龍穴福永急水門等處絡繹滋擾歷來陸續計刦去船
隻共有三十餘號本港省渡自去年底始至本年二月初止計刦去四隻似此海賊妄行毫無
忌憚本港貨物實難上落伏乞矜憐恳准移文水師官憲設法嚴緊緝獲俾附近海面
安靜貨物流行等情到本總理閱悉查本港買賣多于華民渡船販運原係貴重貨
物百姓人命尤關緊要自應照會

(19)

貴督部堂撫部院煩查照來文事理速即飭知該地方文武員弁嚴緊巡查緝捕務獲幸勿因循以
期商旅通流海面安靜並祈查照立即賜復為此照會即候
升祺須至照會者　二月廿八日到

咉國圻酋來文　為
照會事案查本月初九日前任欽奉公使文　函以擢用廣州領事官包　接任全權公使
通商貿易事宜敕書文件尚未接到各等情明晰照會在案茲于二十二日由郵船遞到
敕命二件簡調領事官包　作為欽奉全權公使大臣兼理通商貿易事宜謹于本日接
印任事應另由自行照會煩
貴大臣部院查照嗣後凡有攸關通商貿易公文逕行照會新任公使大臣可也為此照會順候
升祺須至照會者　二月廿八日到

咉國包酋來文　為
照會事案查二月初九日前任欽奉公使大臣文　于未經起程旋國之先曾經咨達
貴督部堂撫部院以君主心簡擢用廣州領事官暫行接任欽奉全權公使兼理通商貿易事
宜詎敕書文件屆期未到由欽命陸路提督欽遵原奉敕命暫時接任等因又于二月二十六日由欽
命陸路提督協理軍務圻　以敕書各文件業經收到當日遵行接印任事明晰照會

(20)

貴督部堂/撫部院查照各在案本公使前在粵省任事已歷三載諸凡辦公一視秉公無偏式敦
和好俾兩國官民彼此永堅和諧推廣交誼茲蒙恩命擢膺斯任更應加勉長敦一面
責成各英人謹慎克守前定盟約以副君主和睦至意一面欽遵敕命加意顧察固期
貴朝官僚竭力克循無異尤願選一月之暇得快晤
光儀藉以暢談公緒寔所愉悅也為此照會順問
廿祺并竚復音須至照會者

三月初三日到

為
雙銜
照復事三月初三日接據來文閱悉查二月十三二十八等日曾接
貴前公使暨署公使各來文已欣知
貴公使當即辦理五口貿易事務茲閱來文現于二月二十六日任事等語
貴公使在粵多年明白正派秉公辦理一切此時得膺新任按照條約益徵永敦和好
本爵大臣/部院殊深喜慰亟欲會晤藉以暢談惟本大臣現在高州督辦軍務本爵部院
在省辦理軍需文報一時寔無暇晷容俟軍務告竣本大臣回省後再為擇期照會共相
快晤也為此復候
廿祺多吉須至照會者

一照復暎國包酋

三月初七日行

A

英國夏領事來文　為

伸陳事項接

欽差大臣葉劄復內開英商船在虎門河面被賊攻擊一事現在水師提督巡洋來省業已委員前往查辦俟得賊匪踪跡即為劄復等因承派委員查辦深為感謝可期速行獲案因當日賊多有死者及受傷逃逸者似踪跡較著不難跟踪查拿現經聞得東莞縣屬距虎門四五里之村內有受傷賊七名在彼倘用本國所泊黃埔火輪兵船前往該處捉拿似乎更得迅速就獲為此伸陳須至伸陳者

九月十八到

B

咲國包酋來文　　為
照復事昨接
貴大臣九月十二日來文為黃埔副領事官租地建房一事領悉一切查此案于八月二
十四日經本公使將正在妥議賃租此地之間由彼處民人張貼揭帖煽惑人心危言恐
嚇希致中止各情明晰照會似此公啟糾衆滋事之謀而
貴大臣膺封疆重寄以為不必預先飭禁儆以重咎堪為惋歎若因此等煽言揭帖
而令英民受害資料虧損本公使雖深欲守平免事不得不移知師船隨時嚴加懲創
至
貴大臣來文所稱李令已傳集各業主如果情願出租悉聽自便地方官原所不禁等
語措置咸宜深堪感佩惟查閱各條約其大旨更有地方官協同調處完結之義即
如丁未年六月十二日在黃埔猪腰崗會勘議租塋地一事已有成案自應援照移請
貴大臣委員前往長洲地方由本公使一面飭委廣州翻譯官會同查照前粘文約
公同議定當面交銀業主受領彼此睦好無事若
貴大臣意欲該師船起碇移泊本公使亦可移飭于會議之際暫行解纜他適也亦聞
屏崗地基原業主曾炳高一名因被控收租地銀兩甫經解省禁押並據署領事官顏
稟稱當經申請

FO 931/0929-0939

貴大臣立為釋放等情惟其人聞係老耄且于租銀原未得收分文諒
貴大臣總不許其無辜受屈早已開釋矣為此照復順誦
勝禧須至照會者

九月十八到

又

照復事昨接
貴大臣九月十二日來文以于十八日前赴韶州統兵防勦湖南賊匪所有
欽差大臣關防届期移交
署理巡撫部院柏　代辦等語俱已閱悉所期
貴大臣肅清氛祲綏靖地方深望
峻功之速蕆耳此後遇有公文照會即行移知
署理巡撫部院柏　辦理可也為此照復並頌
捷禧須至照會者

九月十八到

咪國夏領事來伸
伸陳事案照黃埔地方租地為副領事官建造公署監倉一事該地業主內有一名
曾炳高于本月初七日被番禺縣差拿獲到省押在番禺縣經署領事官顏于本月
十一日伸請

欽差大臣葉飭放曾炳高并請將差拿緣由劄復今已事閱旬餘未奉劄知現奉公使大
臣包劄行此事業已照請中國大憲委員前來會同該駐廣州繙譯官會辦即便知照等
因本護理領事官暨繙譯官相應遵照伸陳
貴部院大人察查先今伸陳事理請即將曾否飭放曾炳高並派委員何員前來定于
何日會辦租地之事即行劄復是幸為此伸陳須至伸陳者　九月廿一到

E

又　為

伸陳事案照黃埔地方租地建房一事本月十八日接到公使大臣包照會
欽差大臣葉　公文一件當經即日轉送隨奉公使大臣劄行此事業已照請中國大憲委員
前來會同該駐廣州繙譯官會辦并飭知已于前項照會內聲明移請
貴大臣委員前往長洲地方由本公使一面飭委廣州繙譯官會同查照前粘文約公
同議定等語各等因奉此經于本月二十日伸陳
貴部院大人請將委員何員定于何日前來會辦即為劄復在案本護理領事官
事繙譯官奉到劄行委辦已經七日尚未接奉劄復以致迄今未能稟復合再伸陳請將
此事或應如何辦理之處即日劄復俾得稟復公使大臣察核是幸為此伸陳須至伸陳
者　九月廿四到

雙銜　　　　　　　　　　　　　　　　為

劄復事本月廿一廿四日兩接伸陳俱已閱悉該副領事官擬在長洲租地建房一事

前已明晰照會

貴公使矣查平岡地基橫濶數畝並非曾姓一族之田周圍多係曾徐梁三姓千

餘家之坟墓該副領事官欲租此地必得三姓人公同應允俱無異說將来租地建

房方不致有違碍如果衆願樂從地方官原所不禁若逼令強租不但地方官無

此辦法即該副領事官亦招衆怨至委員會辦一節和約原稱華人勒價委

員從中公議今長洲三姓民人均不願租並非勒價委員何益作事總宜持平不

可勉强也曾炳高早經該族人保田為此劄復須至劄者

一劄　咉國副領事夏　　　　九月廿七日發行

咉國夏領事来伸　　　　　　　　　　為

伸復事本月二十七日接奉

欽差大臣葉
巡撫部院柏　劄復黃埔地方租地建房一事毋須委員會同議定業經將劄復事理稟

報公使大臣察照惟平岡地基情形劄復内所稱與本護理領事官事繙譯官所

查稍有不符查得該處地段二三畝並非播種之田係屬石山且該地附旁不過墳

墓五處並不與所議租之地相碍至来劄内有若逼令強租及作事總宜持平不

可勉强各等語查此事辦理亦並無逼令勉强之處也為此佈覆須至佈陳者

九月三十日到

為

暎國包酋来文

照會事查黃埔地方租地建造署監一節經于九月十五日照會

署督部堂葉　委員前往長洲地方會同廣州繙譯官悉照前粘文約公同議

定並當面交銀業主收領等語迄今尚未接到復音殊堪悵悵今批駐廣州管事

官夏稟稱接到

貴部院九月二十七日劄知以委員辦理爲無益等語應請

貴部院出示曉諭該處民人倘若原業户願將該地出租英人自聽其便又查九月

十五日照會已述及原業主曾炳高因被控解省禁押並請立為釋放旋悉

貴大臣部院劄復署管事官以曾炳高早經保回惟今日接到来信批稱曾炳高因受禁

押苦難出獄身亡等情此事甚関緊要誠不得任其逆意不了情形而為擱置恐致本

國執政深覺不愜耳凡一切措置倘有乖和好之處本公使原無意出此甚望早得復音

貴部院業經出示曉諭縱不他從亦宜為此庶使肅靜地方而順兩國和約之至意也為此照會

順候

福履綏宜須至照會者

十月初七到

雙銜　為

照復事本月初七日接到

貴公使來文批稱黃埔民人曾炳高苦難出獄身亡等情不勝詫異查曾炳高于九月

二十日有保人陳亞昭具遞領收由番禺李令釋回曾經面稟在案况長洲族老曾肇

邦等公同在縣遞呈僉稱曾炳高委未立約私租地畝亦無得受錢文情事是曾炳高

既爲無事之人何必用其押禁今來文忽稱苦難出獄身亡自係誤聽人言不足深信

粵省浮言甚多

貴公使諒亦深悉至長洲租地一事前已照復

貴公使本大臣部院亦明晰劄復該領事官矣爲此復候

近祉繁綏須至照會者

一照復暎酋包玲　十月十一發行

大西洋嘡酋來文　為

照會事照得本大臣依和約章程定例設立駐劄寧波福州領事官一案已于本年二月初

七日備文照會

貴大臣祈照和約章程事件札知該省地方官妥爲辦理等因在案去後接准

貴大臣于二月二十三日照復閱悉來文顯見

貴大臣拒絕之意惟現咸豐元年六月初六日蒙劄復嘡嘹哆文內已有承認廣州上海領

事官之言後于三月十三日本大臣再具照復亦曾提及此文至今未蒙照復查各國于各開
口地方設立領事官一節已列一條詳細載于和約章程内該和約爲旨蒙者
宫保欽差照抄轉給大西洋官以便通行令
貴大臣來文並無寔理且無可退却領事官之故倘
貴大臣另有何理然于咸豐元年六月初六日文内稱查領事官爲管各國事務而設應
由各國自行派充本大臣並無不准之文云云既有此文其他無論何説皆不能反廢前文又
挒本大臣照會内云
天朝設立委員在澳等事本大臣既仰承我皇后旨意已經顯明剖白如此辦理豈惟兩國
貿易獲益即于
貴國課税亦非無補此乃公私並濟何
貴大臣並不理會勿謂向未立有此員于今不可新創勿謂向有公所于今仍須必有勿謂向
無此事于今更無須另行查向來未開香港東北各口亦無番人貿易于今香港亦開五口
亦開又立有和約章程如是貿易章程盡皆變易惟此更改以致我澳門貿易比别口
受虧更甚且澳向來所有貿易利益今無一然以故我澳内不得不設立各務新章程以便
唐番貿易定妥並行然後可以咸臻利路若不然則是各事禁戒阻碍必至兩國貿易全

害並有干于

貴國便益本大臣盡將公論揭出再照會

貴大臣深望

貴大臣允諾互相協同辦理以便貿易通相獲益以顯兩國互享和好特再照會

貴大臣爵前斟酌施行爲此照會須至照會者　九月十八到

雙銜　爲

照復事九月十八日接到

貴公使來文爲澳内設立委員一事查香山縣丞一員原駐前山寨嗣于乾隆年間前

山設立海防同知一員將縣丞衙署移建附近澳門之望廈村至道光年間該縣丞復移

駐前山迄今數載澳内如有商議公事來往照會朝發夕至並未聞其遲悮至于澳門貿

易歷年已久其受虧與利益自係今昔情形不同固非因該縣丞爲衰旺亦非因該縣丞

爲損益其設立領事官一節來文既稱去歲六月初六日曾經照復更無庸贅叙也

爲此復候

近祉繁綏須至照會者

一照復大西洋啿啇　十月十一日行

稟

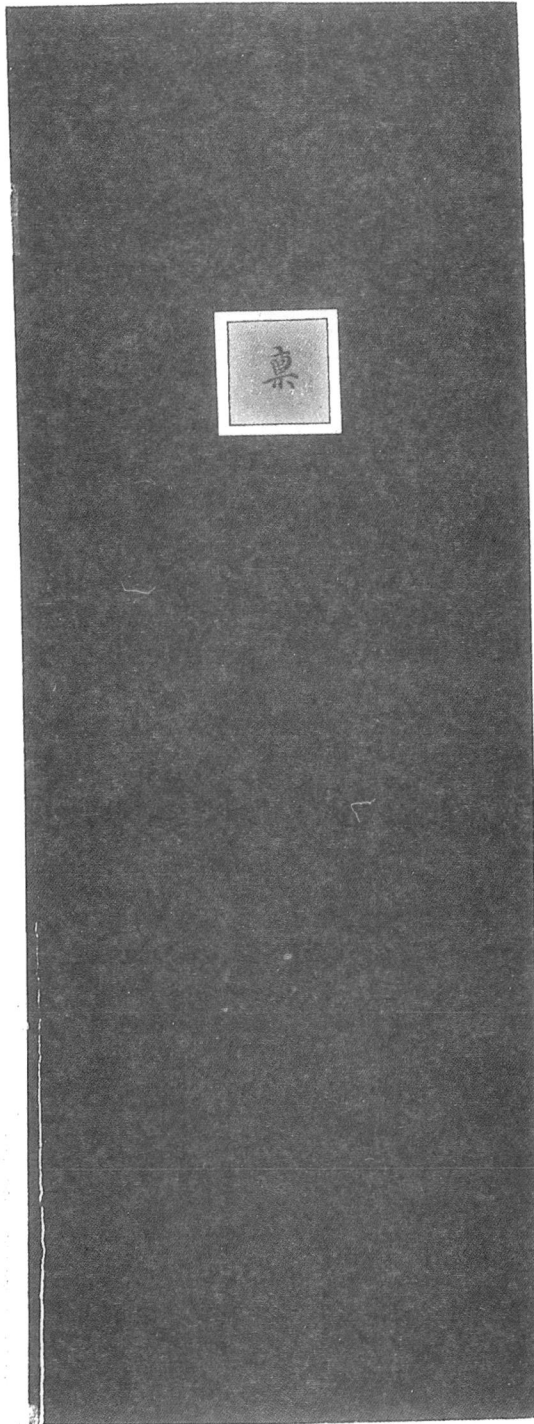

百八十四

F.O.682/112/3(17)

浙江寧波府知府羅鏞謹

咸豐元年十月廿三日到

稟

大人閣下敬稟者竊據府役探報閏八月初十日有嘆咭唎二桅半商
船一隻駛至甬江停泊探查船名黄波船主名得你舵水二十名
炮位四門裝運木植貨物來寧等情據此并據鄞縣稟報前來合
肅轉報仰祈
大人察核恭請
勛安除稟
督撫憲外卑府鏞謹稟

咸豐元年閏八月十一日

百八十四號

F.O.682/112/3(17)

十月廿三日批發

咸豐元年十月二十三日　費平章　韓立誠　呈

浙江寧波府

一件稟嘆咭唎二枝半桅商船來寧

批

據稟已悉仍候
閩浙督部堂
浙江撫部院批示繳

十月　廿三　日

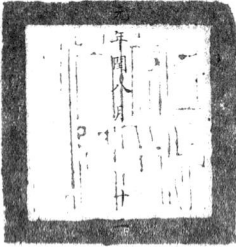

F.O. 682/324/4(3)

第三十四號

十二月二十八日午刻

1

F.O.682/324/4(3)

沐恩蕭定安叩稟

大人爵前敬稟者晨下港內華夷安靖買賣如常於二十六日惟探得來咈囒哂巡洋兵火船壹隻到港停泊於二十七日來望咪唯火船壹隻查其載有炮坭數佰担到港發賣信內云咦國埠死去大夷目一名所有兵船客商船下旗於二十八日來上海港火船壹隻俱係載貨物書信往來華夷依然如故理合稟明叩請

鈞安伏乞

慈鑒

九月二十八日稟報

2

F.O.682/324/4(3)

沐恩蕭定安叩稟

大人爵前敬稟者晨下港內華夷安靖買賣照常於十五日惟探得有花旗國新兵頭另一名在澳與西夷商夷目斟酌即將澳門讓與花旗管理照舊情形納稅未曾讎賣花旗新兵頭近日上省十六日由港開行火輪船壹隻查其載有賣貨銀兩二十餘萬併帶書信覆回嗌㗎鏬埠 理合稟明肅此具稟叩請

鈞安伏乞

慈鑒

十二月十七日稟報

 3

沐恩蕭定安叩稟

大人爵前敬稟者晨下港內華夷安靖買賣照常於初二日惟探得由港開行英兵船壹隻查其往各處港口巡洋再探得連日來金山華夷商船叁隻載有華民數佰名回港金山華七月至十月未每佰斤價銀叁拾員每人每月要抽稅銀叁員其餘各商客貨物每佰銀抽稅銀叁拾員理合稟明叩請

鈞安伏乞

慈鑒

正月初二日稟報

 4

沐恩蕭定安叩稟

大人爵前敬稟者晨下港內華夷安靖買賣照常於初六日惟探得由英國來火輪船壹隻查其載有夷目文翰一名帮辦寫字一名并載炟坭數佰担隨帶夷商書信回港連日各夷目夷商請酒署理夷目已於近日着辦理省中領事之任餘無別事俟後探明另行稟報肅此具稟叩請

鈞安伏乞

慈鑒

正月初六日稟報

5

F.O.682/324/4(3)

沐恩蕭定安叩稟

大人爵前敬稟者晨下港内華夷安靖買賣照常於十三日惟探得港
内各夷目英商酌量見各省外地方賊盜猖獗擄掠太多因此各港
口華商往來買賣甚少各夷行俱係次本再探得夷目文翰一名
此屆一名由英國回港查其信息十二年滿又要換和約情景
餘無別事俟後探明另行稟報肅此具稟叩請
鈞安伏乞
慈鑒

正月十三日稟報

6

F.O.682/324/4(3)

沐恩蕭定安叩稟

大人爵前敬稟者晨下港内華夷安靖買賣如常於二十九日惟探得由港開行
火輪船壹隻載有花銀紋銀二十餘萬併帶夷信往嗌喫鏬埠惟查五港口
各英商貨船抽餉不足支兵餉現在各英兵兩個多月未有根領港
内連日華民演戲英兵艇巡遊洋面捉獲海賊數十名押入夷監
餘無別事俟後探明另行稟報肅此具稟叩請
鈞安伏乞
慈鑒

正月三十日稟報

7

F.O. 682/324/4(3)

沐恩蕭定安叩稟
大人爵前敬稟者晨下港內華夷安靖買賣照常於二月初一日惟探得
來英國巡洋兵船壹隻相換舊英兵守海口船壹隻早晚回英國
連日又來英兵火輪船壹隻由黃埔來花旗兵火船壹隻回港停泊
港內現存花旗兵船四隻再查花旗兵船三月間往日本國打仗因
日本國未愿與花旗通商情景理合稟明叩請
鈞安伏乞
慈鑒

二月初一日稟報

8

F.O. 682/324/4(3)

沐恩蕭定安謹稟
大人閣下敬稟者于初二日探得有兵船仔一隻到港沐恩探查係由黃埔相換回港併探得
正月十九日新琪波火輪船到港帶來紅毛國客札一封已說去年秋季唉夷兵丁在先彌埠地
方防守強迫勒詐先彌埠人民不料先彌埠人民即將唉夷兵丁殺斃一千餘名又將唉
夷兵總殺斃十餘名目下未曾妥式安靜餘無別事香港地方夷人安靜買賣照常肅此
叩稟
金安伏祈
憲鑒

二月初二日稟報

 9

沐恩蕭定安謹禀

大人閣下敬禀者沐恩在港于初三日探得港內唐番買賣依然安静併探得新大兵頭名班林約于三月内方得到港目下香港海面存大小兵船二隻火輪船一隻黄埔河火輪船一隻省河火輪船一隻蔑兵船一隻大小貨船十餘隻水岸共計存嘆黑兵一千九百餘名上年間紅毛國來銀三百萬香港地面動用去三百萬之多去年間紅毛國來銀一百五十萬香港用去一百八十萬之多嘆夷各客商連年生意共鈌去本銀六千數百萬之多餘無別事肅此禀報

二月初三日禀報

F.O.682/324/4(3)　10

沐恩蕭定安謹稟
大人麾下敬稟者沐恩在港連日探聽港内唐番買賣依然安靜於二十三日午後港内有火輪船一隻開行並帶書信夷商夷目情形覆回新琪玻各夷船來往俱經由新琪玻灣泊寄搭書信過別埠仍覆寄轉回紅毛國二十四日由黄埔開行火輪船一隻到港二十五辰刻由省開行火輪船一隻未刻必定到港再探得大兵頭一名番名班林改名文翰年四十五六歲人品甚安静人材高大面紅色妻房一名年方二十二三歲面色太白子一名一歲先鋒一名番名滑自稱威先生畧些曉正音年方三十餘歲二兵頭一名番名煎拿參庇俚年方五十五六歲頭髮些白人品甚善人材高大妻房一名子三名女二名長子隨任派守備職銜先鋒一名番名京力俱係新到廣東贊臣一名到來廣東數年各字墨正音畧曉兼理五港事務人高大年方四十一二歲咭啲啞一名各省音語文書往來可曉自稱國師並兵總仔數名約定二十五晚各夷目坐駕火輪船二隻或三隻定必二十六日到虎門見
大人為此恭稟
憲鑒

三月二十五日稟

11

F.O. 682/324/4(3)

沐恩蕭定安謹稟

大人閣下敬稟者現探得咈蘭哂國老王前經早月逃走落在紅毛國女王收留安身亦探聞咈蘭哂國衆百姓與各兵總兵衆議國王權任三年一換而各處港口現有新文分派咈蘭哂簽字與紅毛國打仗目下港內紅毛國衆客商亦然簽字加抽獲賠餉務預備與咈蘭哂國打仗今將情形肅此稟報叩請

金安伏祈

憲鑒

四月二十三日稟報

12

F.O. 682/324/4(3)

沐恩蕭定安叩稟

大人爵前敬稟者晨下港內華夷安靖買賣如常於十六日惟探得由上海來夷商僱船壹隻查其載有買賣花銀紋銀二十萬到港即由港渡火船裝上省又探得信息內云有西洋划艇違約擅赴寧波舟山港遊奕難為各船戶有安分漁人二十名被拿妄指為盜帶回浙江請賞被該官駁詰不肯解交吳建彰道曾請上海領事何勸諭該西領答以不得妄涉他國事務請會西洋駐上新設領事查辦後事未知如何理合稟明肅此具稟叩請

鈞安伏乞

慈鑒

五月十七日稟報

F.O.682/324/4(3) 13

沐恩蕭定安叩稟

大人爵前敬稟者晨下港內華夷安靖買賣照常於二十日惟探得由摀囉啲國來兵船壹隻在港停泊查其此兵船初到粵東故國名嚦啵嗟近日駛入黃埔河是日來花旗巡洋兵船壹隻咈囒哂兵船火船二隻在東涌海面停泊乘浪再探查澳內各華夷買賣依然如故理合稟明肅此具稟叩請

鈞安伏乞

慈鑒

五月二十日稟報

F.O.682/324/4(3) 14

沐恩蕭定安叩稟

大人爵前敬稟者晨下港內華夷安靖買賣照常於二十八日惟探得港內上日所到之新兵近日操演鎗炮純熟調換舊兵回國是日花旗客商船帶信到港內云四月初旬金山埠失火約計燒去貨物金銀壹仟四佰餘萬理合稟明肅此具稟叩請

鈞安伏乞

慈鑒

五月二十八日稟報

查咸豐二年七月二十五日准嘆咭唎國領事照會據印度商人咸架士稟控華商義德即容華三和店崔禮文即崔時蔚寔名關松年少欠船價銀六千八百六十元九毫一厘請飭追還等由當經前縣飭差傳訊隨准該領事將容華一名送交縣丞轉送到縣當經前縣馮令提訊據容華供稱伊與舊荳欄三和店關松年即南山又名崔時蔚即禮文合本用合和字號與咸架士承辦洋船接載客人往金山貿易立有合同各執二年四月承辦疏白倫船一隻議定價銀三萬元渣林治洋船一隻議定價銀二萬七千元所有客人船價俱已收齊存在關松年三和店除支外尚有餘剩銀兩陸續交咸架士船價寔尚欠尾數銀四千餘元等語當將容華押候差傳關松年等質訊隨據差役傳出關松年即崔禮文到案訊據供稱伊與容華等寔止欠咸架士船價銀二千七百元本年四月內經伊與容華書立欠單交咸架士執據隨于四月十三日伊曾還過銀一千元並無欠六千八百餘元之多等語核與該領事照會欠數不符經將訊取供詞照會去後旋准該領事以容華等寔欠咸架士船價等項銀六千八百餘元等情照覆前來復提容華等質訊供詞各執互相推諉賬目均不清楚碍難清算即經斷令各半分攤隨准該領事照會請將容華等送往與咸架士會算當將容華等送往并將審斷緣由照會核辦又准該領事以容華與崔禮文即關松年算賬不清仍將容華等二名送回復經飭役看守提比勒追旋據報關松年患病沉重提驗屬寔交保醫調着令在外妥為調處並照會該領事知照嗣准該領事復請將容華送回與咸架士清理賬目又經前縣將容華送交卑縣縣丞轉送該領事查收自行清理嗣後僅准該領事照會飭拘關松年勒令變產償還欠項前縣馮令勒交未到旋值卸事卑職抵任接准移交業經照案勒交隨據關松年赴縣稟稱前縣主將生并容華送至嘆署與咸架士清算賬目只有生簽名結欠銀二千七百餘元生已將名下銀一千元交清有買辦莫樸收單繳案可據餘皆浮開平空串揑而容華尚有應追否欠呈案担認滙單銀両茲反被串噬心寔難甘懇請照提容華回縣并着嘆商呈出單據究斷等情投訊前來又經飭差提訊一俟提到訊明即行分別勒追辦理理合開具節畧呈

電

入入

A

咈國晉商來文　　為
照會事現拠住香港之傳教人說稱咸豐二年十二月間嘉應州有奉教人被
本處人入室搶奪什物一空該奉教人稟地方官官不為理反謂傳教煽惑出
票差拘該处奉教人有熊趨被其拿去監禁餘俱逃散等語查道光三十
年有本國人哼唧嘜被州官拿去鎖押監內二十餘日又出示詆毀天主教甚属
難當經前任欽差大臣陸英照會

10

前總督部堂徐　查亦業蒙札飭州官將所出告示銷毁去後是即今之州
官也夫
貴國治理百姓如何節制本國並不與聞應毋庸議惟前欽奉
宣宗成皇帝睿聖頒諭學習天主教爲善之人免其治罪等因欽此煌煌
上諭昭彰至今
貴大臣部院想亦了然于中在
貴國人學習天主教率循教規與本國所習相同本國大皇帝視之亦甚潤心
不足爲異惟奉教人遵守國法聽從官役斯則本國之所期矣想應照會
貴大臣部院請將此事查明如果係州官率意妄爲將該奉教人枉屈
貴大臣部院聰明特達請爲秉公办理兹將州官所出差票抄送察核爲此照會
並候
辰祺不宣須至照會者　計粘抄差票一紙

正月廿二到
二月初七發房

B

雙衙　為

照復事二十二日接收

貴公使來文併抄錄嘉應州差票云云均閱悉查學習天主教如果係為善

原可免其治罪若如該州票內所云嚴查鎖拿並語斷未有因係為善即行

鎖拿之理恐其中另有別情應俟札飭該州抄寔明白稟復再為照復可也為

此復候時祺佳暢須至照會者

一照復咈國晋酋　正月廿七行　二月初七發房

C

暎國夏領事仲陳　為

仲陳英人迭被華民逞強凌辱請為嚴行查禁以杜衅端事本月初一日英人四名

照舊遊行至河南上岸路過離上岸处不遠之村前土名昭村該村之人不照向日

任從遊行聚衆攔路嚷罵并將石塊土塊拋擲初二日英商二人同水師官三人共五

人亦至河南上岸携帶火鎗打雀走過該村之前該村多人又出嚷罵後經轉回不

料該村復聚衆辱罵并將英人二人圍住欲搶奪英人火鎗正在衅起將激成

事端之際經同行英人三人上前解圍一同下船是該村之人不特違背和約并不遵
官長所定章程殊為惋惜蓋因該处係為英人理應日常遊行之所猝遇滋
擾英人自必保衛禦侮若不速行禁止此等習氣誠慮起衅生事則関係甚
重今該处已有滋事速應陳明
貴部院大人查察嚴加查禁總期免致再有滋事為此伸陳
貴部院大人希即派委員前去該处勸諭該村人嗣後遇有英人遊行到該处
定須彼此以礼相待勿再仍前滋擾更不得攻打傷害并飭該管地方官出示張
貼該处嚴禁前項習氣免致起衅釀事庶期久遠相好和睦是幸須至伸陳
者

二月初三到初七發房

雙衙　　為

劉復事本月初三日接挑該領事官伸陳閱悉當派南海番禺兩縣丞前赴

拾村查勘情形確定稟復去後茲據該縣丞等稟稱查得本月初二日有外國人數名在該村行走適遇該村幼童圍看外國人用火鎗作勢欲行点放幼童等恐懼隨手拾石子抵禦並未傷人外國人回去遂即分散寔無爭鬥辱罵情事並據該鄉耆拾國仕拾閏通等結稱嗣後如有外國人村外打雀約束子弟不必攔阻辱罵倘外國人不法滋生事端許該村人即行稟官所結是寔等語前來查內地民人郊外村落多係聚族而处男婦老幼安居樂業若外國之人言語衣服均未習睹遇之必致驚惶各國人上岸打雀秖可于村外曠野之區閒遊若走入村中倘遇婦女人等迹涉嫌疑自必動遭其辱甚至滋生釁端殊為不美今拾村人並無逞强凌辱之事情願具結完案該領事官亦宜禁約本國人等毋許滋事方不失和好之意也為此劄復須至劄者

一劄英國夏領事

二月初七行即發房

稟為聯乞
憲恩據情
奏明請
旨飭部核覆飭遵俾資調劑而重公項事竊商等前洋行遺欠各公項向例俱歸生意行用攤還
今行用既裁似難設復而生意分散商等買賣不及新商百份之一若不設法稟懇調劑勢必
公項終歸無着但調劑之法一涉夷務動多窒碍再四思維惟有洋庄紅綠茶栈之茶用一
項可以設法彌補溯查乾隆四十三四年間茶葉俱歸洋商領牌自着子姪或商夥進山採

辦嗣因夷船日眾行務紛繁于是分擇誠實之茶棧代為經手包庄設立茶用俾資經費緣茶內外三分紅茶每担五錢是有洋行始有茶棧有茶棧始有茶用百數十年相安無異然彼時茶棧不過數家稽查甚便自洋行裁退新棧蠭起茶務散漫透漏漸多是以稟請嗣後茶棧官為給照方准開設以專責成而杜透漏並明定章程循照舊用雖論銀論担紅綠茶各有不同總以每担撥出茶用銀二錢彌補遺欠公項餘銀悉歸該棧及經手之費以洋行舊定之茶用調劑遺欠之公項固為事出有因於茶客毫不加增與夷商更無干涉事鮮紛更行無窒碍當經稟奉

前督憲批行南番二縣妥議詳奉批飭准行自道光三十年五月起至咸豐二年歲底止共繳過遺欠公項銀一十三萬餘兩解奉

關憲轉解

藩庫歸款在案行之三年已有成效惟是遺欠公項均係奉

奏明分限完繳之款現蒙　恩准將各棧茶用彌補俾歸有着合無仰懇

奏明辦理方足以昭核實而行永久且當日初稟之時約計此項茶用每年可得銀十萬兩奈奉行以後客販趨避年甚一年以至本年粵海茶葉僅得上海三份之一若不早為稟請核辦

則此項茶用必至日短而來粵客販亦覺偏枯商等夙夜躊躇惟有仰懇

憲恩一併

奏明請

旨勅部分行上海各口查照粵省章程設立茶棧每茶一担准該棧將收客販用銀內提銀二錢繳官另

欵登記歸入關期報

部仍將每年收過此項茶用數目咨移

粵海關憲飭知俾逐年茶務得以互相稽核而各客販亦無可趨避庶粵海洋務貿易不至日

淡而逐年應繳公項不至日少商等原為防私補帑起見是否有當理合一併稟候

憲台察核伏乞　恩准會核

奏辦免俾中外客商覷望懷疑動生異議則商等感戴

憲天實無既極除稟

督

關憲外為此稟赴

F.O.682/391/2(108)

查咸豐三年十二月十一日准暎咭唎國顏領事照會英國醫士合信
遷居偕近蔡姓棧房被棧偕潘亞六糾衆喧鬧等由當即飭差
協保前往曉諭毋得指阻喧鬧以敦和好隨據職員潘正棠即潘
亞六街老周昌合等以伊等迴隆里與金利埠接偕街面窄小住
眷居多業主蔡作之有空屋一間被棍徒葉茂棠攏弄租與夷人
名為醫館寔開講耶蘇匪會聚集多人日夜喧鬧偕里不安經
清平五約紳士標貼紅條禁止又親到理論據夷館司事何亞景
面說衆情不服夷人斷不違抗無奈棍徒葉茂棠多方播弄胆夷
壓衆業主蔡作之貪賄被唆等情聯名具呈提訊據供夷人
從前租賃金利埠房屋居住傳授耶蘇教近因舊屋淺窄凴
中人葉茂棠與蔡作之租賃迴隆里房屋居住傳教伊等因
見貼近自已住屋恐怕男女混雜滋事故向蔡作之理論令其不
可租賃至金利埠多係舖户迴隆里俱是住眷求着令復回舊
居或另租別處該夷新租蔡姓房屋現在修整尚未進居等情
又經簽傳業主蔡作之中人葉茂棠諭詰未到旋據地保稟稱該
夷新租房屋現將大門緊閉工作人等從屋後河面出入俟改夷
樓再啟頭門惟查迴隆里本屬窄小內多貧寒住眷華夷混雜
氣類不同婦孩難於躲避且該處橫巷四路通連現在行人議論
日多誠恐滋事等情即經飭差協保着令業主蔡作之彈壓工
匠人等不得擅自造作夷樓一面催傳被告葉茂棠蔡作之等訊
明核辦理合查叙案由呈候
憲電

沐恩蕭定安叩稟

大人爵前敬稟者晨下港內華夷安靖買賣照常於二十八日惟探得包

公使有照會呈一本年係十二年和約期滿應行派員會議一訂明

請在虎門會晤一再議進城一議茶葉抽收用錢港內海面並無

兵船防守分派各洋面守海口憂慮俄羅斯兵船攻打香港有

此情形理合稟明肅此具稟叩請

鈞安伏乞

慈鑒

三月二十八日稟報

大英欽奉全權使大臣總理五港英商貿易事宜總管香港地方軍務兼理巡撫事務包

咸豐四年十月　二十六　日

沐恩蕭定安叩稟

大人爵前敬稟者晨下港內華夷買賣相安於二十七八連日惟探得港內買米屯積情形查去年十二月果有奸商大豐字號等搶買米市高昂屯積河南棧房花地棧房現在港內併無谷米屯積各處果有米船到港夷商賣貨人限日期出債不能停阻又查探得有買米商船戶壹百餘隻僱火輪船嘩艇駛往水東提繫護衛米船早晚間到省惠之有各國夷商船往呂宋辦米又查澳內港內陸續有米船到買米客時買賣連日有嘩船盤運米上省查近日各處村鄉禁谷米不能出口故此米價日增如果有奸商屯積米惠之通賊賣米容俟查明另行稟報理合稟明叩請

鈞安伏乞

憲鑒

二月二十八日稟報

78

沐恩蕭定安叩稟

大人爵前敬稟者晨下港內華夷安靖買賣如常於二十九日惟探得由上海來火輪船壹隻查其載有華夷商客併雜貨到港信云上海地面依然安靖查南京地面情形不日克復安徽府地面長髮賊匪擄擾買賣茶客不堪近日來有台灣米船壹隻載有米數萬即刻駛往省發賣港內米價每員銀買米二十一二斤港內舖戶勸捐之銀定於初五初六日解銀叁千員或四千員上省內有各艔艇往各處村鄉載人客貨物內有情弊如經過炮台守口巡船查明放行理合稟明叩請

鈞安伏乞

慈鑒

三月初一日稟報

F.O. 682/327/2(27)

沐恩蕭定安叩稟

大人爵前敬稟者晨下港內華夷買賣相安於二十七二十八連日推探得由港內開行英師船壹隻往洋面巡緝再探得九龍海面附近心鎮村海边地方有土賊船四五隻不等晚夜出海搶劫往來客渡船兼之捉客人二名勒索銀壹千員贖身又查探澳內包備賊船五六隻不等由澳出海打劫客人衣物兼且又包備營皮勝大小賊船約計六十隻有銀兩送與澳西夷目收領任從打劫米船有此情弊餘無別樣光景俟後探明另行稟報理合稟明叩請

鈞安伏乞

慈鑒

四月二十八日稟報

2

72

[redacted]

一粵海關稅至十一月後為數稍減前數月夷人置貨回國不少又近聞該
國商務多有倒敗不敢爭先搶市是以十一月後較前冷淡並非因民夷
互鬥一案以致疑阻不前

一出口貨物以茶葉為大宗內地黑綠茶商因上年虧折太甚今年採辦來
粵者比之往歲較少又因上海今年銷售較多上海分售約有四分之一亦不
盡因茶商虧折之故數月前夷商置買黑綠兩茶運載回國者絡繹不絕

近兩月來雖不如前之暢旺或因購辦未齊或因艙位太貴或因船隻未來

或聞該國倒敗信息有所疑阻或䓁內地茶價低跌方肯下手是以果為停

淡並非無茶葉出口至茶葉交易索取現錢代出會單此茶客與華商交手

如此章程十居四五以致華商力難承賣則有之若夷商與華商交貿或半

用貨物或半用現錢華商唯恐不得到手若云均用現錢夷商力難承買

或別存意見不肯議價似未必盡然至經司行茶市長落俱因時價夷人

作興搶買則價立即騰貴夷人歇手淡市則價登即低減其武寧之上

好黑茶婺源之上好綠茶計已銷去八九所餘中下各䓁之茶甚屬無幾

至本年新茶到粵約有若干字號近來經司行太多紛散難稽容

俟遲日查明再行稟覆

一進口貨物以棉花為大宗每担價銀約二十五六兩此䓁好價在嘉慶年

間則有之或十五六兩在道光初年則有之至二十三年裁撤洋商奉行新

章以後不特未聞有十五六兩之説即每担十兩之價數年来亦屬僅見一二至本年正月似有起色二月後忽遭英夷滋事頓爾跌價半年来所有棉花進口每担索價八九兩以至五六兩不等仍不能銷流實因廣西雲南湖南各處滯銷来往商販不敢承買帶去即坐地鋪客亦不肯囤積居奇至洋布一欵向来全靠吳橋鄭州阜城各會趕集及西帮蘇帮帶去暢銷近歲洋布入口太多彼攙此奪多致折本加以蘇帮西帮多由上海馬頭購辦布疋前去趕會省了許多費用故来粵市置買甚少粵客亦皆裹足不前因此粵市更覺滯銷夷商不肯虧本賤售不得不運載出口再往別處馬頭待價而沽此則關乎貿易時運之不佳其在華商夷客均無成見

一嘆商所欠華商債項甚夥不止金頡一人金頡現在十三行安然居住並無逃回香港之事近日英商胆大惡極即有負欠脫逃華商誰敢隨往

索欠十月十一月該國火輪船兩次來信國中商家倒敗約有五千萬之數未聞有一萬萬元有零之説俱因近年貿易諸務散漫無章所致在粵咦商尚未聞有受其波累者大約總不能免耳

一咦酋以中國地方官不為設法保護欲將領事商賈撤回香港之説前日即聞馬領事派字通知該國衆商聽其信息該領事若回香港衆商悉要隨同而去如或有不去者亦聽其便唯在省鬧去事端領事不管等語因此白頭各夷聞信徬徨咪夷各國亦為驚駭當即查詢咦商現有一二撤回香港而去者亦有云俟遲數日再定行止者因此處囤貯貨物及經手事務甚多未能撒手而行細察夷情並非心存疑畏另有別故想係英酋布散流言意圖挾制嗣後英夷到各處遊玩今既許之派差隨從亦可謂設法保護再為之多方防範想不致激生事端

初四日

[redacted]

一現派差役二十名住宿靖遠總汛以便外國人出遊其外國人欲往何處先由馬領事官知會總汛委員陳施以便派差如一日內三兩起或四五起每起各派差二名通事一人隨同前往

2

一外國人出遊先由馬領事官開单注明知會靖遠汛委員派差至某行某商處同往方不有悞

一差役如有滋事者總汛委員隨時更換隨時知會領事官

3

一差役已由兩縣每日給發工食該差不得向外國人需索錢文該差俱有官帽衣履齊整並有腰牌為凭

一差役通事同外國商人同往出遊即坐商人船隻倘另坐船隻必至落後相左

一差役倘有滋生事端或不奉公守法領事官即知會總汛委員立時革除更換

43

閱

遵將上海関自咸豐三四五年分征收夷商稅鈔數目開列送

一上海関咸豐三年分自二年十月二十六日起至三年五月二十五日止征收夷商稅鈔銀五十四萬五千六百八十七兩四錢八分四厘又自五月二十六日起至八月初五日上海失守之日止約征銀十五萬餘兩又代征絲稅銀一萬七千餘兩

又咸豐四年分自三年十月二十六日起連閏至四年九月二十五日滿閏止征收夷商稅鈔及代征絲稅共銀六十四萬六千八百四十七兩五錢六分

又咸豐五年分自四年九月二十六日起至五年九月二十五日止共征收夷商稅鈔銀一百八十六萬九百二十三兩二錢八分八厘

F.O. 682/327/5 (38)

沐恩蕭定安叩稟

大人爵前敬稟者晨下港內華夷安靖買賣如常於二十日二十

一連日惟探得九龍有官拖船弍隻在海面巡緝被海匪搶奪

九龍都司譚駁到港請火輪船壹隻前往汕尾各處洋面

遇賊船十餘隻火船開砲轟斃賊船傷斃匪數十

名生擒九名帶回港救回被劫米客羅姓等數名回港

再探得港內已夷目專差委副領事夏巴隨火船回英國奏聞

暹羅國通商事務并俟批回限五六個月回港云云餘無

別事容俟查明另行稟報理合稟明叩請

鈞安伏乞

慈鑒

四月二十三日稟報

沐恩蕭定安叩稟

大人爵前敬稟者晨下港內華夷買賣相安於初五六連日惟探得

港內各夷目商酌現在黃埔河有紅賊船四百餘隻紅賊船每

隻匪四十餘名併無華商買賣亦掛慮也華官兵船未有攻

擊未知何日安靖再探得上海夷船來信云及於前月十六七連

日使佛冷西兵數百名華官兵勇數千協同華夷兵勇由北門攻破上海

縣城殺去紅賊數百名不料英兵帮紅賊殺去華官兵勇數百

名殺去佛冷西兵六十四名兵總數名形覆紅賊拒回上海城池

又探得來福建兵船數號約有兵二千餘名在鯉魚門海

面停泊理合稟明叩請

鈞安伏乞

慈鑒

十二月初七日稟報

沐恩蕭肅定安叩稟

大人爵前敬稟者晨下港內華夷安靖買賣如常於十七八連日惟探得由英國來火輪船壹隻查其載有炮坭數百箱併雜貨到港停泊又查夷信云上年間英國有師船數十隻在鵞斯國海口與鵞斯國打仗十月間因雪霜大英國師船不能駛去鵞斯國兵勇用計謀攻破英國師船十去其八九斃傷英兵數萬現在英國兵勇大敗情形餘無別事俟後探明另行稟報理合稟明叩請

鈞安伏乞

慈鑒

二月十八日稟報

抄

一千八百五十五年九月二十日香港新聞紙（八月初十日即香九月二十日）

英國主有諭到香港交大兵頭包瑩諭云前據該大兵頭所陳中國主諭飭兩廣總督葉派選拖罟海船五十隻配足兵勇并
派水師大兵頭帶往南京剿賊也又飭令廣東省各地方官趕速設法搜拿餘匪以絕紅匪也惟各處地方陸續齊安靖
我國買賣詳查與非也并據陳稱香港地方紅綠兵兵船誠恐有事時不敷調使請留五百名火兵各船除運貨外請
十二隻又有日前奉諭飭撥兵火船隻紅綠各兵遵於前禮拜前一日在五港口內抽撥兵火船十二隻紅綠兵六百名在於中國辰
吵港口會齊曾於禮拜二日適天賜順風起程并令其等到喊吧啦港口聽候我王諭令也至諭抽撥兵餉銀十二萬呂
求展九禮拜日然後由香港飭撥啊哂火輪船帶送也又前據東北各海口陸港口地方陳報有俄羅斯國兵大船三十餘
隻紅綠兵三千餘名直來犯界也已於禮拜前六日突到咟吵唫港口當經合掌理國務大兵頭啦吔嘣㖿統領足兵防守該
國兵船等敢胆先行無禮開炮我船等水陸向前攻打連攻三禮拜日兩國均有傷亡也不料風未順於禮拜前五日夜[illegible]
俄羅斯兵船闖進我港口啦吔嘣㖿於黑夜時張惶中炮落水傷亡兵火各船不知下落紅綠各兵退守喊吧啦地方防堵也併
傷死該港口買賣人甚多也并各海港地方紛紛請兵廠防前來均已知道也旋即選調各港口并陸路各地方紅綠兵一萬
二千人兵火各船五十隻分配各要口防守一面由王親往佛囒西國王處面商設法會剿也但掌理國務啦吔嘣㖿係王親兄極為
心痛也并通諭各港各地各大兵頭務要志切同仇以爭國體也其掌理國務之職守勅諭王親弟啦哈吩承司也又據駐嗒
嚬嗲港口大兵頭哂暇陳到於礼拜日二点鐘突有俄羅斯國小三板船二隻來港也隨即督問伊係奉本國大兵頭㗊啨吡
前來要見你國大兵頭有信面交之話也旋即喚其來見該兵總當將信面遞不言而去也惟信外筆寫係俄羅斯國王

致寄我王式樣也即派火輪船遞送前來當即拆看言語多有不順竟敢預下戰書并稱限十二礼拜日請為
預收什好炮火配足兵馬倘兵餉不足渠國甚有餘剩仍望霖信等話也真真不講理之極也今將如此犯悪通諭各大
兵頭知道也又據大兵頭哂嘏陳知據擽船報稱礼拜後六日俄羅斯國兵火各船連响大炮數十出而去曾差派小板船
前往打探得俄羅斯國各兵火船紅綠兵均退回其國界也此事未知有何詭計也云云經王專派掌理國務大兵頭嗟哈吩
由火輪船前往大小吕宋國黃祈荷囒等國籌商办理也礼拜前一日王座駕咏吖火輪船隨伺兵船二隻前去咈囒哂咪唎嚁國
面商籌劃俄羅斯國也合此諭知駐中國香港大兵頭色嶜㡿即會合在港各國商人認真防守也并体察情形隨時具陳
也并要趕緊多方預抽兵餉為第一要緊也不許以買賣未旺無項可抽之事為言也亦經諭飭各處各大兵頭等一樣查明办
理也又合衆國議論此次英國王前往咈囒西國處商量報復俄羅斯國也如果兩國合兵攻打則俄羅斯國必敗也但見如此打仗
兩國傷殘總有數萬之多也兇且中國廣東廣西因三合會起意轉変色紅頭滋擾鄉民百姓受害竟有三四萬衆也今被中國
兩廣總督葉逕調大小兵頭紅綠大兵大小戰船將紅匪打敗了也亦死賊者總有十数萬之多亦是人也可惜近年來中外各處傷
亡人命太多也但求上帝早日下降勅免干戈感戴上帝大恩也又香港大兵頭色嶜連日出公議堂集擬抽分扣入兵餉現因
近日買賣清淡衆商人議論甚屬难也更兼國家有事之時不得不要打算也又前礼拜前三日有廣東省人來到香港面見
大兵頭色嶜說云兩廣總督葉知道英國人與俄羅斯國打敗也因此連日集議在省城文武各官到公議亭密厶商酌也其
中定有別樣缘故也曾經大兵頭色嶜荅渠我等係與俄兵打仗已得大勝仗傷死俄軍数萬多也生擒亦有四百多名并無敗仗
之事也倘若不信請到書院觀看貫珍新聞紙便知明白也隨據省城人又稱說人人都說係香港貫珍新聞紙内總是講
吉祥話也惟有醜陋事情一概不寫録也大约亦真的不定也又經大兵頭色嶜荅回其話我等全不造虚文彼不同你中國

一千八百五十五年十月三十日香港新聞紙九月二十日即番十月三十日

英國主有諭到香港交大兵頭包酳諭云王曾於禮拜前一日座駕咏哷火輪船隨同兵船二隻前往咈咪二國籌商事件均已妥好也經咈囒哂國王派出兵火各船三十五隻紅綠兵三千名并派出大兵頭响呢統帶也均由王帶回於禮拜前三日旋國也咪唎嘡國因俄羅斯兵船將近到其界也亦須撥船防守也當將咈國大兵頭响呢厚待其禮飭撥其兵火各船前往哈嗰嗲港口會同大兵頭哂暇實防堵也並傳諭大兵頭哂暇此次添派咈囒哂兵火船前來剿堵兵船可謂足厚也該大兵頭務要振作精銳相機剿守倘有疎虞大干國體也該大兵頭久歷能戰之人諒可足持也另發去銀二十萬員交哂暇收領支給也并諭知掌理國務大兵頭啦哈吩但借來大小呂之兵火各船不論多少應即在於咱吔吵港口聽候調撥也礼拜後二日據哂暇陳稱探得俄羅斯國兵火船隻岸兵連日操演於禮拜前一日分兵船二十隻火輪船十隻岸兵二千名繞海口道路直往栢㖆啳抄襲我後隨即分兵船前往截堵也不料其衆我单难以抵敵被失兵火船四隻紅綠兵二百餘名於禮拜後五日直攻破嘁囉吧砲台大兵頭咱拉哂中砲落水被大小銅鉄砲二百餘位兵火各船約二三十隻紅綠兵一百餘該處商民被害萬餘人查俄羅斯各船兵現在此修砲台安炮位防守以防我國進剿之路也各等語前來俱已知道也俄羅斯國如此可惡傷殘大兵頭佔守砲台被害兵民商容多名應即選調港脚屬

兵船二十隻紅綠兵三千名由國添派火船十隻配足砲械火食支統理國政大都總兵頭啪嘏嘖帶
領前往攻剿也並發去王圍身劍刀一把王法桶十個交啪嘏嘖收領如有軍前不用命者當正法治也
該大總兵頭亦當理正曲伸為要也又前據香港大兵頭色嶙旿陳中土紅頭匪衆亦已殘敗經兩廣總督葉責令
地方團練甚為得力并將抽分銀二萬員由火船送來各節俱已知道也但中國廣東東路鎮地方西路鎮及廣西與
廣東交界地方尚多紅頭匪人滋事且佛山市鎮尚未貿易以至我國買賣未能通暢也該大兵頭即將抽兵餉項內撥
出銀十萬員限四礼拜日由火船解交嗒爾嗲港口大兵頭哂嘏收領不准再遲連前湊共十二萬員之數也前礼拜後
一日有商人回國對王面陳香港乃近紅頭匪人之地且日間經兩廣總督葉責成各鄉中團練拿獲甚緊匪等無路
可逃逼得藏來香港澳門以圖脫網也我國商客人等有貪其利聯結為好大兵頭知而不理各等語該大兵頭係
王親信特派之人長司中國五港事務久經歷陳有年向稱體面可靠之人王所聞之話亦不以為信也現值我國
有事之時該大兵頭務當公心治理俾存國體也并諭令在於五港內抽調兵火船二十隻赶速前去中國交界之嗎喤
吵港口交該處大兵頭喹吟哂帶領堵截俄羅斯國兵火船來路之要口也云云又合衆人議論英國連敗仗傷殘
兵民竟有一二萬之多今其王親去咈囒哂處借幫防也惟我嗹唎啞國亦要預防是以未能許允也如果合得各國
兵火船隻與俄羅斯國打仗諒無不勝也但可惜英國人不甚與各國人實好也近日聞得兩廣總督葉會同廣東巡撫
柏并合省大小兵頭兵總等到議事亭商議派能戰官員統帶淺水船巡船三十餘隻前往廣西省河面剿匪也又
廣西潯洲府城池被匪破陷也并連破五州縣城池也現今兩廣總督葉亦無能為也此股匪衆屢陷城池今

沐恩蕭定安叩稟

大人爵前敬稟者晨下港內華夷安靖買賣照常於十二十三連

日惟探得由新琪波來火船壹隻查其載有新銀數十萬併

載烟坭數百箱到港分派各行口現在英國與峩羅斯國打仗

數月傷斃英兵數千情形餘無別事容俟探明另行稟報

理合稟明叩請

鈞安伏乞

慈鑒

五月十三日稟報

[redacted]

竊以英人自道光二十三年我
皇上赦其前罪許以和好然我廣東省垣百姓平日忍受其害現因前歲送匪肆毒幸　各大憲殲除凈盡尚多餘匪逃匿英船維彼英人既自認為英官與我中國講和好矣乃不遵和約章程將逃匪交出反為之窩藏與之串合及我緝捕委員搆獲到案不知自愧竟恃其砲火卒然轟毀我砲台我　大憲猶以和好之故不令守砲台各官兵還砲非怯也詎英人竟桀傲而益冥頑直敢轟擊我城署燒燬我房屋英人前貼偽示係與官理論與百姓毫無干涉試思燒毀砲台轟擊城署是以理論乎焚海邊一帶及新城行店房屋至千餘間之多燒貨物估值不啻數百萬両尚與百姓毫無干涉乎慘毒太甚猶復胡思妄想欲請入城凡我城箱內外居民其急走控　各大憲萬勿為之蒙惑我百姓罹毒實深怨極恨極如英人不入城則已倘此念不早息或自闖入城我百姓其同心協力各自備毒藥兇器以待伺其闖入之時或直前撲擊或用暗筭必盡殺之乃甘心焉特白

闔省居民共白

沐恩蕭定安叩稟

大人爵前敬稟者晨下港內華夷安靖買賣照常於十八十九連日惟

探得由港內開行夷商船叁隻查其載米駛往福州發賣每員銀賣米

壹拾七八斤因福州地面無雨再探得九龍海面附近心鎮村有土賊船數隻

仍覆搶掠渡船貨物甚之又捉去客人要勒索銀兩贖身又探得現在

澳內約有鬼嘩艇壹百數十隻該有數十隻與華人合伙成充渡

船俱係走漏關稅內有載私鹽熟內河地面有此弊端餘無別事

容俟探明另行稟報理合稟明叩請

鈞安伏乞

慈鑒

五月二十日稟報

1
P.1

F.O.682/391/2(107)

前於小春十四日洋次據營包封遞到
瑤函轉奉
中堂面諭飭查哦囉嘶國夷船若干隻拋泊何處着查明禀覆
等因弟經刻日分飭差弁馳往香港澳門確探先覆一函續
於念二日洋次據鍾署都司禀據差弁查覆裙帶路有新到
哦囉嘶國喊吐火輪船一隻係九月二十八日到泊尖沙嘴十
月初四日駛往澳門十月十六日復回泊尖沙嘴現在裙帶路
祇有哦囉嘶國喊吐火輪船一隻拋泊並無多隻亦將各緣由

2
P.2

嘶國夷船拋泊等情據此查該差弁所禀與赴香港之差弁查
覆該哦囉嘶國喊吐火輪船一隻開行回泊日期無異合泐奉
覆仰祈
仁兄大人關照代為回明
中堂察核是所感禱敬請
勳安統惟
垂照不戩

教弟張玉堂頓首

連陞若

3END
P.3 end

正在封函間適據營包封據探事探報十月二十二日有新
到暎夷啞吐嚬火輪戰船一隻到泊尖沙嘴係由本國而來載
有夷兵六百名船上另有番梢三百二十餘名大砲十八門大桅
三枝船身約長十八九丈等情合函奉
聞
又啓

連陞造

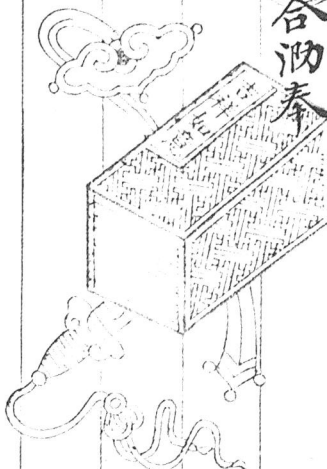

1

P.1

F.O.682/391/2(106)

沕函奉

達諒均登

籤閣矣茲念六日洋次據營包封遞到

惠函示以前事現奉

中堂面諭已接到弟處具覆來肴而

尊處并未見覆音未知弟處於封發回信時有無錯入外封之

處囑為見覆等因查刻下夷務緊要所有夷船往來俱遵照

奉行按五日具報一次如有新夷船到泊及緊要夷情隨時

2

2 END
P.2 end

F.O.682/391/2(106)

專差飛報庶免遲悞弟因出洋所有具報夷船夷情一切已
飭鍾署都司代印具報令
中堂諭及云已接到弟處具覆者即係鍾署都司代印具
報哦囉嘶國喊吐大輪船一隻開行回泊各日期之原委也茲承
垂詢合將先後函覆緣由縷述專差奉
覆敬請
勳安統惟
霽照不戩
一教弟張玉堂頓首

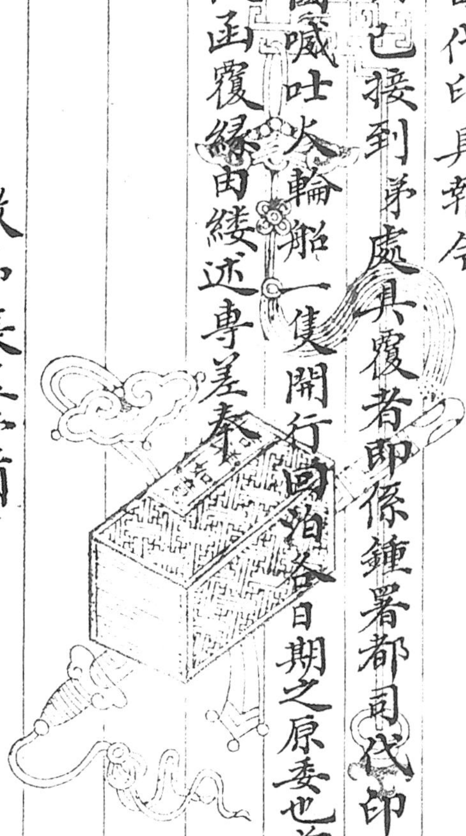

連陞造

[redacted]

具呈節畧茶葉官栈職員曾定忠王志元衛秉鐸等
呈為請定洋貨店家數領照專辦以扶茶務而資報効事竊職等世
辦茶務寄寓粵東數十年来經理茶務此中利弊無不深悉查各省
辦茶来粵向由洋商與各夷商交易無異嗣因道光二十三年裁商
以後各茶買賣轉由各洋貨店嗎咕與夷商交易索各洋貨店栈家
數衆多厚薄不齊叉復雜亂無章以致粵東一口洋栈嗎咕倒欠茶價
銀至四五百萬两本年二月間叉倒欠六七十萬两有竒茶商因而遝
赴上海福州買賣者十居三四洋貨店良歹不齊茶商被累一至於此職
等竊查上年茶栈稟蒙給照專辦均經辦有成効况現閲抵抄湖北撫憲
胡　奏准各省買賣行店准令捐輸領照承充豈洋貨店栈内外通商銀
两均由經手竟任其漫無責成動多倒欠之理職等再四思維惟有議請於
洋貨店栈中慎選殷實可靠者擇舉二十家准令領照專辦茶務統歸
專司現在酌勸二十家每家捐繳報効銀壹萬两共計銀貳拾萬两請

各給照以專責成如奉准行懇即給諭職等得以傳諭各洋栈妥議章程
併請諭委員協同辦理照茶栈例飭令領照專辦俾各省茶商向領照之
家交易如有不願承充者即搭領照之家併辦亦聽其便如此辦理畫
一洋貨店嗎咕可無慮其衆多難稽之虞透漏之弊可冀漸除且於　國
課軍需均有裨益職等為勸捐報効力扶茶務稅課起見是否有當仰
懇　憲臺察奪現奉　各大憲諭令嚴密稽查杜絕透漏茍有所見不
敢不據實稟明為此廹赴
大人臺前　恩准察核施行

咸豐六年　月　日呈

抄

一千八百五十六年正月三十一日二月初五日香港新聞紙 十二月廿四日即番正月三十一日 十二月廿九日即番二月初五日

英國主有諭到香港交大兵頭包齡諭云前據該大兵頭所陳中國廣東正港口買賣似有起色抽分亦有頭數也中國大兵頭連日令知各富商家人等俱要抽分帮助軍餉聞有一百萬之多也江西廣西湖北各省尚有匪徒滋事中國大兵頭未能帶紅綠兵打敗查江西廣西均係與廣東交界我等紅綠兵及兵火各船不能不要預防也禮拜前一日據火船探報回稱俄羅斯國大兵頭帶有兵火各船約有三十餘隻紅綠岸兵二千餘名由嘛哃港口而出直攻陌吪哓港口我國紅綠兵船隻未堵住被傷紅綠岸兵二百餘名被打破兵火船二隻是以我國大兵頭啪嘏嘖帶船退守柏美港口并分兵火船隻前往啊吡港口防守以截俄羅斯國抄後也并調港脚兵火船十隻紅綠岸兵三百名分堵嘡吡港口所調預中國五港口兵火船二十隻紅綠岸兵一千名派守嘁吡港口截其來中國廣東之海口也其餘各港口兵火各船紅綠各兵均分布各要港口防守現在俄羅斯國兵火各船亦無動靜未知有何意見也風聞俄羅斯國兵火各船有意來攻中國五港口之話也我國五港商人甚有可慮也誠恐俄羅斯國兵火各船勾通中國大兵頭暗中帮助也不然我國必費周章也仍仰求我主迅發多兵選敢勇大兵頭統帶火兵各船紅綠岸兵前來堵剿也現今五港口均已暗中防備倘有警信應即帶領存防兵火各船紅綠岸兵實力前來打仗也未敢疎手也禮拜後六日有中國上海火輪船回港稱說探聽得俄羅斯國兵火各船三四十隻由柏美港口而來我國大兵頭啪嘏嘖督令兵火各船紅綠各兵迎前打仗彼此兩相落定排船未能開砲轟打也竟至一禮拜日未見開砲止見俄羅斯國兵船令十二人座駕三板船一隻向我兵船而來未見是何事故也惟我國兵火各船俱皆防慎密可保無虞各等情具陳前來均已知道也王即於前禮前五日由火輪船行調凡我屬等均一樣遵理與國体面也前禮拜日曾據大兵頭啪嘏嘖連日陳知勝仗佔守砲台各情形當經王以該大兵頭調度打仗得力賞去上字金甲一件雙同鉄鎗一枝潑雪絨外衣一件已交啪嘏嘖收領也現據大兵頭包齡所陳連日我兵敗退未能得力亦未知如何辦理各情形該大兵頭啪嘏嘖亦可知也現賞去各物令無庸追回仍責成該大兵頭統領務要實心堵剿為至要也令調遣兵火各船紅綠各兵總計有一百二十隻之多紅綠各兵亦有四千餘名兵力不為不多倘経俄羅斯國兵火各船打進我界口者即將大兵頭治以桶罪也令即傳諭大兵頭啪嘏嘖知道也并諭知港脚港口預取抽分銀五十萬員刻日分起數由火輪船解交大兵頭啪嘏嘖支發軍需也所有應需酒銀賞發一項均由王內庫支給毋得在抽分項內動用也此次發撥內庫銀一百二十萬員令統理國務大兵頭啦吩帶往軍前撥功賞給并責成啦吩就在軍前監督一切事宜也并日前連據各偵報前來均稱俄羅斯國兵火各船紅綠兵馬或來或退未知有何事故我國各港口兵火船隻紅綠各兵俱各嚴堵家密也察看其情形斷要打仗也各等情均経王嚴諭各守口大兵

頭留心堵剿一遇俄羅斯國兵火各船紅綠各兵敢胆犯界應即開砲對打如敢遇事先退者令啪嘏嘖治以桶罪也俱已傳諭各知知也又英國主有諭來香港交大兵頭色齡諭云王逕派護國兵五千人兵火船三十二隻隨王定於禮拜後三日由國起程隨駕火輪船親往哈吮吩港口防堵也所有陳知各情節應逓前來也禮拜後五日船抵㖞粒港口接據統領兵火船大兵頭啪嘏嘖陳稱俄羅斯國大兵頭吐㪺叨帶有兵火各船四十二隻紅綠兵約有二三千名直到柏美港口隨即落定舵我船當即列隊向崙不二時久俄國大兵頭專差兵總一人帶紅綠兵十二名由三板座駕前來投戰字約定於禮拜前一日打仗如免仗者要求謝銀四千四百萬員各等情實為可惡也一面由啪嘏嘖飭令在事船隻齊心奮勇打仗務要打勝仗而回也各等云云又合衆國人議論此次俄羅斯國人與英國人打仗亦未分勝負也細察俄羅國向稱有銀兵足之處也且被中國各大兵頭知道豈不是念耶穌也况中國盛京去俄羅斯國不過二三萬里之遠難保其不從中相助也現聞英國主親自統兵守口并發內庫銀作賞項亦如中國主發帑項一樣也亦如英國人與上年同中國人相打仗被時英國人揚揚得勢索要銀地豈不是美也今俄羅斯國人欺淩英國人何不是與中國人爭氣也昨年曾經香港大兵頭會晤咪唎㗔國領事想欲借兵相助也經咪唎㗔國領事回答言要請國長示方能可行也如此之言大兵頭心有不悅也亦不能恃强壓其國也又英國主有諭到香港交大兵頭色齡諭云王逕派咈囒哂兵火船十二隻紅綠岸兵五百名撥往近中國五港口之嘏西港口防守以截俄羅斯國來海路也并咨請照會咈囒哂國主再借兵火船三十隻紅綠兵二千名兵餉二十萬員求限於五禮拜日飭令赶到哈吮吩港口以資預敵也所有各節通諭各大兵頭等知知也又由海道次中接據大兵頭啪嘏嘖陳稱俄羅斯國兵火船仍定舵不動連日在兵船內操演連環鎗砲惟定日打仗復據俄羅斯國大兵頭回稱改日再行定日打仗也未知其有何詭計也我等兵火各船仍然預備不敢疎離也又於禮拜後一日俄羅斯國兵火船退去十二隻總總計較多方亦經啪嘏嘖差兵總前往俄羅斯國兵船下戰字也尚未見其回覆也各等云云又合衆國人議論俄羅斯國兵船或堵或退其中必有大作事故也又有一廣東人來香港面見大兵頭說言中國江西省城被紅頭人打破湖北安徽各省所有中國民人均皆依從賊人也如此之話也又合衆國人議論如此之言豈不是中國主大費周章也大約總是天氣國運之故也又紅頭人係在廣東打敗逃去外省今又被其佔城作惡也

[redacted]

為咨請通飭嚴禁並札飭地方官協同緝獲事照得嘆夷
滋事以來將各港口暫行封禁停止貿易所以杜走漏而嚴接
濟也在各商民如果帶有貨物自當恪遵
功令聽候地方安靖納稅放行以重貨本乃查得近日商民其
安分守法者固不乏人而惟利是圖罔法營私者亦復不少然猶
謂愚民無知溺于財貨于法固無可寬其情猶有可恕更有
一種埜劣職監知法犯法藉衣頂為護身之符串同蠹役勾
結奸商置造渡船將茶葉土絲湖絲大黃夷人所用各樣
貨物均用小船零星駁至澳門附近地方聚積成萬盈
夜用渡船載運出口甚至作茶箱木板亦由渡船運至澳門
成做裝茶回頭載運洋貨進口包攬走私成羣樹黨設館
分肥甚至親坐渡船主持其事而手下羽翼遂爾恃其威
勢肆其貪頑胆敢勾串澳門香港各等處渡船私通接濟

夷人倘遇關津盤詰彼即挺身恃強包庇以為莫我敢攖迫
至假難混真理屈詞窮又認是搭渡客人暗中主使開炮拒
捕以為脫身之計似此偷漏
國課肆無忌憚非惟鄉閭所共恨實則
王法所不容節經三令五申剴切曉諭無如嗜利輕生怙惡不悛
相率成風日甚一日其奸商自罹法網者固不必說即安分
守己之輩一旦被其煽惑墮其術中情殊可憫現當經費支
絀稅餉日虧若不嚴拿懲辦則效尤日衆偷漏日深於帑
項大有關碍現在本關雖設立巡船於阨要地方巡查防緝
誠恐船小人寡難以敵其凶猛相應移咨通飭為此合咨
欽差大臣貴爵閣督部堂請即通飭各海口地方文武一体遵照如
遇有走私渡船從嚴禁究其有恃強不遵者即將包攬之
職監查明按律懲辦並飭該處文武員弁巡船人等倘
本關巡船經過該各處務必協同查拿有私即緝有犯即獲
俾奸宄斂跡地方安謐而
國課不致偷漏大局亦藉以保全矣是否有當伏乞
察核迅賜施行

1

兵部尚書閩浙總督部堂王　　　　　　　　為
兵部侍郎福建巡撫部院慶
特再示諭通行以利民用事案據英合貳國領
事請以新舊洋銀一律行用當經本堂院咨准
兩廣爵閣督部堂葉　咨覆查咸豐三年粵東
新到鷹頭及雜項花色洋銀叠據各舖户呈請
通用業經通飭示諭一体行使其成色不足者
仍聽隨時區别現在粵省市廛均已通行合咨
查照辦理等因旋據茶商鄭寶書並洋商旗昌
行會稟以各商在閩貿易應完
國課向用紋銀抑或番銀照憑時價補貼買賣交
易紋銀棒番久已各隨其便年来各國洋商来

2

者概帶鷹番查鷹番銀色不下于棒番而光潔
完全過之似可一律通行請照粵省准抵棒番
行用以均銀價而平市值並據省垣城廂内外
各錢舖赴福州府僉稟以市廛常用番銀来路
不同去路亦異中惟輕殘計重不計元之棒番
所用尤廣鷹番則其来未久其行未遍前議比
照棒番通行懇請照會英合二國並傳諭洋行
前項鷹番如何用出即應如何收入並懇示諭
上下游各屬一律遵行方能彼此公平不致窒
礙各等情稟經福州府葉陞守會督廳縣議詳
前来當經本部堂院以番銀一項均係来自外洋
向由民間習用遂與紋銀並行其間補貼長落

3

應隨市景轉移今鷹番一項案閱未久市屢見為
新異未能遵信通行而該洋行等又恐民信未
孚終歸壅滯以致各懷疑慮互相諉延第粵省
既已通行無礙則由近及遠安知不日漸相習
倒處流通至如何酌量貼水應由市閒隨時自
定勿庸官為擬議致多格礙業經通飭上下游
各府屬一体行用以廣流通並先經福州府照
會英合二國暨經本部院堂出示曉諭頒布通省
各屬遵照通行不得意存軒輕稍為抑勒各在
案茲據茶商倪泰華並茶棧鄭寶書洋商旗昌
號等來轅具呈據稱鷹番與棒番銀色並無二
致無如各錢鋪逞其鬼蜮或八二折或九二折

4 END

高下貼水至生理阻滯未能通行請出示嚴禁
並諭飭通省鷹番棒番均一律行用不得再有
貼水等情查鷹番與棒番傾煎銀色既已無異
粵省亦已畫一通行用惟兌換元寶間有貼水亦
不過一二兩何以閩省傾銷以及各錢鋪胆敢
任意阻抑私相貼水可惡已極除呈批飭福州
府嚴飭傾銷匠以及各錢鋪嗣後鷹番棒番均
一律通行用不准再有貼水之議並附片具
奏外合再出示曉諭為此示仰閩省閩屬各項鋪
戶及諸色商賈人等知悉爾等須知鷹番與棒
番傾煎銀色既已無異粵省亦已畫一通用嗣後
鷹番與棒番均著一律通用不准再有貼水之

[redacted]

[redacted]

李榮昌供現年三十八歲東莞縣人小的前在全利埠開榮記缸瓦雜貨店去年被火燒了未有開張今在廣西臬憲張大人札委曾帶壯勇邱大麟處作親丁管事三月二十四日有河南白鵞洲人和茶葉店司頭張福元托邱大麟帶茶葉四百餘件往香港發賣小的同張亞配押茶葉乙百五十件到鷄鴨滘等候過邱姓巡船恐官人查拏邱姓將札諭交小的借札影射今被拿獲所有茶葉四百餘件均係人和店貨物托邱姓帶往香港發賣的小的止押一艇其餘兩艇不是小的管押求傳人和店司頭張福元到案訊問就是恩典所供是實

三月　二十六　日李榮昌供

張亞配供現年二十四歲鶴山縣人在河南白鶴洲人和茶葉店傭工三月二十四日邱姓到店二次李榮昌隨後到的是日共出茶葉四百餘件已下兩艇先走不是小的押去小的止係押後頭這一艇共乙百五十件司頭説係機密之事着小的隨李榮昌押出鷄鴨滘閘外過巡船的官人拿獲之時李榮昌將邱姓札諭交與官人看并向小的説有甚麽事情惟他是問與小的無干等語小的見係機密事情不敢向李榮昌細問今追問小的司頭張福元同李榮昌便知實情乞求開恩所供是實

三月　　二十六　　日張亞配供

廣東總辦夷務前廣西按察使司張　為飭遵事照得夷務現正喫緊亟應速為設法辦理以靖海氛為此諭仰六品軍功邱大麟立即帶船勇前往香港澳門一帶密探情形隨時飛報妥辦所有沿途經過關津驗明放行毋得任意攔阻致干查究切切此諭

咸豐七年三月　　初十　　日

FO 931/0971

二十六日查封人和茶葉店帶来火夫一名又供

易亞覺供現年十八歲鶴山縣人小的今年正月在人和店當火夫進舖時已見有茶葉四百餘件三月二十四日當午時邵姓李姓并有數人来到與司頭張福元講話講完即去午後李姓又回来與司頭同食晚飯即将茶葉四百餘包用茶葉艇三隻裝載李姓與張亞配同押茶葉一艇出去被關上官人拿獲這兩艇聞得即駛回人和門口灣泊二十五日清早邵姓来為茶葉被拿之事叫司頭張福元去斟酌司頭即時同去及至早飯後即有壯勇身穿奇勇號褂并副爺等共二十餘人来到将兩艇茶葉撑去并将店內物件搬清楚今司頭張福元係邵姓帶去未有回舖要問邵姓方知下落店內止有茶葉三大箱一小箱另半箱留存有易亞丁同地保在舖看守乞求開恩所供是實

三月　二十六　日易亞覺供

F.O.682/327/5(9)

承 命查得蘆臣即係鵞羅絲國在上海閙
得他國在埠與 天朝貿易數年其埠地近
外洋現鵞羅絲國在埠當官之人稟知該處
地方唐官各 大人求代奏請
旨立合約待其來廣東上海及各省港口貿易
大皇帝批云因何不在舊地貿易而欲往各省
若該國照依各國事例准從他到各省港口貿
易則無用立合約也

F.O. 682/279A/5(20)

[redacted]

謹將查明現在住澳各國夷人家數列摺呈

電

嘆咭唎

吧呅 眷屬在南灣二字行避暑暫住

囉臣 眷屬在南灣一字行避暑暫住

吐哗 地保鬼眷屬住善提行

吐吻 酒店鬼住加冋囒埔

吟咘 眷屬在打銅圍口避暑暫住

抌臣醫生 眷屬住大廟腳

呢喻嘖 眷屬住南灣公司行

花旗

噸時 眷屬住波羅行

思吪吪 大班住下環街花旗行

哺時 眷屬在咩吧婆行避暑暫住

士笪咍 眷屬係西洋婆住十六柱左側

咈吟哂

兵頭陸英 住南灣烏烟行左側

大班 住加冋囒埔不知名

呂宋

尼姑數人在澳行醫住醫靈廟

大班 不知名住大廟腳

港腳

白頭鬼 有三四家係客商盡住南灣往來不定

F.O.682/68/1(16)

嚧（口+噹）時　九月二十四日由嘆咭唎來
係由黄埔坐杉板船一隻於十二月十二日到省當
日並未回去

大英　　為

慶賀事茲聞於十月内係

七旬萬壽本大臣不勝欣喜仰願長壽奕延遐齡靡暨切思

懿德日隆純嘏茂膺故黎民盡享庶富之盛景祚億斯萬

年之久今滿擬躋朝稱祝昭彰煌燿本大臣亦要盡微忱之

意候福祉崇安是顧等因理合照會請煩轉奏

鑒照外即候

禧祉日安須至照會者

右　　照　　會

大清

足旋接奉
還示領悉一切所見甚為得觧而
貴邑諸君子同仇敵愾尤深欽佩當與　庚翁先生相商往回
中堂亦以為然日前謁見時曾奉面諭已見及此因未接到
回札不能懸揣情形致未定議前信所云盖恐實係西洋之船
故云然耳今既勘驗明確豈能任其狡脱其紅毛之人自當
妥為看守待辦惟西洋五人既経該夷官及大法國來文請
釋其中有似可曲予矜全者應由
貴邑紳耆具函遣回澳門函中詳叙擒獲夷船打仗情形及紅
毛實據並非西洋船隻内西洋五人因該國素尚恭順不能
不仰體
國家懷徠恵遠之意當設法通融辦理又恐其無厭之請
中堂早為計及故　諭令於致彼書中直揭其覆加以峻絶
之詞畧示聲威使其以後更不得援以為請也此事曾與同
德諸公再四熟商僉謂西洋素為紅毛所脅即有暗助之事
亦出於不得已其兵竟有涕泣從事者則非心甘情愿可知
究未敢明張旗鼓公然袒逆故不妨格外矜全借此以形容
紅毛安轄諸國未始非計若持之太急絶之過甚則紅毛轉
得行其搆煽倘因而生衅在
貴邑之熟知大義勇於决戰任勞任怨固無異言而閭省之人
必將歸怨於吾黨矣奉　諭令與同志諸公僭擬一稿謹呈
鈞鑒大意如此是否有當懇
賜裁酌為禱此肅即請
月樵夫子大人勛安
又西洋五人遣回時宜雇出海小船如蝦狗艇等類並將致
其公使之函交其帶投令其自去庶免轇轕并祈
另派船隻保護出境恐他鄉團練未能週知必致又行拏解多
一番轉折也此西洋五人并信係何日遣去雇送船户何人
代擬之稿有無更改統望
示悉
尊處所請之餉現奉
中堂撥出東莞捐輸欵項銀壹千兩祈派人到東莞縣領取
為荷

訪得生茂棉花店孖氈胡榮渾名屎哥榮代紅毛鬼子寄囤洋花
三仟餘包貯在河南洲嘴昌利棧内本年正月初十日假冒售賣
私自出去五佰餘包誠恐陸續再出查詢該棧管店肥仔昌高佬燦
二人便知

F.O.682/325/4(27)

花旗廥架亞拼三船丈量摺

[redacted]士遮厘

謹將丈量嗿啵啦國咪唎㗎國各夷船兩旁水痕並裝
載貨物數目開列呈
電

嗿啵啦國嚝㗎船裝載
洋米五千八百包
船頭桅橫架量至水面高九尺五寸
中艙口量至水面高八尺三寸
船尾桅橫架量至水面高八尺

咪唎㗎國啞嘣船裝載
洋米二千包
銀子五十件
船頭桅橫架量至水面高一丈一尺四寸
中艙口量至水面高一丈一尺二寸
船尾桅橫架量至水面高一丈一尺二寸

咪唎㗎國吐嗻喱船裝載
洋米一千五百包
銀子十六件
船頭桅橫架量至水面高一丈四尺三寸
中艙口量至水面高一丈三尺八寸
船尾桅橫架量至水面高一丈三尺二寸

左右俱與原文相符

通事館

正和 吳祥

寬和 蔡信[illegible]

順和 蔡信中

興和 司事 蔡信珩

生和 丁 吳泉